JN064053

民衆の自己教育としての「自由大学」

——上田・魚沼・八海・伊那・福島・上伊那・松本・群馬・(越後)川口

長島伸一 著

梨の木舎

はじめに

２０２１年は上田自由大学の前身信濃自由大学が開講されて１００年目にあたる。信州上田から始まった自由大学運動とは、１９２０年代はじめから30年代はじめにかけて、長野県の上田市、飯田市など、また新潟県、福島県、群馬県など長野県周辺の各地で繰り広げられた民衆の自己教育運動のことである。自己教育とは、講座を聴講する傍ら、読書や対話や討論などを繰り返しつつ、各自が「人格の自律」「自立」を目標に学び続けることを意味する。

学校教育は、教育者がその点を強く意識しているか否かはともかく、「自己教育」の第一歩と言える。高校までの学校教育では、教員免許状をもつ教員による被教育者（生徒）の自己教育の支援を行うが、その支援は既知の（つまり既に明らかにされている）事実を被教育者が理解するための支援がほとんどである。これに対して大学教育では、原則として、最終年度の冒頭までに学生自らが未知の（つまり未だ明らかにされていない）課題を設定し、指導教員の支援を受けつつ、既知の事実を組み合わせながら、４年間の集大成としてほぼ1年をかけ自らの課題に対する回答を提出する準備を重ね、その成果を卒業論文（卒業研究）として提出することが求められる。

大学では教員免許状を持たなくても教員になることができる。教員審査の基準は免許状の有無ではなく研究成果の質だからである。大学での支援者は研究者たる教員である。大学教員による支援は、学生自らが研究の手法を身につけるための支援である。教育の技法を大学教員が学んでいなくても、論文や著書などの研究業績の審査によって研究の手法を学生に伝える能力の有無は測定できるからである。大学における被教育者＝学生は、在学中に既知の情報を収集する一方で未知の課題を見つけ出し、指導教員の支援を受けながら既存情報を組み合わせて、独自の回答を提出できる能力をある程度身につけた人格、と言える。その人格の「自律＝自立」こそ、卒業後の本格的な自己教育の核心である。

卒業研究をまとめるに当たって大事なことは、ある特定の「ものの見方・考え方」を鵜呑みにせず、常に批判的な立場に身を置いて、自己に固有な「視点・思考方法」を固める作業を積み重ねることである。自分の思考のスタイルを固めるためには、壊しては創る作業を続ける以外に、優れた方法はないからである。その作業は卒業をもって終わるのではなく、一生を懸けるに値する作業である。そして、壊しては創る作業に欠かせないのが、読書と対話と討論などに代表される「他者」との出会いである。

大正期に始まった「民衆の自己教育運動」である自由大学運動は、現在の大学教育と共通点もあれば相違点もある。違いは、たとえば制度としての大学教育には、通常は入試も定期試験も単位も卒業もあるが、自由大学は授業料さえ納入すれば誰でも入学でき、試験も単位も卒業もない、〝学ぶ〟こと自体を目的に創られた民間の大学であった。大学教育の原点とは何かを考える上で、単純明快な問題提起をした教育機関と言える。

明治国家は学校制度を導入したが、それは主として国家が求める人材を立身出世の道として用意したものであった。その道程を批判して大正期に創設されたのが「自由大学」である。これは、学校教育をその一部に含む生涯「自己教育」の場として構想されたものであった。その構想自体が、当時ばかりでなく、現在においても異例なものであることを、改めてしっかりと押さえておく必要がある。

〝立身〟出世という言葉、それは個人的な志（こころざし）にとどまる可能性が高い。極端な場合には、他人を蹴落としてでも、となりかねない。それに対して、社会的な、つまり自己を含む地域や社会の現実を仲間とともに学び合い、より心地よい社会空間に変えていく志、それは立身とは異なる〝立志〟である。つまり、〝学び〟を通して各自が社会的な志を立てること、それが自由大学運動の隠された目標であった。

とは言え、それは声高に掲げられた目標ではなかった。むしろ目標は、徹底的な〝自己〟教育に置かれた。自由大学は立身出世を掲げなかったし、立志も声高に叫ばなかった。自己教育が徹底し深化すれば、立志は澎湃（ほうはい）として湧き上がってくる、と考えたからである。教育運動としては、そうせざるを得なかったし、またそうするのが当然だった。

なお、S・スマイルズの *Self-help*（普通は『自助論』と訳される）を一八七二（明治4）年に中村正直が翻訳した際に、訳書名を『西国立志編』（傍点筆者）としたことは、そこで採り上げられた人物たちが、個人的な志を越えた社会的な志をもって活動した人々ばかりであったことからして、『自助論』よりもずっと適訳であったと私は考えている。

自由大学の研究が本格的に始まったのは、開始から40年以上を経た1960年代後半からであった。研究がピークを迎えるのは、1970年代から80年代で、1981年の「60周年」記念集会は盛大に開催され、相前後して報告集も刊行された。自由大学研究会の発行する『自由大学研究』が研究を活性化させるのに貢献したことは、間違いのない事実である。

その創刊号は1973年6月に刊行され、第9号（1986年1月）まで発行されている。この間に、『自由大学研究』別冊1（『伊那自由大学の記録』1979年10月）と同別冊2（『自由大学運動60周年記念誌』1981年11月）および『自由大学運動と現代』(「自由大学運動60周年集会報告集」１９８3年10月)が刊行されている。さらに小冊子『自由大学研究通信』が、第1号(１９７9年3月)から第7号(１９８5年7月)まで発行されている。２０１１年には「90周年」の記念集会が長野大学で開催され、翌年その報告集(大槻宏樹・長島伸一・村田晶子編『自由大学運動の遺産と継承』前野書店)が刊行された。

また長野県飯田市の自由大学関係資料として、山野晴雄編『自由大学運動史料 伊那自由大学関係書簡(横田家所蔵)』(自由大学研究会、１９７3年)が発行されている。新潟県の魚沼および八海の自由大学関係資料を纏めたものとして、小出町教育委員会編『小出町歴史資料集』(１９８1年)が出版されている。さらに、土田杏村研究者の上木敏郎の個人雑誌『土田杏村とその時代』(１９６6年2月から１９７2年4月まで全16号発行、17年間の中断の後１９８９年4月に復刊第1号〔通巻第17号〕発行)の合冊版が、杏村の故郷で彼の生誕百年記念事業として刊行された(上木敏郎編著『土田杏村とその時代』新潟県佐渡郡新穂村教育委員会、１９９1年)。

目次

1章　若者たちの熱意から始まった

——上田（信濃）自由大学

信濃黎明会の誕生と信濃自由大学の開講

1920（大正9）年2月に、上田周辺の30町村からなる官製の小県郡連合青年会が組織された。これに飽き足らない青年たちの中には、普通選挙の即時断行を主張する野党憲政会に期待を寄せる者が少なくなかった。その年の5月に衆議院議員総選挙が行われた。

「上田市、小県郡を選挙区として絶対不敗と見られた政友派の長老工藤善助氏が憲政派より出馬した無名の東下りの一商人山辺常重氏に敗れるという事態を示すに至って、時代は正に普選即行に動いていることがわかり、これを促進することはわれら青年に課せられた使命でなければならないと信ずる者が多くなった。この種青年は一方になお官製青年会に属しながら別に官製のきずなを断った同志的グループをつくることに向かった」（猪坂直一『回想・枯れた二枝』上田市民文化懇話会、1967年、12頁）。

この同志的グループが同年10月に作った組織が「信濃黎明会」で、これは先に東京で吉野作造や福田徳三らによって設立された「黎明会」に因んで名づけられたものであった。設立準備会のメンバーには、小県郡川辺村の小林泰一、塩尻村の沓掛喜（ひさし）、城下村の中沢守平、神川村の山越脩蔵、浦里村の宮下周（いたる）、神科村の塚原彦太郎、本原村の清水実らが名を連ねている。上田に住む猪坂は、清水実に勧められて入会したという。

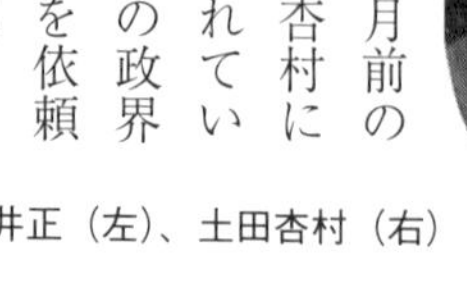

金井正（左）、土田杏村（右）

神川村の山越脩蔵（1894～1990）は、信濃黎明会が組織される6か月前の4月初旬に、在野の哲学者で文明批評家の土田杏村に書簡を認（したた）めている。その内容は、5月に予定されている総選挙を前に、来るべき時代に備えて「現在の政界や将来への展望と有権者の態度」に関する講演を依頼するものであった。杏村からの返信は、病気を理由にした断り状だった。しかし感触は悪くなかったので夏に見舞い状を差し出すと、山越を喜ばす返事が来た（山越脩蔵「土田杏村の手紙と上田自由大学」『信州白樺』第29号、1978年5月、7頁）。

山越が依頼したのは、1回限りの時局講演会であったが、杏村の提案は5日連続の哲学講習会であった。

話は急転直下に決まり、早くも9月下旬にその講習会が実現する。

「第一日は、杏村創意の文化主義論で、二日めか(ママ)ら四日間は、西欧哲学の概観で『新カント派の哲学』の紹介を初心者にも分かりやすく、懇切に講義して聴講者に深い感銘を与えた」（同前、12頁）。

受講者は教員を中心に32人、受講料は1人3円、赤字を出さずに一切合切を賄うことができた。

好評に勢いを得て、主催団体を「小県哲学会」と命名して、翌21（大正10）年2月下旬に2回目の講習会が開催された。会場を神川村から上田市内に移したこともあり、前回を超える聴衆に恵まれ、前回同様5日間をかけて「現代墺国〔オーストリア〕学派の哲学」が詳しく講じられた（同前、15頁）。

山越は、2度にわたる哲学講習会の成功を踏まえて、それを拡充する新たな事業を温めていった。6月には、杏村から次のような手紙が届いた。

「趣意書風のものを書いてみました。……（8月の）廿二（二二）日頃から南佐久へ参ります。その節……いろいろ打ち合わせましょう」（同前、23～25頁）。

そこで山越は、趣意書とこの書簡を持参して、近くに住む8歳年上の先輩金井正を訪ね、今後の事務局を担当できる人物について意見を打診した。金井は腹案がないと言う。そこで、信濃黎明会で知り合った猪坂直一の話をしたところ、猪坂本人に参加の意向があるのであれば、その後の話合いに金井も参加することになった。山越が猪坂の経営する自宅の「蚕糸雑誌社」を訪ねると、折よく信濃黎明会の松前七五郎が居合わせ、口添えもしてくれたため同意が得られた。金井に報告して、都合をつけて2人で猪坂の雑誌社を訪ね、金井からも参加の礼を述べ、彼に専務理事を引受けてもらった。猪坂宅を事務所とすることも決まり、準備が整った。

山辺常重（左）、猪坂直一（中）、山越脩蔵（右）

上田自由大学（1924年2月までは信濃自由大学）

「謙遜に、質実に」自らの「存在と生長」を始めた

【第1期第1回】1921年11月1日（7日間）

恒藤恭「法律哲学」（56人）神職合議所

信濃自由大学の最初の講義を担当した恒藤恭（1888～1967）は、講義終了後にその印象を以下のように記している。

「私が初めてその建物〔神職合議所〕の中にはいったのは、11月1日、開講の日の午後でしたが、がらんとした天井の下の、荒れ果てた畳の上に、聴講の方々があつまって居られるのを見たとき、少し誇張して申しますと、一種悲壮な感にうたれたのでありました。それは多分、真理と自由とに向って熱烈な欲求をもって居る人々と、それをとり巻いている簡素な、うす汚ない建物の内部との対照が、その建物の中にはいった瞬間に、私の心の眼に、はっきりと映じたためではなかったろうかと、想像して見れば想像されます。……

今思い出してみると、神職合議所の建物の内部の光景が、そのよるよるの光景が、希望と光明とにみちた会合のイメージとなって、心にうかんで来ます。世の中には、殊に現在の社会には、外形が華麗であり、宏大であって、しかも内容が空疎であり、貧弱である計画や、事業やが、あり余るほどあって、われわれを失望させ、憤慨させる場合が少くないのは、まことに残念なことと思います。それからみると信濃自由大学が、たとえてみると、むかしの塾でも思いおこさせるような形態をとって生まれ出て、謙遜に、質実に、みずからの存在と生長とをはじめたということは、それにたずさわる人々の誰にとっても、かえりみて心たのしく、心強い事柄ではないでしょうか（大正10年11月28日、京都下鴨において）」（恒藤恭「信濃自由大学聴講者諸君！」（執筆は11月20日前後）『信濃自由大学の趣旨及内容』大正12年10月、9～10頁）。

自由大学専務理事の猪坂直一（1897～1986）は、感動的だった講義を次のように回想している。

「僕等は11月1日の夜から七日間、恒藤恭氏の『法律哲学』の講義を聴いた。七日間、20時間ばかりの氏の講義によって、僕等がどんなに啓発された

かは今更言うまでもない。僕は毎晩M君と一緒（に）帰途についたが、自分の智識の天地が非常な勢いで開拓されて行くように感じ、実に嬉しくって溜らなく、ナゼ僕等はもっと早くから自由大学を興さなかったのだろうなどと語り合ったものだ」（「上田自由大学の回顧（五）」『自由大学雑誌』第1巻第5号、15頁）。

猪坂は、上田蚕糸専門学校（現信州大学繊維学部）卒、上田蚕種株式会社に就職後に独立。M君は松前七五郎のこと。

それまでの自分の限りある「智識の天地」が、「非常な勢いで開拓」される感覚！

その感覚こそ学びの継続への扉を開く原動力になる。講義でも読書でも討論でもそれは同じであろう。

猪坂は、別の箇所で以下のようにも書いている。

「（信濃自由大学の）第一夜の感激を私は今も忘れることができない。講義の途中で恒藤氏は急に内容を哲学概論にきり換え、いわゆる新カント派哲学の講義に入った。学生の顔ぶれや質問ぶりをみて、まず基礎を与えねばならぬと思われたらしい。ところがこの講義がすばらしい。私はその頃哲学の勉強もやっていたが、恒藤氏の講義を聴くに及んで、今まで随分無駄な努力をしていたということが反省され、学問はこれでなければいけないと痛感した。そしてこれからの講座がもたらすものを想像して更けゆく夜路を心はずませて帰ったものだ。

この講座の四日目の11月4日、原〔敬〕総理暗殺事件という大事件があり、信濃黎明会では早速神職合議所で時局研究会を開くなど田舎の政界（？）まで騒然たるものがあったが、私は自由大学の講義に憑かれたように、政界なんかどうなってもいいじゃないかという気持だった」（前掲『回想・枯れた二枝』46頁）。

山越脩蔵は、恒藤の講義を次のように振り返っている。

（左）恒藤恭、（右）左から猪坂、清水実、松前七五郎（小平千文氏提供）

「法律哲学は意外に聴講生が多く私どもも始(ママ)めてのことであり第一講座の成功は猪坂君をも喜ばせた。先生の講義の内容も初心者に懇切に法の基礎的問題を解明され日常法律などに興味のないものをも法の世界をもう一度さぐりたい欲望を涌かせた。真面目な先生の人柄は聴講者を心腹させた」(「草稿・信濃自由大学」『自由大学研究』第2号)。

第1回講座終了から2週間経った1921年11月22日に、恒藤から金井正、猪坂直一、山越脩蔵宛に書簡が届いた。

「……出発の折ハ早朝わざわざ御見送り下さいまして恐縮でした。皆さんの親切そうな微笑をたたえた御顔つきをときどき想い出しながら、しずかなひろびろとしたあかつきの浅間山の裾野をはしってゆく汽車の窓によりかかっていた、その日のことが心にうかびます。

はじめての事ではあり準備も粗漏でまことにふつづか〔不束〕の講義でしたが私自身は皆さんの真摯なかつ熱心なご尽力の態度なり一般聴講生諸君の篤学なそして元気にみちた様子なりに接して大変愉快でした。あのむかしの塾のような感じのする神道講習所〔神職合議所〕のしんとしずまった空気の中に電燈の光があかるくたのしそうに輝いた――あのアトモスフイーア〔雰囲気〕もなつかしく思い出されます。……

猪坂さんにいろいろ前後御手数を頂いて相すみませんでした。金井さんの御宅で炬燵の和(やわ)らい〔だ〕ぬくもりにいたわられるようなこころもちで、閑寂な半月〔半日〕をすごしたこともゆかいでした。……山越さんハそのうち御めでたい事が御ありのように承けたまりましたがいつごろですか、今からあたらしい御家庭を祝福申し上げたいと思います。

別紙に唯今心にうかんだままを、かきつけてみました。第二回講義開始の際に、もし御差支えなくば、聴講生諸君のまえで御朗読下さい。

万一御よみ下さるようでしたら勝手ながら金井〔正〕さんに御ねがい申し上げます」(大槻宏樹編『山越脩蔵選集』前野書店、2002年、130~132頁)。

山越の結婚相手の児玉いしは、信濃自由大学会計簿によって、第1期第1回（恒藤恭）、第2回（高倉輝）、第3回（出隆）、第4回（土田杏村、前回受講料を前納）を受講し、第2期第1回（土田杏村）には山越いし名で受講している。ただし、会計簿は欠落の多い不完全なものなので、これより多い可能性が高い。いしの兄児玉直も複数回受講している記録が残されている。また、11月22日の書簡と「信濃自由大学聴講者諸君！」は、山越「土田杏村の手紙と上田自由大学」『信州白樺』第29号（１９７８年5月、29～32頁）にも掲載されている。なお、松田義男編「恒藤恭著作目録」（改訂　２０２０年11月9日、全60頁）が公開されている（http://ymatsuda.kill.jp/Tsuneto-mokuroku.pdf）。

『信濃自由大学会計簿』には、講師の恒藤へ「謝礼１００円」が手交され、他に宿泊料（上村旅館）「26円30銭」、「乗車賃（上田～東京廻り京都行）11円60銭」が記載されている。

「深い暗示」を与えつつ思わず引き込まれてしまう講義

【第1期第2回】１９２１年12月1日（6日間）
高倉輝「文学論」（68人）神職合議所

恒藤恭が「心にうかんだまま」を執筆した「信濃自由大学聴講者諸君！」は、高倉の講義開始前に金井正によって朗読された。そのごく一部を紹介しておきたい。

「『改造』という言葉、『われわれの社会を改造せよ』という叫びは、誰も誰も聞きあきるほどききましたが、われわれ自身がわれわれ自身の人格を高め、人格の内容をゆたかにし、われわれ自身の精神的生活をうつくしくしてゆくことに努力しないとしたら、われわれの社会の改造が、果していつの日に行われるでありましょうか？

信濃自由大学は、そうしたわれわれの社会の改造に向って、何等かの意味ある貢献をなさんとする使命をもった団体だと思います。この意味ふかい事業の第二回の試みにおいて、講義を担当される高倉輝氏を、私の敬愛する友人として、皆さんに御紹介申上げることを光栄ともよろこびとも感じます。氏は京都大学英文科を卒業されたのち、創作に従事する傍ら、文学の研究をつづけて居られます。創作の方面では、殊に劇に興味をもたれ、既に発表された『焔まつり』、『孔雀城』、『切支丹ころび』の三

高倉輝

篇の脚本は、いずれも情熱と生命の力とにみちた内容を、奔放な技巧によって表現されたものでありまして、われわれはそこに愛熱と、運命と、信仰との三つのものが、一つとなって渦巻きくるうているところの人生のすがたをあらわす三部曲のうつくしい連続に会するのであります。研究の方面では最近の著書『心の劇場』に於いて、その一端を洩らして居らるるとおり、ロシア文学について深い造詣をもって居られます。

氏の講演の題目は『創作家の心理』というのだと承っていますが、それについては氏みづからが、切実な体験をもって居られることでもありまして、きっと興味ふかい講演をされることと信じます」(『信濃自由大学の趣旨及内容』12～13頁)。

信濃自由大学の専務理事・猪坂直一は、高倉輝(1891～1986)の講義を回想して、次のように記している。なお、高倉輝(本名、高倉輝豊、のち高倉輝に改名)の筆名は、高倉テル、タカクラ・テルとも表記されるが、本書では引用中を除いて高倉輝で統一する。

「僕はその年の夏、『改造』で氏の戯曲「切支丹ころび」を読んだことがある。でその作物(作品)から受けた感じで氏の風貌をスッカリ想像していた。……氏が痩せこけた腺病質らしい身体を、ハイカラな洋服に包んで、青白い沈鬱な顔で現れて来るだろうと思っていたのであるが、……六尺近い堂々たる体躯、素的に血色のいい晴れやかな顔、そしてザン切り頭に鳥打帽という出でたちなのである。

しかし氏の講義を聴くに至って、僕は矢っ張り『切支丹ころび』の作者であると云う気がした。氏の講義は講義と言うよりは創作である。一言一句僕等に何か深い暗示を与えねば已まない。そして随分難解な講義であるが、僕等は知らず識(ママ)らずズルズル引き込まれてしまうのである」(「回顧(五)」『自由大学雑誌』第5号、16頁)。

容易にできることではないが、初心者には「難解な講義」であっても、「何か深い暗示を与え」ながら受講者が「ズルズル引き込まれてしまう」ような講義を組み立てる工夫をした高倉に、猪坂は心服している。しかも、講義はそもそもそういうものでなければならないし、その講義の手法は高倉文学の創作スタイルにも共通している、と猪坂は言いたいのであろう。

上田蚕糸専門学校の教官、信州大学繊維学部の教授だった倉沢美徳によれば、高倉は京都から沓掛（中軽井沢）の星野温泉および千ヶ滝を経て、上田市郊外別所村に移住し、常楽寺の隠居所「友月庵」、「草葺き一戸建て」の民家・古平与十郎宅、温泉旅館「柏屋別荘」の斎藤房雄が１９２７（昭和２）年に「新築して貸してくれた」「思温荘」の３か所で過ごしている。別所では都合10年程暮したが、「友月庵」には１年足らず、古平氏の民家には約2年、残りの「足かけ七年」は「思温荘」で暮らし、前半は自由大学運動に、後半は農民運動に本腰を入れることになった（倉沢『別所温泉の高倉テルさん』（信濃教育会出版部、１９８７年）56～65頁）。

ところで、常楽寺の住職と言えば半田孝海の名を挙げる人も少なくないと思うが、その大僧正の米寿を記念して『楽土荘厳』が出版されている。その中には、高倉輝、倉沢美徳、斉藤房雄をはじめ、猪坂直一、石井清司、小林茂夫、遠藤憲三ら自由大学関係者が想い出を添えた祝辞を寄せている。高倉は、別所時代を回想して以下のように記している。

「『長谷川一家』、『坂〔阪〕』、『高瀬川』、『百姓の唄』、『狼』、また、自由大学をつうじて結びついた農民や労働者から教えられて、わたしが共産主義の道をあゆむきそ〔基礎〕も、ここ〔別所〕で作られたものです。一九三二〔三〕〔昭和八〕年のいわゆる「二・四事件」で、わたしも検挙されて、家族ぜんたいが長野県から東京へ追放されるまで、家は二、三度かわりましたけれども、別所を離れませんでしたので、半田さんにも、いろいろお世話になりました。生活に困って、画家の倉田白羊さんからもらった絵を半田さんに買ってもらったなどということもありました」（『楽土荘厳』１９７３年、46頁）。

半田孝海は、同書の「恵まれたご縁」の中の一編で「高倉輝（タカクラテル）先生のことども」と題するユーモアたっぷりの回想を寄せている。

「私は寺〔常楽寺本堂〕の前庭でキャッチボールをやったが、偶々（たまたま）名木『御舟の松』の枝に球が当ると、先生は邪魔になるから切ってしまって

半田孝海

はなどと平気でおっしゃった。先生の会話の中には一瞬ヒヤッとさせられ〔る〕ような響きが、たまたまあった。

隠宅〔友月庵〕との往来が重なるにつれ、話題は各方面にわたっていったが、宗教の話になると両者の見解は全く分かれた。先生はソ連が世界の大赤化を企図していた当時、あちらに渡られ、「宗教は阿片である」との洗礼を受けて帰朝されたのか、宗教否定、信仰無用論者の一人であったようである。詳しいことは憚(はばか)るがかなり厳しいものがあった。しかし元来人間の宗教情操は半ば本能的だから、容易に追放さるべきものでないと心得ているので、私は、これまでの信念を変更するわけがなく、いつも素直に聞き置く程度に過ぎなかった。

とはいえ、先生の言葉の中にも一つの示唆があった。というのは鉄道の踏切りでわれわれは右を見、左を見てから真中を渡る如く、右だけでなく左も見ることが大切なのだと考えた。私が一時アカ坊主だと噂が伝ったのはこの辺に由来するものと思う。

釈尊の教えは、何事も極端にあることなく、すべからく中道を歩めと示している。その意味では先生の言葉の中にも、その一方を知るうえで看過することの出来ないものが含まれていた」（前掲書、221頁）。

前掲『会計簿』には、講師の高倉へ謝礼70円が手交され、他に宿泊料他（上村旅館）36円50銭、乗車賃（東京まで）5円10銭が記載されている。

自分の思いや感想をむきだしに話す受講生たち

【第1期第3回】1922年1月22日（7日間）
出隆「哲学史」（38名）神職合議所

講師として出講した出隆（1892～1980）の次のような回想が残されている。

「上田市内の或るお宮の社務所〔神職合議所〕の広間で、長い腰掛を机代りにして会員は三、四十人だったが、近村から自転車でくる人だけでなくて、汽車の上りと、下りの発着時間の都合がわるく、講義時間も始めと終りがそのために制限された。しかし、それでも毎晩三時間あまりはみっちり講義をすることができたし、またその講義の前後にも、社務所に泊りこみの熱心な青年もあって、いろいろ話し合ったが、みんな自分の気持ちをむきだしに話す真剣で実直な人々だった」（『出隆自伝』出隆著作集第7巻、勁草書房、1963年、195頁）。

「社務所に泊りこみの熱心な青年」については、猪坂直一が「上田から50キロもある上高井郡の青年で、一週間神職合議所の一室へ泊りこんで勉強するという熱心家」（佐々木卯吉）のことを、次のように書き残している。

「〔その青年は〕第2年目の第2回講座から――見えなくなった。……その年度の終りの講座に……やって来た。〔火事に遭った〕その年の秋、第3期に再び講堂に見えなくなった。『自由大学雑誌』が出来たので送ったところ、次の様なハガキを受取った。『御書面並に雑誌正に拝受致候　陳者本人卯吉事　昨年死去仕候間会員を御除名被下度候　本人在世中は多大の御厚誼に預り深く御礼申上候（卯吉保護人）』」。「佐々木君は、自由大学の会員雑誌を作ろうじゃないかとよく言っていた。今此の雑誌（『自由大学雑誌』）をあの佐々木君に見せることが出来ぬのかと思うと、僕は胸がつぶれる」（前掲『枯れた二枝』50頁）。

なお、佐々木が恒藤恭の最初の講義終了後に開催された〝茶話会〟にも出席した記録が、『会計簿』の中に残されている。

出隆の講義を、猪坂直一は次のように回顧している。

「出氏の講義は『カント以前』という訳で、ギリシャ哲学タレースよりカントまでの自然哲学時代を概観した。二三時間宛7日間の講義で、これだけ聴こうとするのは、たとえ概観にしてもどうかと思ったが、実際に於〔い〕て自由大学の講義は意外に進む。僕等は兎に角古代及び中世哲学の一通りを理解することが出来た（猪坂「上田自由大学の回顧（六）」『自由大学雑誌』第7号、1925年7月、18頁）。

『会計簿』には、講師の出隆へ謝礼100円が手交され、他に宿泊料26円80銭および東京までの帰途乗車賃5円10銭が記載されている。

出隆

哲学だけでなく教育や文芸や社会問題にも言及

【第1期第4回】１９２２年2月14日（4日間）
土田杏村「哲学概論」（58人）神職合議所

山越脩蔵からの手紙を契機に上田で始まり、周辺県に伝播した自由大学の主軸講師土田杏村（１８９２〜１９３４）は、教育＝自己教育に関して次のように記している。

「教育とは、其れを受ける事により、実利的に何等かの便益を得る事にだけ止まるものでは無いと思う。我々が銘々自分を教育して、一歩一歩人格の自律を達して行くとすれば、其れが即ち教育の直接の目的を達したのである。生きるという事は、我々が生物として自分の生命を長く延ばして行くことでは無い。生きるとは人間として生きることだ。より理想的に生きることだ。しかし自分をより理想的に生かして行く主体は、自分以外の何者でも無く、自分は自分以外の何者からも絶対に支配せられないところに、人間としての無上の光りが輝く。此の人間の本分を益々はっきりさせ、人間として生きることは、即ち自己教育である。自己教育が即ち人間として生きることであり、人間として生きることが即ち自己教育である」（「自由大学に就て」『信濃自由大学の趣旨及内容』１９２３年10月、1頁）。（引用文中の傍点は筆者。以下断りのない限り同じ）

人間として理想的に生きるためには、継続的に、人間の名に恥じない「自己教育」を積み重ねること、それが求められると杏村は言う。

また後に、まともな教育理念をもたない官製の成人教育が横行すれば、それは「民衆の成人教育に取って一大危機である」とも述べている。そうなってから「狼狽や失望を示さないよう、今の時期に於［い］てびくともしない基礎をつくって置こうでは無いか。地方の青年が青年会の其れの如き骨抜きとなるか、ぴんと打てばしゃんと応える骨の太い其れとなるかの分れ目なのだ」（「自由大学の危機」『自由大学雑誌』第２号、１９２５年2月、23頁）とも指摘している。

人はともすれば安易に流れやすい。そこで、民間の成人教育による骨太の足腰の強い青年づくりに結果を出さなければ、危機からの脱却は覚束ない。杏村は固くそう考える。

批判的な精神を身に付けずに、物事を鵜呑みにする精神が蔓延すれば、惰性で生きていく人々が多数派を占める社会になりかねない。そうならないためには、教育の重要性を認識して、地に足のついた青年を世に輩出するための息の長い支援を怠ってはならない。自由大学は、そのために構想された。したがって、彼の教育論の核心は以下の点にある。

「自由大学の教育は、終生的の教育である。其れは社会的の教育である。其れは各人の固有する能力を完全に個性的に生長せしむる教育であるから、教育が社会の何人かに独占せらるることを否定する。其れは本来社会的創造への参画を目的とするから、社会の労働を奪わず、却って其れの実現に参画しようと努める。其れは自己決定的の教育なるが故に、其の方法に於［い］て自学的であり、其の設備に於［い］て自治的である。
　此［斯］くして自由大学とは、労働する社会人が、社会的創造へ協同して個性的に参画し得るために、終生的に、自学的に、学ぶことの出来る、社会的、自治的の社会教育設備〔機関〕だということが出来るのである」（「自由大学とは何か」『伊那自由大学とは何か』1924年8月、3～4頁）。

「我々は或る特定の思想内容を尊重せず、其等の思想を懐抱する社会人の自発的態度を何よりも重要視するものである。自由大学は一の学校であり、多くの社会運動につき、自発的に甲を捨て乙を取る判断良心の確立を助けるものであるから、此の学校の教育より、ただ一種類の社会運動への道のみが開かれて居ると私は考えない」（同前、9～10頁）。

教育の基本は自己教育であるとしても、教育は「本来社会的創造への参画を目的とする」から、結果として、社会への「参画」（参加と計画。企画への参与）ができる能力を涵養するための教育機関にならざるを得ない。しかも、「社会的創造への参画」の仕方は、強制や制約のない自由闊達な対話や討論を通して行われることになる。

　杏村自身の「自由な」学びの特徴を、杏村研究者の上木敏郎は、次のように表現している。

「杏村は田中王堂の影響を受けつつも、そのとりことならず、西田幾多郎を本邦最大の哲学者と認めつつも、そのエピゴーネンとな

『自由大学雑誌』

らず、マルクスから多くを学びつつも、その九官鳥となることを潔しとしなかった」（『土田杏村と自由大学運動』誠文堂新光社、１９８２年、24頁）。

さまざまな著作から「学ぶ」場合でも、それを鵜呑みにすることなく、学ぶべき箇所を自らの基準で選り分けながら学ぶこと、それが自己教育というものである。上木は、自分の〈尺度《スケール》（ものさし）〉を創るつもりで読書や討論を重ねれば、〈ものまね〉ではない個性的・自律的な人格が形づくられると考え、その点で杏村を評価しているのである。

猪坂直一は杏村の講義の感想を以下のように記している。

「寒気尚ほ《ママ》厳しい2月中旬の夜、僕等は毎夜震へ《ママ》ながら氏の講義を聞いた。講義は岩波哲学叢書中の『哲学概論（インデル《ママ》バンド著、宮本和吉氏訳）を教科書として使ひ《ママ》、主としてその「認識論」を講義して頂いたのである。しかし哲学を講じながら、教育、文芸、社会問題と、いろいろな方面に批評を加へ《ママ》て行かれるのを、僕等は頗る愉快に聴いたものである」（前掲「回顧（六）」、『自由大学雑誌』第7号、19頁）。

受講者を惹きつけ飽きさせない、準備の行き届いた講義。聴講後に、自らさまざまな領域との繋がりを再確認したくなるような講義。それが行われた様子が浮かび上がってくる。

前掲の『会計簿』には、杏村への「御礼」（往途旅費含む）20円、宿泊料26円90銭（上村旅館）、（帰途）乗車賃（京都まで）９円92銭、浦里行電車賃1円、浦里村より講師へ20円が記載されている。杏村は（高倉も同様であるが）、いわば身内の講師として、経営上の余裕が生まれるまでは、旅費・宿泊費の実費以外の講師謝礼を最小限に抑えるよう、幹事に伝えていたのではないかと思われる。当初「講師謝礼20円」とあったものが削除されている。

なお、松田義男編「土田杏村著作目録」（改訂２０２０年4月8日、全１００頁）が公開されている（http://ymatsuda.kill.jp/Tsuchida-mokuroku.pdf）。

準備「不充分」で降板した講師に「感激」した受講生

【第1期第5回①】１９２２年3月26日（２日間）
世良寿男「倫理学」（35人）神職合議所

世良寿男（1888～1973）本人および受講者の回想記録を直接目にしたことはない。受講者の細田延一郎は、世良と大脇義一の講義ノート（「筆記帳」）を遺しているが、筆者は未見。自由大学研究会の事務局長だった山野晴雄が、「自由大学運動年譜」（『自由大学研究』別冊2、101頁）に3日目の模様を引用しているので孫引きさせていただく。

「3月28日　世良先生が未だ見えぬ、もう6時10分だ……。あの真面目な堅い先生が……。金井(正)さんの報告で解った。

今度先生はわざわざ京都からお出になったのだが、講義をして二日に至った所自分の研究がまだ不充分で即ち自由ということに付いてとんと行き詰ってしまって、如何とも進むことの出来ぬ事を発見したから講義を聴くべくわざわざ遠路を御出かけになった諸君には甚だ済まないがこれでご免を蒙りたいとの由、尚先生はこの大学の講義の後直ぐに僧侶の講習会があってそこで講義されるのだがそれも断るべく手紙を書かれたとのこと。

我々は大変張合［い］が脱〔抜〕けたが、これ亦如何ともすることが出来ぬ。否実にこんな真面目な学者らしい先生の態度に非常に感激させられ、毎日毎日出鱈目な生活をして居る自分等に強い痛手を加えられたような気がした」（細田延一郎「筆記帳自由大学講義二号」）。

世良の判断と行動に「感激」した細田の自省の弁が清々しい。細田延一郎（1886年生まれ）は豊里村出身の地主の子弟で代用教員を長く務めた。小県連合青年団の評議員、幹事、副団長、団長を1922年から26年まで計5年（団長だけは2年）務め、戦後は豊里村長（1955～56）、殿城（とのしろ）村との合併後の豊殿（ほうでん）村長（1956～58）を歴任。『近代日本教育の記録』(後述)にも「回想」を寄せている。

広島県出身の世良寿男は、旧制の県立三次（みよし）中学を経て、1911（明治44）年に広島高等師範学校を卒業し、福岡県立小倉中学校の英語教諭を3年間務めた後、西田幾多郎に師事して1914年に京都帝大哲学科に入学している。広島高師時代に世良が受けた英語教育に関して、広島県立大学の馬本勉が、2004年12月に開催された日本英学史学会中国・四国支部高知研究例会で「世良寿男の自筆ノートに見る広島高師の英語教育」の研究報告を行っている。横道に逸れることを承知で、その報告を聴いた同僚、鉄森令子の感想を紹介したい。研究者の個人研究を踏まえた相互教育の在り方にヒントが含まれていると考えるからである。

鉄森は、報告から受けた「感動」を次のように記している。

「明治21年に比婆（ひば）郡で生まれた『世良寿男』……は三次中学校を卒業すると明治40年に広島高等師範学校に入学した。その年の広島高師の教授陣には、杉森此馬、栗原基、小日向定次郎、菱沼平治等、また、卒業生・在校生では牧一、松田與惣之助等、英学史上活躍した方たちが多数在籍しており、思わず身を乗り出してしまった。中でも栗原基の「英文学史」の「自筆ノート」には強い関心を抱いた。栗原基は ラフカディオ・ハーンの東大での教え子であり、彼の講義は「八雲調の音調でユックリ講じ進められた」という（『小泉八雲事典』によると、栗原は自分の生徒たちに「すべての蔵書を失っても、このハーン先生のノートだけあればよい」と話していたという）。世良寿男の自筆ノートからハーンの東大講義を垣間見ることができるなんて想像もしなかった。……およそ90年間も闇に埋もれていた世良寿男の自筆ノートからさまざまな研究の糸口をご教示くださった馬本先生の Magic は本当に素晴らしく感動するとともに、私もこの Magic が使えるよう研鑽していきたいとファイトをいただき感謝しています」（http://tom.edisc.jp/eigaku/newsletter/newsletter_bn/newsletter41.pdf）。

ヒントや「研究の糸口」が散りばめられている報告は、前回に登壇した土田杏村の受講者にとって聴き応えのある講義（「哲学を講じながら、教育、文芸、社会問題と、いろいろな方面に批評を加え」つつ進行する講義）にも通ずるものであろう。

なお、世良は2年後の24年3月にも、信濃から上田に改称した自由大学に登壇している。『会計簿』には、世良と【第1期第6回】の講師（大脇義一）、2人の電車賃の合計1円20銭だけが記載されている。講師謝金その他の記載もれの理由は不明である。

「哲人村」紹介に魅かれた経験から代役を務めた京大生

【第1期第5回②】１９２２年3月29日（4日間）
中田邦造「西田博士の哲学の研究に就〔い〕て」

世良の当初の予定が2日間に短縮されたため、28日は休講にして中田邦造（１８９７〜１９５６）に急遽「哲学」の講義を依頼して、引き受けてもらうことができた。山野晴雄は、世良の講義の穴うめとして、「三月二十九日から四月一日まで」四日間講義を行ったと指摘している（「大正デモクラシーと民衆の自己教育運動」『季刊現代史』第８号、１９７６年12月、１３５頁）。

杏村が『改造』の１９２１年（大正10）年７月号に発表した「哲人村としての信州神川」を読み、「神川という哲学村にひかれ、……ひと夏、国分の山越の部屋を借りて過ごした」のが、当時京都帝大生だった中田邦造である（前掲『別所温泉の高倉テルさん』３１０頁）。

つまり、急な対応が可能だったのは、中田が前年夏に上田に隣接する神川村の山越脩蔵宅に長逗留していた経験があったから、と考えることができる。滋賀県出身の中田は、事情により学業が思うに任せず、旧制膳所中学を卒業したのは20歳になってからで、その後名古屋の旧制八高を経て、20年に23歳で京都帝大文学部哲学科に入学、西田幾多郎の門下となっている（梶井重雄「年譜」『中田邦造』日本図書館協会、１９８０年、２４７頁）。翌年11月に信濃自由大学が開講されるが、その開講の準備が進みつつあった６月末に、杏村は山越宛に８月に「南佐久」に立ち寄るので、その際に打合せをしよう、と提案していた（本書９頁参照）。

じつは８月の杏村の講演は「現今社会思想と教育原理」という「いつも通りのもので、お出で下さるほどのこともありません。得能氏の方を聞いて下さい」と、杏村は山越に伝えている。そして山越は、「得能氏というのは、東大哲学科の講師で、上田高等女学校の同窓会かなどで、招待して（塽国学派の哲学の）講演会が仝（同）校の講堂で開かれた。この時京大の哲学科の学生の中田邦造に誘われて、聴講した」と杏村の手紙を引用した後の解説で補足説明をしている（前掲「土田杏村の手紙と上田自由大学」26〜27頁）。つまり、この８月の「得能氏」の講演は、中田が山越宅に逗留していた時期に行われたわけである。

「得能氏」は、旧制四高（金沢）や東洋大、日大、東京帝大の講師を経て、東京高等師範教授を歴任した得能文（１８６６〜１９４５）のことであろう。谷川徹三は『自伝抄』で次のように指摘している。

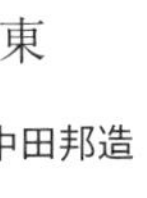
中田邦造

「一高の最後の年には、私は東大の哲学科の教室へ得能文講師の『対象論並びに現象学について』の特殊講義をこっそり聴講に行っていた。いささか背伸びした行為であったけれど、この講義には実に忠実に出た。それくらい一時は学問に打ち込もうと思っていたのだ。しかし京都の大学へ入ってみると多くの講義に失望させられ、だんだん教室から遠ざかるようになった。ただ西田先生の土曜日の午後の特殊講義だけは忠実に出たが、先生の演習もベルグソンの『創造的進化』を原書で読むだけなので、だんだんなまけるようになった。今から考えるとこれは生意気なことで、そのころの思い上がった自分を恥ずかしく思っているが、当時は教室へ出るより図書館で本を読む方が勉強になると考えたものだった」（中公文庫、1992年、40～41頁）。

戦後（1950年頃）書かれた山越の私記「神川村分村計画、中原開拓団成立の経過」）には次の記述が見える。

「〔群馬県嬬恋村の〕田代に入ると31年前に来た時と〔比べて〕道路は広く〔昔中田邦造、藤沢良介と三人で草津行をした時は、地蔵峠を越して旧鹿沢に出て田代を通ったので鳥居峠の様子は知らなかった〕自動車の運行には充分な道巾で、31年前とは変わったのは、不思議はない」（中村芳人編『神川村分村・開拓団の歴史』私家版、1994年、11頁）。

谷川徹三

山越のこの私記には様々な草稿が残されており、その中の1つの草稿には、中田邦造は京大生、藤沢良介は東大生と記載されているので、中田の「年譜」から判断すると1920（大正9）年4月から1～2年の間と推定される。いずれにしても、信濃自由大学の開講前から、中田が京大生として山越と面識があったことは確実である。

中田が世良のピンチヒッターとして、1日の休講にしただけで急遽自由大学の講座に登壇できたのは、以上の経過を踏まえれば、得心がいくのではなかろうか。以下は裏付けのない当て推量であるが、中田は西田か土田か山越から自由大学の日程を耳にし、先輩にあたる世良の当日の講義に潜り込んでいたのかもしれない。不備の多い『会計簿』の「支払」欄には「中田氏へ三円」の記載しか見出せないし、その意味するところも不明であるが、当時の通信および交通事情を勘案すれば、わずか1日の休講でやすやすと後任決定となるはずがないからである。

なお、中田の講義に関する当人の回想も、受講者の感想も今のところ筆者は眼にしていない。中田は翌23年11月と26年2月にも出講している。

活発な質問を引き出した講師と宿舎まで訪ねた受講生

【第1期第6回】１９２２年4月2日（5日間）
大脇義一「心理学」（31人）神職合議所

京都帝大大学院生の大脇義一（１８９７〜１９７６）は、2年先輩にあたる長野県出身の務台理作の要請によって講義を引き受け、後に次のような回想を認めている。

「（会場は）古色蒼然とした大広間に、ところどころ火鉢が置かれていて、見たところ30才代から40才代の……聴講者が40名くらい端座して居られる。中には堂々たるひげを蓄えた人や相当の高齢者も見える。そこへ、若年の童顔、短躯の私が講壇に現れたのであるから、意外に思われた人が少なくなかったであろうと思う。

私は心理学概論の講義の土台として、ドイツのアウグスト・メッサーの『心理学』……にブントの『心理学要義』をも加味しながら、出来る限り初心者にも理解し易いように平明に話して行った（ママ）。……講義が終ってから活発な質問が起こり、普通の大学の講義では見られない熱心な研究意欲に少なからず驚いた。二、三の聴講生は夜、宿舎にまで訪ねて来て討論された」（「信州自由大学の想出（ママ）」初出：１９６８年3月、上木敏郎編著『土田杏村とその時代』佐渡郡新穂村教育委員会編、１９９１〔平成3〕年、１９１〜１９２頁）。

務台理作については、本書１５２〜１５３頁を参照。また、上木の『土田杏村とその時代』については、大沢真一郎、丸山睦男、鶴見俊輔「日本の地下水『土田杏村とその時代』」（『思想の科学』第91号、１９６９年8月）96〜97頁を参照。

先に言及した細田延一郎は、大脇義一の受講ノートも遺しているが、筆者は未見。のちに細田延一郎は、自由大学を受講することになった経緯を、次のように「回想」している。

「一年志願兵をやって帰ってきて毎日農業をやっていましたが、いったいわれわれは毎日何のために生きているのかということを考えましてなあ。ところが上田〔信濃〕自由大学ができて学問をする便宜をあたえてくれる、……これによって人生はいったい何のためにあるのか。社会はいかにあるべきかを探求してみたい。……何か勉強し社会的にも活動してみたいというようなことから勉強を始めたわけです」（浜田陽太郎・石川松太郎・寺崎昌男編『近代日本教育の記録』下、日本放送出版協会、１９７８年、１５８頁）。

なお、大脇自身の授業評価や感想も、受講生からの評価や回想も入手できなかった。大脇は、自由大学では上田におけるこの講義にのみ出講している。『会計簿』には、「大脇氏へ」１００円と、前述のとおり「車賃（世良、大脇）」1円20銭の記載がある。他に宿泊料や京都〜上田間の交通費の支出は記載されていない。その理由は不明である。

社会教育と学校教育との関係を覆した哲学者

【第2期第1回】１９２２年10月14日（５日間）

土田杏村「哲学概論」（44人）神職合議所

〈民衆の学問〉〈民衆本位の〉大学の必要性を、杏村は次のように訴えている。発表は2年以上先のことであるが、考え方はこの時期に出来ていたので、ここで紹介しておく。

「行く行くは高等学校などの階梯を踏まず、自由大学を通って何時でも、何年でも、在学の出来る、本当に民衆本位の単科大学をも創設したい。―我々は本当に学問を民衆のものとしたいのだ。学問を空気の如く、水の如く我々の周囲を豊かにしたいのだ。今は学問の飢饉時代だ。学校は僕達に無縁の蜃気楼だ。随(したが)って学問自身も亦、其の蜃気楼の中で痩せ細り、一本立ちの出来ないものになっている。僕達は学校を救おう、学問を救おう。野蛮なる民衆の手、其れが何時も死にかけたものに生命を吹き込むのだ」（「自由大学へ」『自由大学雑誌』第一巻第一号、１９２５年1月、４頁）。

瀕死の「学校」「大学」「学問」に新たな「生命を吹き込む」ことのできるのは、労働によって土や泥に塗（まみ）れた「野蛮なる民衆の手」しかない！　民衆こそがそれらを欲しているからだ。これが杏村の考えであった。

また、学校教育と成人教育との関係について、次のような指摘をして世間一般の「常識＝誤認」を批判し覆している。

「教育についての最も誤った考え方は、……学校教育を教育の本幹的なものと見、成人教育を以て単に前者の不完全なものであるか、或は前者の補習に過ぎないと見る仕方だ。正しい考え方は、全く其れの逆でなければならぬ。学校教育こそは寧ろ成人教育のための準備的段階であり、労働と平行しない意味に於いて寧ろ不完全なる教育であると言わなければならない」（「木崎村事件と将来の農村学校」初出：『地方』１９２６年10月。引用は『土田杏村全集』第8巻、第一書房、１９３５年、４８９頁）。

民衆の成人教育＝自由大学は、一生涯継続して「学ぶ」場であるから、こちらが教育体系の「本幹」であって、学校教育は、そのための準備教育にすぎない。

これが世間の常識をひっくり返した杏村独自の〈教育体系〉観であった。杏村によれば、現行の学校教育が主として「教える」－「教わる」場として本幹の「準備」をなすのに対して、本来の成人教育は自ら「学ぶ」場として、自学自習、「自己教育」が本幹的地位を占めている。従って、世の常識は本末転倒だ、と考えているわけである。

ところで猪坂直一は、杏村の体調に関して次のような経過を説明して、最新情報を紹介している。

「〔前回１９２２年2月の〕四日目の講義を終えて宿へ帰られると、寒気の為めか、急に発熱し、……四日間で中止せざるを得なくなった……。氏には近村〔浦里村〕へ講演などに出て頂いたりして、寒い時に大分ご苦労を願ったので、僕等はスッカリ恐縮してしまった。翌年〔度〕〔つまり今回10月〕の講義には、氏は頗る元気で、今度は五日間無事講義を済ました外（ほか）に、自由大学主催の公開講演にも出て、日露通商問題か何かで大気焔を挙げて帰られ

神職会議所

たが、しかし其後間もなく扁桃腺炎を病まれ、医師より一切談話を禁じられ、一年半というものは、仰臥して唖の行をせられたという事である。……氏はもう殆んど本復せられ、盛んに健筆を振って居られる」（前掲「自由大学の回顧（六）」19頁）。

ところが、その後、咽喉結核と診断され、自由大学への出講は叶わなかった。そのため、杏村の信濃自由大学への出講は、前回と併せて2度行われただけで、他の自由大学に関しても、後述する魚沼夏季大学への出講（22年8月）が実現できただけであった。

『会計簿』には、講師料20円、旅費12円、宿泊料（上村旅館）23円、車賃1円20銭が記載されている。

受講者の便宜を考え定評ある著作を翻訳・出版した講師

【第2期第2回】１９２２年11月1日（5日間）

恒藤恭「法律哲学」（47人）県蚕業取締所上田支所

2度目の講師を任された恒藤恭は、急遽自ら翻訳・出版したテキストを準備して講義に臨んだ。

「ある機会から土田杏村君と知り合いになり、……同君などの肝いりで開催された、長野県上田の『自由大学』には東京や京都からいろいろの人々が講師として招かれたが、杏村君の紹介で私もその一人として招かれ、〔前〕11月上旬に上田に行って幾日のあいだか滞在した。〔翌年も〕私は法学の講義を依頼されたが、何分にもみじかい期間のことなので、聴講の人たちの便宜を考えて、ハルムスというベルリン大学の教授であった人の遺著『法哲学の概念、諸形態及び基礎づけ』（１８８９年）を急いで〔翻訳し〕出版してもらい、自由大学での講義に間に合わせることができた。聴講の人たちは中中熱心にきいてくれて、張り合いがあった。幹事とか世話人とかに該当する人たちは、山本鼎氏の指導をうけて農民美術の運動をもやった人たちであって、上田の郊外にある、その運動の本拠のカッテージ風の建物〔日本農民美術研究所、次頁の写真参照〕をおとずれたこともあった。講義は夜間だったので、ある日沓掛に行き、浅間山の山麓のさびしい温泉宿のような家に在住していた高倉輝君をたずね、うつくしく黄ばんだ落葉松の林や、すすきの穂が風にゆれ動いている高原を同君と散歩したことなどが思い出される」（恒藤恭「学究生活の回顧」『思想』第３４３号、岩波書店、１９５３年1月、86頁）。

高倉は結婚する前には、前述のように、沓掛（長倉の星野温泉）に住んでいた。信越線の沓掛駅が開業するのは1910（明治43）年で、1956（昭和31）年に中軽井沢に駅名が変っているが、それ以前は軽井沢駅周辺とは比較にならないほど静かで寂しい地域であった。1923年7月に出版された『我等いかに生く可きか』の「はしがき」の末尾には「五月三日。信州沓掛」と記されている。安田徳太郎の妹津宇（つう）との結婚（22年12月）後は、暫く長倉の千ヶ滝に住み、23年10月に上田の奥座敷・別所村の常楽寺の隠宅友月庵に移っている。

ところで、恒藤の翻訳書の冒頭には、以下の説明が付されている。

「私は、昨年の秋長野県上田市に創立された信濃自由大学で、法律哲学の講義をすることを引き受けた。昨年は自分のこさえた原稿によって、話してみたが、その際の経験から考えて、今年は、約一週間の短い講義をなるべく有効に利用するために、何か適当の教科書を使ってみようと思い立った。かれ此れ思案した後、……ハルムスの著書は、かような目的にふさわしいものであると考えたので、その翻訳を企てた次第である」（F・ハルムス・恒藤恭訳『法律哲学概論』大村書店、1922年「訳者序」）。

5日間の「短い講義をなるべく有効に利用するために」、内容の充実した質の高い著作を選び、自ら訳出し出版して臨んだ恒藤の心構えには、既に述べたように次のような世間の常識を痛烈に批判する心情が含まれていたように思われる。

「世の中には、外形が華麗であり、宏大であって、しかも内容が空疎であり、貧弱である計画や、事業やが、あり余るほどあって、われわれを失望させ、憤慨させる場合が少くないのは、まことに残念なことと思います。それからみると、信濃自由大学が、たとえてみると、むかしの塾でも思いおこさせるような形態をとって生まれ出て、謙遜に、質実に、みずからの存在と生長と

芥川龍之介（左）と恒藤恭（右）

日本農民美術研究所

をはじめたということは、それにたずさわる人々の誰にとっても、かえりみて心たのしく、心づよい事柄ではないでしょうか」（前掲「信濃自由大学聴講生諸君！」、前掲冊子10頁）。

講義会場の外観は、「華麗」でも「宏大」でもない。しかし、今に名を残す例えば松下村塾のような、内実の備わった自由大学の講義に相応しいテキストとは、どのようなものだろう。それは、他人が出版した使い勝手の悪い著作をテキストにすることでは叶えられないであろう。講義の「内容にふさわしい」と考えられる定評のある著作を選び出し、自ら翻訳してテキストにするのが望ましい、というのが若き恒藤の高き志だったのである。

なお、恒藤の一高時代の親友に芥川龍之介がいる。芥川は「或旧友へ送る手記」（『現代日本文学大系』43、筑摩書房、1968年）の中で〝ぼんやりした不安〟というフレーズを残して1927年7月24日に自殺したが、恒藤は同年9月発行の『文藝春秋』で、芥川の死を悼んで追悼文を寄せている（「友人芥川の追憶」石割透編『芥川追想』岩波文庫、2017年、所収）。芥川も生前に紹介文「恒藤恭氏」を書いている（『大川の水・追憶・本所両国』講談社文芸文庫、1995年、所収）。また恒藤には、『旧友芥川龍之介』（朝日新聞社、1949年）がある。

『会計簿』には、恒藤への講師料80円、乗車賃11円80銭、宿泊料他（上村旅館）25円が記載されている。

ゴーゴリの作品をロシア革命の話を交えて紹介した講義

【第2期第3回】 1922年12月5日（5日間）

高倉輝「文学論」（63人）

県蚕業取締所上田支所殿城郵便局に勤務していた青木猪一郎（1899年生まれ）は、1921年10月から4年間日記を遺している。

「（1922年12月5日）午後三時吹雪の中を上田の自由大学へ、……六川先生が受付にいられて大満員だった。浦里の渡辺局長、堀込（ママ）校長、細田延一郎氏等来聴中だった。……五尺八寸の高倉氏、一寸〔友人の〕武井さんに似た人だった。ロシア文学のゴーゴリ氏から始めるとの事、最初ロシア語でアルハ（ママ）ベットを覚えて貰いたいとの事、英語のアルハ（ママ）ベットさえしらぬ俺は直ぐ後ろに六川先生がいられるので筆記するのさえ何だか浅越〔僭越〕で弱っちまった」。「（12月6日）自由大学、もう皆集まっていた。直ぐ始まった。愈愈ゴーゴリの生い立ちに入って講義が始まった。そして風刺文学の話まで出て六時四十分と云うに終って帰途。風［邪］引なので息苦しくて三回も途中で休んで来た」。「（12月7日）自由大学、ゴーゴリの作品やらロシア革命の話でとても面白かった。始めての日のあの向きでは何んな事になるかと打案じられたのに、八時半帰宅」。「（資料）青木猪一郎日記（抄）」（『自由大学研究』第4号、39～40頁）。

高倉には「ゴオゴリ評伝（一）～（六）」『芸文』第9年第9号～第11年第2号（1918年2月～20年2月）がある（山野晴雄「タカクラ・テル（高倉輝）著作目録」）。この論稿をベースに講義が組み立てられたのではないかと思われる。

文中の六川先生は、小諸生まれで、信濃自由大学理事の六川静治（1887～1959）のこと。上田市内や小県郡内の小学校の教諭・校長を歴任した後、県議としても活躍。戦後の1948年の県議会において、県を長野と松本の2つに割る「分県論」に反対した演説は、卓見と評されている。

「かつての文化の高きわが信州、教育県と誇りましたわが郷土も、今や乏しき物資のわけ合いから、あるいは奪われた思想の貧困から、この惨めな渦巻の中に浮きつ沈みつしてこころの情なき現状ではないかと思われるのであります。この難局の岩頭に立ちまして、真に県民の前途を憂え、県民生活の安定を希うならば、われわれ議員たるもの虚心坦懐に政治の大道をわきまえて、純良なる県民安堵の実をあげるために、その責任の重大に思いを寄せて、明朗なる態度をもちまして、県政に参画しようとするその覚醒なくしては相済まんと、私はみずから痛感する一人であります」（『信州人物誌』1969年、565～566頁）。

渡辺局長は、浦里村郵便局長の渡辺豊貞（1891～1972）。アマチュア写真家として大正・昭和戦前・戦中期の野良の風景や、いわゆる15年戦争期の出征兵士に送るために撮った留守家族の日常など、歴史的に貴重なスナップ写真を大量に残

浦里郵便局、中央に座るのが渡辺局長

した。うち170点程を上田市博物館が選んで『写真に見る戦前・戦中の農村』として2013年に発行している。

堀込校長は堀籠（ほりごめ）静雄のことであろう。『会計簿』の記述も堀込静雄となっているが、各年度版の『長野県学事関係職員録』（信濃教育会事務所）によれば、1922（大正11）年から24（大正13）年まで豊里・殿城小学校の校長を、25（大正14）年から29（昭和4）年度まで神川小学校の校長を務めている。なお堀籠の自由大学の受講が確認できるのは、第2期第3回と第4回の2回だけだが、繰り返し指摘したように欠落の多い『会計簿』であるため、実際の受講歴は確定できない。

また、中沢鎌太（1878～1959）も高倉の講義に出席し、日記を遺している。

「（12月5日）自由大学へ参る。停電の為めに一寸都合が悪かった。頭痛も話が面白かったものだから忘れ勝ちであった。7時頃退散帰りニ守平君ニ寄り色々今日ありしことを物語った。8時過帰り夕食をして就寝した。（12月6日）自由大学へ参る。ゴーゴリの伝であった。7時頃退散。守平氏も来る筈であったが見えなかった。（12月8日）午後は食後少し休んで后自由大学へ参る。帰りに守さんの処で語って后宅へ帰る。（12月9日）午後は理髪店で理髪し後自由大学へ参った、閉講〔後〕、茶を飲し九時頃まで私達は〔高倉〕先生を取り巻えて（ママ）語った。帰りニ勝五郎さんに寄る。守さんまだ帰らなかった。皆さんと語り11時頃帰宅した」。「（資料）中沢鎌太日記（抄）」（『自由大学研究』第4号、42～43頁）。

なお、中沢鎌太は小県蚕業学校〔現上田東高校〕卒、同校の校長を務めた三好米熊の助手、家業は蚕種製造。1922年12月から1930年1月までの日記と信濃（上田）自由大学の講義ノートとを遺した。中沢の日記と筆記ノートは、小平千文氏を介して長野大学附属図書館に寄贈されている。なお、中沢について詳しくは『上田市誌 近現代編（1）』（2002年、87～88頁）を参照されたい。文中の「守平君」は城下村の中沢守平で、信濃黎明会の会員。信濃および上田自由大学を受講している。

『会計簿』には、高倉への講師料80円、宿泊料（花屋旅館）46円、近藤牛肉店払〔い〕6円90銭が記載されている。

　この【第2期第3回】講座と【第4回】講座の間（1923年1月）に、後に下伊那の飯田で開設される信南自由大学の受講者になる羽生三七（社会主義思想を背景に組織された「自由青年連盟」およびその秘密結社「LYL（Liberal Youngmen's League）」の幹部の1人）が、荒井邦之助（社会主義運動のオルガナイザー）と市村今朝蔵（早稲田大学助手）を伴い、3人で猪坂直一の友人宅を訪れ、5人で夜を徹して激論を交わしている。結局は物別れに終わる徹夜の討論は、何も齎さなかったかと言うと、そうではない。

　猪坂は、市村の「意見は荒井氏が革命家的単純卒[率]直なのに比較して至極学問的で傾聴すべきところが多かった」と記し、羽生に対しては、「口数が少く、黙々としてわれらの議論を聞いていたが、しかし時々発言するその言葉に内容と鋭さがあって、私を脅[驚]かした」と評価しているからである。なお、猪坂は1897年、羽生は1904年生まれであるから、年齢差は7歳である。

　その会談の物別れは、小林利通が指摘しているように、「自由大学の多様性」を象徴するもので、その多様性が、今後各地に開設される自由大学間には相応しいし、それぞれの自由大学の内部にも受講者間に思想や思考の多様性があること、それが「自由」を標榜する教育機関たる自由大学の真骨頂と言えるのではないか、と考えられる（『日本近代史の地下水脈をさぐる』梨の木舎、2000年、97頁）。

哲学通史の合間に特別講義を組み込んだ研究者

【第2期第4回】1923年2月5日（5日間）

出隆「哲学史」（50人）県蚕業取締所上田支所

岡山県生まれの出隆は、アリストテレスの研究で知られ、『出隆著作集』全8巻別巻1（勁草書房、1963～73年）がある（第1巻『哲学以前』、第2巻『哲学を殺すもの』、第3巻『エッセー』、第4巻『パンセ』、第5巻『哲学史余話』、第6巻『哲学青年の手記』、第7巻『出隆自伝』、第8巻『出隆自伝 続』、別巻『ギリシャ人の霊魂観と人間学』）。出講時は東洋大学教授であった。出は、夏目漱石の門下生の1人で同郷の随筆家、内田百閒（百鬼園）とも親交があり、その作品中に「出」をもじった「二山」君（二山博士）の名でしばしば登場している（本書171頁参照）。

出隆

中沢鎌太は日記で出隆の講義に触れているが、難しくて「余り分らなかった」と記している。また、本講とは別の「特別講義」が組まれていたことにも触れている。

「（2月5日）帰宅昼食の后松井医へ参り診断して貰った。帰り『自由大学』へ参る。蚕業取締所である。出隆先生の講義であった。中々六ヶ敷〔難し〕かった。余り分らなかった。特別講義もあった（カントの生立[ママ]）帰宅は九時頃であった」。「（2月6日）急ぎ帰宅し食して直ぐ様『自由大学』へ参った」。「（2月7日）（雪降る）横林重兵衛氏の令閨〔令室、令夫人〕の葬儀に参る。1時の出棺が遅れて午後2時過ぎになった。終って自由大学へ行く。3時よりある特別講座は聞くことが出来なかった。4時少し前に行った」。「（2月8日）朝食后雪片付をやった。后栄十さんの処で語る。『哲学史要』を読む。午後『自由大学』へ参る。夕帰る。晩は集会所に消防員の集金める〔集会あるヵ〕から参る様にとの通知があり区会議員〔地区の役員ヵ〕として参る」。「（2月9日）私は帰宅した。『哲学史要』を読む。保野の兄上参られ午食后〔昼食後〕帰らる。上田まで同導〔同道〕した。私はそれより自由大学へ参った。今日で五日〔間〕の講座も終ったので帰宅后夕食して就床す」（前掲「中沢鎌太日記（抄）」43頁）。

2月8日と9日に「『哲学史要』を読む」とあるが、クーノー・フィッシャーの翻訳に『哲学史要』（加藤玄智訳、１９００年）がある。また、書名が『西洋哲学史要』を指すとすれば、波多野精一の著作（初版は大日本図書、１９０１年）という可能性が高い。後述の伊那自由大学【第2期第2回】に登壇した谷川徹三が、参考書として「波多野博士　哲学史要」を挙げているが、それが「波多野精一　西洋哲学史要」を指すことは、恐らく間違いないからである。

『会計簿』には、出隆への講師料１００円、宿料他30円、乗車賃12円が記載されている。自由大学への出講は、既に述べた１９２２年1月と今回のほかに、翌24年2月の八海自由大学と翌3月の上田自由大学の計４回である。

また、出隆が山越脩蔵に贈った色紙2点が、山越の遺族から長野大学附属図書館に寄贈されている。1枚は「何艸不黄」、もう1枚は「花発多風雨人生足別離」と味わい深い筆づかいで綴られ、色紙を収めた封筒には、その書に込めた心境も記されている。「何艸不黄」

は、いずれの草（艸）も黄色に枯れることにならざらんや、とある。「花発多風雨人生足別離」は、花が咲けば風雨で散らされる。老いた私は花も咲かないままに、この世との別離（はい　さようなら）で結構（充分だ、足る）と、達観してお迎えの日を待っている——そういう心境だとの説明が付されている。１９７７（昭和52）年12月7日の消印がある。なお、後者の色紙は、『出隆著作集』第7巻の３７４頁にそのコピーが掲載されている。

マルクスの〈剰余価値説〉に言及した若き学徒

【第2期第5回】１９２３年3月9日（5日間）
山口正太郎「経済学」（34人）県蚕業取締所上田支所

　これまで本書で度々引用してきた中沢鎌太の日記は、何の飾り気もないのが特徴と言える。しかし、以下の引用には、大正時代の風物を切り取ったユニークな指摘が散りばめられており、あれこれ想像を巡らせながら読む愉しみが含まれている。

　「（3月9日）午後三時過ぎより蚕業取締所に開かれる山口正太郎先生の『経済原理』の講義を聞きに参る。七時終り〔丸子電鉄の〕上りに乗り長瀬へ参る。泊る」。「（3月10日）長瀬で朝食して后丸子に此て東京日日新聞社の蚕業奨励展覧会を開かれてあるので覧て参った。十二時前長瀬へ帰って漸く〔暫く〕休し二時頃起きて昼食を頂き汽車で帰った。停車場より直ぐに自由大学へ参った。帰り来り夕食す」。「（3月11日）（曇り雨もあり）自由大学へ行く。晩は頭痛あり寝た」。「（3月12日）野鼠駆除用の著書を買れた。又買物等して后其（の）儘自由大学へ参ることとした。時早く町田に寄った」。「（3月13日）午后は自由大学へ参る。六時終り上田劇場の青年会主催の活動に参る。ユーゴーの『あゝ無情』を見た。〔中沢〕守平氏と同じに帰る」（前掲「日記（抄）」43～44頁）。

　講義内容と感想には相変わらず一切触れていないが、大正文化の一斑（東京日日新聞主催の蚕業奨励展覧会、汽車、野鼠駆除の書籍、青年会主催の活動〔写真〕）が点描されている。なお東京日日新聞は、毎日新聞の前身である。

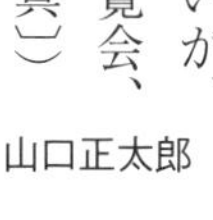
山口正太郎

　ところで高倉輝は、のちに山口の講義の内容に触れて次のように述べている。

「上田〔信濃〕自由大学の第1回の講義の『法律哲学』で、恒藤恭は唯物弁証法の説明をした。〔第2期〕第5回の講義の『経済学』で、山口正太郎は余剰（ママ）価値説の説明をした。どちらも会員の新しい目を開いた点があった。それまで、そういう正式の説明はだれも聞いたことがなかったからだ」（「自由大学のこと」前掲『信州白樺』第29号、1978年、47頁）。

ところで、山口（1894〜1934）には自由大学出講時に大阪商科大学教授説と、同志社大学教授説の2説がある。前者は、高倉輝の論稿「自由大学運動の経過とその意義」（初出：『教育』1937年9月号）に挙げられているエピソードで、次のように記されている。

「殊に面白いことは、自由大学一週間の講義が大学一年間の講義よりも遥かに多い分量をもっていたことだ。経済学の山口正太郎君などは、大阪商大の一年分の講義が五〔四ヵ〕日目に終わってしまって、あわてて宿屋で翌日の講義の準備をするという有様であった。現在の大学というものがいかにだらしのないものであるかという、何よりの証拠でもあるが、同時に、単に義務的にやるのでなく、情熱を以てやる講義がいかに実質的な能率をあげることが出来るものであるかという実例をよく示している」（高倉テル『青銅時代』中央公論社、1947年、230頁）。

後者は、上木敏郎の『土田杏村と自由大学運動』の中で指摘されている。

「出〔隆〕に続いて、三月には第5回を山口正太郎（経済学）が……担当した。山口正太郎は当時、同志社大学教授であった。杏村がかかわりを持った学者たちの中に、同志社大学関係者が多いのは、恒藤（恭）との因縁によるところが大きいと思われる。恒藤は大正11年2月、同志社大学から京大に移ったが、同志社大学法学部時代の同僚教授陣には、前記山口のほか今中次麿、中島重らがあり、住谷悦治なども助手としてそれに加わっていた」（119頁）。

山口の同志社時代は、しかし1919（大正8）年5月から21年3月までで、開講時は母校の大阪市立高等商業学校教授であった。大阪市立高商が大阪商科大学に昇格するのは28（昭和3）年である。したがって、高倉の指摘する大阪商大教授になるのは、山口の欧米留学後（28年以降）である（『故山口正太郎教授遺稿』1935年の巻末「年譜」参照）。

なお、山口の回想も受講者の感想も、残念ながら残されていないようである。また、『会計簿』には、山口への講師料80円、乗車賃及入場券11円、近藤牛肉店12円50銭が計上されているが、宿泊料の記載はない。山口の自由大学への出講は、今回が初めてであるが、同年11月にも上田に出講しているほか、八海、伊那、松本自由大学にも出講している。

高い聴講料とテキスト代を奮発したが満足も得られた

【第2期第6回】 1923年4月11日（5日間）

佐野勝也「宗教学」（34人） 県蚕業取締所上田支所郵便局に勤める傍ら、殿城村初代の青年会長を務めた青木猪一郎は、時報『殿城』創刊号の「発刊のことば」をはじめ、第2号から第9号まで（8号を除く）「巻頭言」を執筆している。佐野の講義を受講した青木は、「日記」に受講後の感想や講義内容について、次のような簡略ではあるが的確な記録を残している。

「（4月11日）今日から始まる上田の自由大学へ行く。……丁度六時になる所だった。お高い聴講料三円と『宗教学概論』二円六〇銭を奮発、帝大講師と云う佐野勝也氏の講義。早々横文字を書かれるのには大閉口、併しお話はよく判った。そして可也（かなり）面白かった。（4月12日）佐野勝也氏の宗教論、今晩は中央オーストラリア土人（ママ）の宗教心に就［い］て［の］講義だった」（前掲「（資料）青木猪一郎日記（抄）」40～41頁）。

残念ながら、2日分しか記載されていないが、講義に対する満足度は高かったことが窺える。なお、中沢鎌太も佐野の講義を聴講し、日記に残しているが、講義内容や授業評価には触れていない。

佐野勝也（1888～1946）は、1917（大正6）年に東京帝国大学文学部宗教学科を卒業。ハーバード大学に学び、信濃自由大学では1923年の今回は「宗教学」を、翌24年には「宗教哲学」を講じている。

ところで私は、本書を作成するに当たって、講座担当者の著作のうち講義に使われたと思われるテキストを、入手できる限りは注文して手元に置いて、目次をたよりに拾い読みすることを原則としてきた。中には間隔を置いて繰り返し検索しても、購入できない著書がなくはなかったが、希望はおおよそ充たすことができた。

この講座に関しても、テキストが指定されているので、入手に困難は感じなかった。到着した『宗教学概論』は、目次をゆっくり眺めたあと斜め読みして、暫くは書棚に立て掛けられたまま時が過ぎた。執筆に当たって『宗教学概論』の付箋の箇所を再読しながら、何気なく奥付の定価を見たら、「二円五〇銭とある。しかも手元にある『宗教学概論』は、第二版だった。そこで、改めて初版を探して注文した。届いた書籍を見てびっくりした。

最初に入手した第二版には、22年12月3日付の「序」が付されている。次頁には「第二版への序」が置かれ、「第二版では、第五章と第六章の標題を改め、印刷上の誤謬を数個所訂正した外は、全部初版のままにして置きました」とあり、その日付は23年3月5日となっている（奥付の再版発行月は24年1月）。しかし、びっくりした理由は、違いがそれに止まらず、出版社も理由の記述なしに変更されていたからである。第二版の発行所は大村書店だった。2度目に届いた初版のそれはロゴス社になっており、したがって出版社に関しても「初版のまま」ではなかった！

後に届いた初版の第5章の標題は「宗教の社会学的考察」、第6章のそれは「宗教の心理学的考察」となっている。第二版では、第5章が「宗教の社会的様相」に、第6章は「宗教の個人的様相」に改められている。しかしながら、出版社を変更し定価を改めた理由は、どこを探しても記載がなく定かではない。

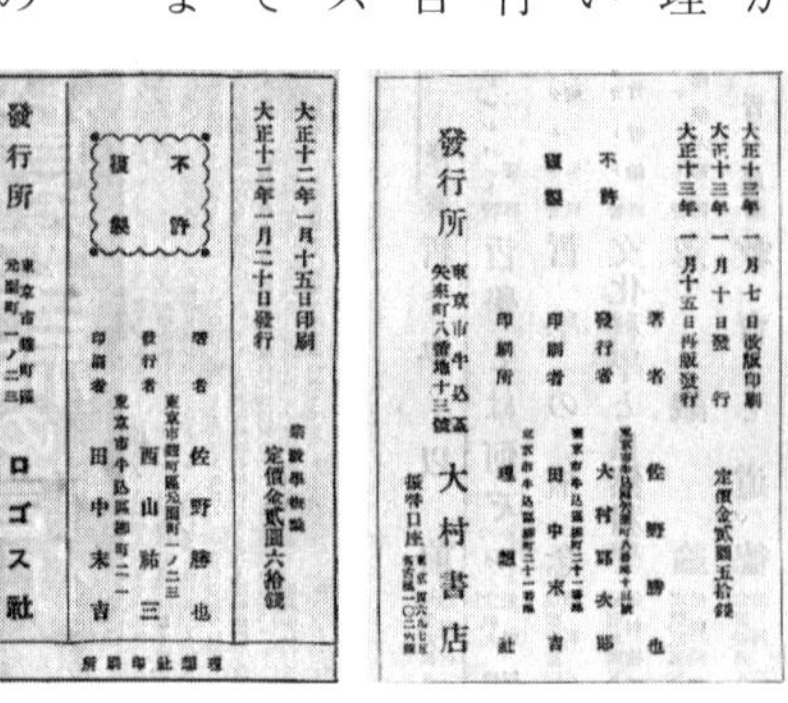
大正十二年一月十五日印刷
大正十二年一月二十日發行
宗教學概論 定價金貳圓六拾錢
不許複製
著者 佐野勝也
印刷者 田中末吉
發行所 ロゴス社
理想社印刷所

大正十三年一月七日改版印刷
大正十三年一月十日發行
大正十三年一月十五日再版發行
定價金貳圓五拾錢
著者 佐野勝也
不許複製
印刷者 田中末吉
印刷所 理想社
發行所 東京市牛込區矢來町八番地十三號 大村書店

『宗教学概論』左・初版、右・第２版の奥付

青木の日記にあるオーストラリア先住民の「宗教心」に関しては、『宗教学概論』第二章第二節「未開人の宗教的表象」で、トーテム信仰（Totemism）として比較的詳しく紹介されている。しかし、3日目以降の講義がトーテミズムからどのように展開されたのか、その手掛かりはない。ちなみに第二章第三節以下

の表題は、「霊魂」、「神の観念の発達」、「道徳思想と宗教思想との関係」となっている。また本書の「序」には、ハーバード大学留学中に、毎週1回「懇篤なる指導」を仰いだ「ジ・エフ・ムーア教授」への謝辞が記されている。

なお、佐野の回想も受講者の授業評価も、入手できていない。また佐野は、翌24年4月にも上田に出講して「宗教哲学」を講じている。信濃（上田）自由大学における〈宗教学〉は佐野の他、金子大栄（後述）が担当している。金子は上田で2回「仏教概論」を講じているほか、松本自由大学にも出講している。新潟の魚沼と八海の自由大学および伊那自由大学では、〈宗教学〉の講座は開講されていない。

1923年9月1日　関東大震災。長野「県内の直接被害は、上田、小県、諏訪などで老朽家屋が26戸全壊したほか、上田警察署が傾いて県道で事務をとるなど小被害は続出した。南佐久郡臼田町では『大地震が来る』という流言に位はい〔牌〕だけを身につけてとびだしたり、長野でも夜になって、善光寺仁王門下や駒返り橋の広場へムシロをもって避難者が集まった。かもい〔鴨居〕や戸がはずれた軽井沢では、外〔国〕人の避暑客が富山まで避難したが、人畜には何の被害もなかった。交通機関がと〔途〕絶え東京方面の消息がわからず困っていたが、2日朝、初めて震災の目撃者が信越線の下り列車で長野を通過した。……その第1報は「全市殆ど焼土、宮城無事」だった（『信州の百年』1967年、189～190頁）。なお、須田禎一『風見章とその時代』（みすず書房、25～30頁）にも、当時の混乱が記されている。

出隆、佐野勝也への被災見舞いと山越の回想

「自由大学の発起人で世話役の山越脩蔵、猪坂直一という青年が——青年といっても当時の僕とほぼ同年輩だったが、——関東大震災の数日後に、米・味噌などの見舞品持参で信州からわざわざ大森までたずねて来てくれたのを覚えている」（前掲『出隆自伝』194頁）。

一方、山越脩蔵は、当時の模様を次のように回想している。

「東京が壊滅状態だとの情報が入ったので、……先輩の、児童自由〔画〕運動、農民美術運動の山本鼎先生、自由大学講師の出隆、佐野勝也両先生の安

否を確かめたかった。

調査は東京から横浜までであったが、全てが徒歩でなければならなかった。炎天続きの毎日であった。四日には雑司ヶ谷の縁者の安全であったのを確かめ、五日は沢山（たくさん）握り飯を造ってもらって、横浜に向う途中、佐野勝也先生の壮健であられるのを確かめ、五日夜は蒲田の線路に置きざりになった電車で蚊に攻められながら一泊し、翌朝は山本鼎先生の大森のお宅で皆さんの安全であられるのを確かめて横浜に向い、一日休んで〔現大田区大森の〕不入斗（いりやまず）町の出先生のお宅までたどり着いた時は六日夕方であった。幸いに先生は御在宅で、「君達は信州から避難して来たのか」と驚かれた。吾々の目的をお話すると安心され、奥様ともども大変なご歓待をうけた。疲れきった苦労が一時に払拭され」た（「出先生の思いで」『回想出隆』回想出隆刊行会、１９８２年、３７７～３７８頁）。

９月23日付の山越脩蔵宛佐野勝也葉書には、次のようにある。

「先日はわざわざお見まい（舞）下さいましてありがとうございました　その後漸く秩序も恢復し　山の手一帯は殆んど平常情態になりました　野尻滞在中の御厚志も何とお礼のことばもありません　野尻でもこちらへお出の時も　一向お構いできなかったことを　妻も非常に残念がっています」（大槻宏樹編『山越脩蔵選集』前野書店、２００２年、１３４頁）。

講師経験の後に図書館での読書指導に全力を傾注

【第３期第１回】１９２３年11月５日（６日間）中田邦造「哲学概論」（聴講者数不明）県蚕業取締所上田支所

初めに、土田杏村が教育の目的について述べている箇所を確認しておきたい。

「我々が銘々自分を教育して、一歩一歩人格の自律を達して行く」こと、それが教育の目的である。「生きる」とは「人間として生きる」ことであって、「より理想的に生きる」ことである。「人間として生きることは、即ち自己教育である。自己教育が即ち人間として生きることであり、人間として生きることが即ち自己教育である」（「自由大学に就て」

（1923〔大正12〕年10月、『信濃自由大学の趣旨及内容』1頁）。

この土田杏村の文章に惹きつけられた人物の1人に中田邦造が含まれていたことは、中田のこの講義の10年後に出版された、彼にとって最初の単著『公立図書館の使命』（石川県社会教育課、1933年）の一節「社会教育の中核としての自己教育」の冒頭の一文を見れば明らかであると思われる。

「想うに、教育の中核は自己教育にある。いかに設備の完全なる学校教育も、学ぶ意志なきものには無効である。それと共に教育が終生の問題なりとすれば、現実の問題として、自己教育を離れて可能性はない、と言わねばならぬ」（31頁）。

中田は、1923（大正12）年2月に卒業論文「意志論」を提出して京都帝大文学部哲学科を卒業して、大学院に進学する。しかし、その年の12月に1年志願兵として輜重兵第16大隊に入営している。理由は定かではないが、自由大学での自身の2度目の、この講義の直後の決断である。1年後の24年12月に予備役に編入され陸軍補充令により召集され、25（大正14）年4月に解除、大学院に戻ることなく同月10日に石川県主事を命ぜられている（前掲、梶井重雄「年譜」『中田邦造』247～248頁）。

中田が石川県に関係していた時期は、25（大正14）年から40（昭和15）年までの15年間であるが、27（昭和2）年に県立図書館長事務取扱を経て、31年には県立図書館長に補せられている。そして、それ以前から計画してきた「組合文庫」「読書組合」を踏まえて、同年に「読書学級」を開設し、その3年後の34（昭和9）年には「青少年文庫」を創設している。

つまり中田は、上田での2度の社会人教育と軍隊経験を踏まえて、大学院を中退して研究者への道を意識的に逸れ、図書館をフィールドにした青少年・社会人教育の道を開拓する方向に、自らの進路を切り拓いたのである。この間の中田にどのような心境の変化があったのか、その点は明らかにされていないようではあるが。

しかし上田における、自由大学運動開設以前からの山越脩蔵との交流と社会人向け民間教育運動の講師経験とが、「読書学級」「青少年文庫」構想のヒントになったと考えることは、あながち突飛な判断とは言えないであろう。中田が上田で邂逅した農村青年の旺盛な学習意欲と、読書や対話を介した自己教育運動の取り組みとに触発されたと想像を巡らすことは、必ずしも穿った見方とは言えない、と考えられるからである。

中田の「読書学級」と「青少年文庫」を通じた読書指導の実践については、福永義臣の『図書館社会教育の実践――中田邦造の読書指導と自己教育論』（中国書店、２００６年）があるので、そのポイントを以下に紹介しておきたい。

自由大学運動の終焉後、中田が石川県立図書館長に就任した31（昭和６）年以降に、この構想の具体化が進む。31年から３年余り続けられたのが「読書学級」であった。自己教育の有力な途は読書にあるとの判断を出発点にして、継続的な読書習慣を通じて各自が独自の識見を身につけること、それが「読書学級」の目標となる。読書なき生活が物足りなさを感ずる状態、読書によって肉体労働を怠るような懸念がない程度に、読書の意義を把握し継続できる状態になること。それが３年間の「読書学級」の目標とされた。また、読書を通じて自己教育力を身に付けた青年が、さらに読書習慣を継続するために「読書組合」を結成すること、これが次の目標にされた（前掲書、79～85頁）。

さらに、「読書学級」のメンバーより若いティーンエージャーを対象にして、市町村の図書館と協力して、読書の裾野を拡げ「読書学級」の組織化を図るために、34年以降には「青少年文庫」が設置された。その文庫生は、自学自習と相互教育の繰り返しを通じて、他人から教えられてばかりいる間には学ぶことのできない自己教育力の成長を、次第に体験することができるような仕組が採用された。その際に、読書指導を行う指導者の心構えとして、文庫生の悩みに対症療法的に立ち向かうのではなく、むしろ読書に対する真摯な姿勢を指導者自らが示すことが大切だ、と中田は毅然たる立場を取り続けている（86～92頁）。なお、宮坂広作『近代日本社会教育史の研究』（法政大学出版局、１９６８年）の第三部第二章第二節は、中田の『公立図書館の使命』と『石川県立図書館月報』掲載論文との分析に充てられており（５１４～５５６頁）、参考にさせていただいた。

中田の講義を自由大学で聴講した中沢鎌太は、開講の日（23年11月５日）の日記に「晩は蚕業取締所の自由大学の講義を聞きに参る。中田さんの哲学概論であった。六時より九時まで随分難しい講義であった」（前掲「中沢鎌太日記（抄）」44頁）と記している。その後の5日間の日記には、残念ながら講義内容に係わる記述は見られない。他の受講生の授業評価も、残念ながら同じように探し出すことはできなかった。無念と言うほかない。

なお、中田の「自己教育力」の形成論の意義と限界については、柳沢昌一による言及がある。『自己教育の思想史』（叢書生涯学習Ⅰ、雄松堂出版、1987年、52〜57頁）参照。

限られた情報の中で復元するには困難が付き纏う

【第3期第2回】1923年11月12日（5日間）

山口正太郎「経済思想史」（聴講者数不明）県蚕業取締所上田支所

青木猪一郎の日記に次の記述がある。

「（11月10日）自由大学から又通知がある。恐縮千万だが俺には何も（ママ）哲学経済なんと云っても難解だろうし月々参円と云う大枚の聴講料が中々大袈裟だ」（前掲「青木猪一郎日記（抄）」、41頁）。

当時の聴講料3円の価打ちは、現在のいか程に相当するか。大正・昭和初頭の小学校教諭の初任給は50円程度で、現在は20万円程度だから4000倍になっている。1つの事例だけで比較するのは科学的な判断とは言えないが、飽くまで目安と考えれば、当時の1円は現在の4000円、3円は1万2000円に相当することになる。

山口正太郎の上田における講義内容、本人の回想、受講者の授業評価などは、残念ながらこれまでの研究史の成果から探し出すことはできなかった。そこで山口の「経済思想史」の講義を、何らかの形で浮かび上がらせる手法はないものかと思案してみた。

山口のこの時期における著作や翻訳書の中に、ヒントが隠されていないだろうか。——そこで、前掲『故山口正太郎教授遺稿』中の著作リストとAmazonその他の古書リストを調べてみると、以下のような結果が得られた。訳書C・メンガー『経済学の基礎概念』（大村書店、1921年）。『純理経済学の諸問題』（岩波書店、1921年）。訳書H・パウル『文化科学方法論』（大村書店、1922年）。『経済学説史研究』（岩波書店、1924年）。

講義のテーマは「経済思想史」であるから、ピッタリと当てはまるものはない。それでも、比較的近い領域の『経済学説史研究』があるので、それを取り

『図書館社会教育の実践』

寄せてみた——目次を見て、これだなと直感した。本書は、前篇で「歴史派経済学研究」を、後篇で「経済思想史研究」を行っている。後篇の第一章は「中世教会法に於ける経済思想の変遷」、第二章「スミスと浪曼派経済学」、第三章「墺国派の経済価値論」、第四章「英国古典学派の経済価値論」、第五章「ラッサール経済学説の研究」、そして第六章では「ジンメルの貨幣官能価値論」を検討している。

要するに後篇は、A・スミスとD・リカードに代表されるイギリス古典派経済学の「労働価値説」と、C・メンガーやL・ワルラス、W・ジェボンズが唱えた「限界効用（価値）説」とを解説したものである。したがって、「経済思想史」という講義タイトルよりも、山口の著書のタイトル「経済学説史」の方がピッタリするのではないかと思われる。『経済学説史研究』は24年10月に出版されているので、講義の1年足らず後ということになる。したがってこの講義は、出版準備中に行われたことになるのではないか。

山口は1894年生まれであるから、30歳に満たない若い研究者である。この時点で2冊の訳書と1冊の単著があり、1年後に2冊目の著書が加わるわけであるから、後述のように〔本書174頁参照〕、杏村が山口を高く評価したのも充分に頷けよう。

なお、山口正太郎は、24年8月に新潟県の八海自由大学に、また同年10月に長野県飯田の伊那自由大学に、翌25年4月には同県の松本自由大学に出講している。

ドストエフスキーの文学を講じた内容は特定できない

【第3期第3回】 1923年12月1日（5日間）
高倉輝「文学論」（聴講者数不明） 前掲会場

講師の高倉は、上田自由大学の第1期から第5期まで連続で、毎年12月に講座を担当しているが、この第3期の「文学論」では、第2期に続いて、大学時代に語学力を駆使して真剣に取り組んできたロシア文学に関する講義を行っている。前回の「ゴーゴリの作品やらロシア革命の話」を興味深く受講した殿城村の青木猪一郎は、講義初日の日記に次の一文を記している。

「自由大学で高倉さんの『ドストエフスキイの研究』がある筈だが金が無いので中止、悲しい事だ」（前掲「青木猪一郎日記（抄）」、41頁）。

青木は前回11月の日記にも「月々参円と云う大枚の聴講料が中々大袈裟だ」と書いていた。青木に限らず、毎月「参円」の受講料を用意するのは、勤続年数の長い小中学校の教諭や校長ならともかく、若い教員や青木のような若い勤め人、狭隘な桑園しか持たない農家の子弟にとっては、毎月受講したくても時に断念せざるをえない状況に置かれていたと考えられる。ちなみに、1923（大正12）年の小県郡の校長クラスの月俸は110～130円であったが、例えば代用教員のそれは、35～40円、つまり3割程度に止まっていた。

上田や飯田のような蚕糸業（＝蚕種業・養蚕業・製糸業）が基軸産業であった地域では、繭価・糸価の変動によって収入は左右される。そのため、同じ「参円」が好不況の中で、比較的楽に捻出できる時と、「中々大袈裟だ」と感じる時が繰り返されることになる。大正期はまだそれ程でもないが、昭和の初頭になると、昭和恐慌（1927年、昭和2年～）や世界大恐慌（29年、昭和4年～）の影響をまともに受けて、自由大学の運営自体がままならなくなるのであるが、それはそう遠くない先に訪れることになる。

なお、伊那自由大学に出講した山本宣治と波多野鼎の講座を受講した羽生三七は、米作地域と養蚕地域との違いを、次のように説明している。

「大正の末期は、米作農家では一年に一回しか現金収入が入らなく、おやじが保管をしている。ところが養蚕の方は春・夏・秋と三回蚕を養って、しかも日本の有数の大養蚕地域である。それに一年に三度も現金化することができる。だから、我々は東京の早稲田大学の講習会に出ていくことができるとか、あるいは本を買うことができるとか、東京から講師を呼んで会合をもつことができるとか、そういう余裕があった」（『自由大学運動と現代』信州白樺、194頁）。

確かに「大正の末期」までは順調に推移した。しかし、製糸業は〝生死業〟とも囁かれたように、絹糸は動物繊維で病気に弱いうえ、価格変動の激しい輸出商品でもあったから、昭和期に入ると繭価や糸価の激変にさらされ、養蚕地帯は受難の時期を迎えることになる。

それはともかく、話をドストエフスキーに戻すと、高倉は1916年5月に「小供（ママ）」とい

高倉輝の講義風景

うタイトルの作品の翻訳と、ずっと後の1935年4月には「ドストエーフスキー（ママ）の流行（特に「憑かれたる人人」に就て）」という評論を執筆している（前掲、山野「タカクラ・テル著作目録」）。また、『心の劇場』（翻訳集、1921年）には、「降誕祭の夜」という短編小説が収められている。さらに『生命律とは何ぞや』（アルス、1926年）の中でも、『死の家の記録』『賭博者』『白痴』『カラマーゾフの兄弟』などの作品への言及がある。高倉の講義は、これらの作品の紹介を交えながら進行したものと予想されるが、特定できる材料は残念ながら手元にはない。

ところで、高倉の京都帝大における指導教授は、訳詩集『海潮音』で知られる上田敏であった。しかし、上田は高倉の卒業の年に亡くなったため、後に『広辞苑』の編者となる言語学講座担当教授、新村出（しんむらいづる）の指導を受けることになった。卒業後も新村の下（もと）で大学に残ることになり、6年間ロシア語およびロシア文学の研究を続けるが、京都帝大を去り長野県に移っても、高倉は新村を「一生の恩師」と考え続けている。

それは、学者としての新村を極めて高く評価するからに他ならない。新村の著作が「言語学だけでなく、今のニッポンのすべての文化科学が深く学ばなければならないものを持ってい」るからだ、というのが高倉の判断である。しかもそれは明治時代に、上田万年（かずとし）、柳田国男、八杉貞利、金田一京助らと共に、「それぞれ専門的な受けもちをきめ、統一した方向で、ニッポンの科学的言語学を建設する努力を集中」したからであり、新村は「最後までその初心を失わなかった、特別の学者のひとり」だったからだ、と記している（「恩師・新村出先生」新村猛編『美意延年』〈新村出追悼文集〉1981年、173〜175頁）。

また、高倉のロシア語の習熟力は、杏村が舌を巻く程に優れたものであったようである。上木敏郎は、次のように語っている。

「高倉と杏村とが知り合ったのはロシア語の教室の中だった。ロシア人を父に、日本人を母にもつ山口茂一という教師に、高倉と杏村とはたった二人で二年間ロシア語を教わった。杏村のロシア語はどうやらあまり物にならなかったらしいが、高倉はこの数年後、エウレーノフの劇やバリモントの詩などを訳した『心の劇場』を内外出版から刊行した」（前掲『土田杏村と自由大学運動』67頁）。

さらに、静岡大学人文社会科学部の田村充正は、山口茂一とバリモントとの関係について、次のような指摘をしている。

「今〔20〕世紀の初頭のロシアに日本文学を受容するだけの下地がすでに形成されつつあったという事実も見逃せない。……ロシアの象徴主義詩人たち、とりわけK・バリモントが、ロシア語で書かれペテルブルグで出版された山口茂一の著作『日本詩歌の印象主義』に深い関心をもって日本の詩歌を研究した出来事は、ロシアの日本文学受容を考える上で極めて重要」だ（http://www.hss.shizuoka.ac.jp/about/staffs_lang/tamura/）と。

講師の高倉輝は、大正期日本の大学の現況を批判して、あるべき大学像とその理由を次のように提示している。

「今の日本の大学とは、大体に於〔い〕て、今あるところの組織を元として生活に必要なる方法を授ける所……と見て差支えないのである。しかしながら、……人類には永久に真の意味の大学……真理に飢えたる魂に対して健全なる糧を齎らす可き機関が必要である。何となれば、この飢えたる魂こそは人類の在らゆる価値ある運動の源泉に他ならないからである。宗教も、哲学も、科学も、芸術も、社会運動も畢竟するに、この飢えたる魂と魂とが、互に糧を与え合いながら、互々の、即ち人類と人類との根源の結び付きを、復た更に強く新しく意識し反省しながら、相共に成長し発展して行く唯だその課程に過ぎないからである」（「自由大学に就て」『伊那自由大学とは何か』１９２４年、12～13頁）。

高倉によれば、既存の大学は真善美のうちの、主として真理を追究する場であったはずだが、現在は（つまり大正期には）残念ながら「生活に必要なる方法」を身につける場に替わってしまっている。しかし「真理に飢えたる魂」こそが人類を成長・発展させてきた原動力であるから、大学はそれに貢献できるものでなければならない。自由大学は、既存の大学に欠けている「健全なる糧」を受講生に提供することに

新村出

よって、「相共に成長し発展」しうる教育機関をめざす、と言うのである。

なお、この年の12月に、新潟県の八海山の麓の村に八海自由大学創立委員会が開かれ、4月に上田で「宗教学」を講じた佐野勝也と、12月に「経済思想史」を講じた山口正太郎との2人の若き研究者が、杏村、高倉、恒藤とともに顧問に推薦されている。

1924年2月1日　信南自由大学を伊那自由大学に改称。伊那自由大学会を組織し、規約を決定。理事に横田憲治・平沢桂二・須山賢逸・木下幸一・土田杏村を選出。

1924年2月　信濃自由大学を上田自由大学に改称。「上田のも今度信濃自由大学をよして上田自由大学、飯田のも伊那自由大学と平易に改めて貰いました」（渡辺泰亮宛高倉輝書簡、1924〔大正13〕年2月12日（カ）、前掲『小出町歴史資料集』119頁）。

帰省中に受講した旧制高校生は学びの意義を実感

【第3期第4回】1924年3月22日（5日間）
出隆「哲学史」（聴講者数不明）前掲の会場

上田市出身の医師遠藤恭介は、当時は旧制水戸高校の学生だったが、帰省中に名称変更直後の上田自由大学を受講する機会に恵まれた。当時を回想して次の文章を残している。名称変更は必ずしも充分には浸透していなかったことがわかる。

「この間書庫を整理していたら埃にまみれて古い一冊のノートが出てきた。手にとってみると『出講師　哲学史　於信濃自由大学』とその表に記されてあった。……当時水戸高校文科の学生だった私は三年になった春休みに帰省して受講する幸運に恵まれたのであった。……はだか電燈の灯ったうすぐらい室で細長い低い机に端座して、二時間半の講義にはひざの痛くなるのを覚えたが、皆熱心にきき入っていた。それは正しく寺子屋風景である。……

出さんは髪をオールバックに梳（くしけず）った若い学究といった感じをうけたから、当時は三十才そこそこのお年ではなかったか。信州の田舎で直接中央の学者先生のけいがい（謦咳）に接する機会を与えた上田自由大学の存在は、当時のこの地方の青年の好学心を盛り立てるに大きな力となったにちがいない。

その意味に於ても私は上田自由大学の意義を高く

買いたい。私もこの一冊の古いノートをながめながら、四四年の昔を追懐し何か郷愁に似たものを感ずるのである」（「一冊のノート」〔初出：1968年〕、前掲『土田杏村とその時代』203頁）。

当時の講義ノートは現在上田市立図書館に寄蔵されている。また遠藤には、次のような別の回想もある。

「裸電球のぶらさがっている暗い室で講師の出さんは、熱心にかんで（噛んで）含めるような講義をされました。弓矢のたとえなんかの話がありまして、ソクラテスの『クリトン（の弁明）』が主体だったとおもうのですが。講義が終わったとき、いちばん前の席の着物を着た中年の人が、表紙に『プラトン』と書かれた分厚いドイツ語の原書を手にして、質問していたのにはどぎも（度肝）を抜かれました」（浜田陽太郎ほか編著『近代日本教育の記録』下巻、日本放送出版協会、1978年、159頁）。

ところで、上田の自由大学受講者には医師が比較的多い。遠藤恭介の他に、赤松新（維新の志士赤松小三郎の子孫）、勝俣英吉郎（県医師会長、県会議員、上田市民大学を開設した上田市長）、浅井敬吾（1870～1950、1934年から5期11年長野県医師会長、1940年に上田市長）など。講師では、後述の安田徳太郎も医師である。

なお、小県郡東塩田村に生まれ、下之郷で開業するも無医村の傍陽（そえひ）村に転居開業した松沢末一郎（1883～1964）は、信濃黎明会の会員でもあった。信濃自由大学の受講者であったかどうかは、名簿が不備なため確認できないが、気骨ある人物として銘記しておきたい（花岡敏雄編『傍陽人物誌』1973年、126頁）。

講師の情報は予想外の領域の研究者から届けられた

【第3期第5回】1924年3月27日（5日間）
世良寿男「倫理学」（聴講者数、会場不明）

2年前の【第1期第5回】に登壇した広島県生まれの世良寿男（1888～1973）は、既述のように、旧制の県立三次中学、広島高等師範学校を卒業後に福岡県立小倉中学校の英語教諭を3年間務めて、1914年に西田幾多郎に師事して京都帝大哲学科に入

勝俣英吉郎

学している。京都帝大では倫理学を専攻し、大学院を経て19年に助手に採用されている。

世良に関する情報は極めて限られており、自由大学における2度の講義終了後の自己評価も、受講生からの授業評価や回想なども、残念ながら見つけ出すことはできなかった。しかし幸いにも、前回活用させていただいた広島県立大学教授馬本勉の別稿「明治期の英語授業過程に関する一考察——広島高等師範学校附属中学校の教育実習教案下書をもとに」に、世良の教育に関する履歴や業績が手際よく整理されているので、それを手掛かりに世良の人物像を炙り出しておきたい（http://tom.edisc.jp/research/umamoto_r200507.pdf）。

上記の馬本論文にある「教育実習教案下書」とは、「広島県比婆（ひば）郡」の「旧家」で発見された世良の「広島高師時代の自筆ノート21冊」のうちの1冊、「栗原（基）教授・英文学史」と書かれたノートに「挟み込まれていた紙片三枚」を指している。その教育実習は、「明治四四〔1911〕年二月十四日」に行われたものであった。

馬本によれば世良の名前と読みは、本書では旧字体を新字体に改めているが、広島高師時代までは「壽男」を「かずお」と読んでいたようである。しかし、戦後1948（昭和23）年に大谷大学へ提出した履歴書には「としお」とルビが振られているという。

また、京都帝大の助手時代は、1919年9月から24年3月までで、1年間のブランクを経て25年4月に大谷大学に教授として赴任している。したがって、上田自由大学に最初に登壇した22年3月も今回も、京都帝大助手の肩書で講義を行ったことになる。

大谷大学教授として1年在籍した後、26年5月から2年間、台湾総督府高等学校教授として赴任し、この間ドイツおよびフランスに留学もしている。28年7月からは、台北帝国大学教授に迎えられ、戦後暫くの間も含めて17年以上の長期にわたって台湾島北部で教育と研究に携わった。この間、39（昭和14）年11月には、京都帝国大学から文学博士の学位を取得している。学位論文のタイトルは「倫理学序説」であった。

戦後は、立命館大学講師、大谷大学講師を経て、48（昭和23）年4月から61（昭和36）年まで、13年間にわたって大谷大学教授を務めた。50年10月には関西倫理学会の設立にも携わっている。また世良の蔵書の一部は、大谷大学図書館に「世良文庫」として所蔵されているという。

世良には、学位論文の他に、次のような長大な論考もある。「仮定としての弁証法的方法」『台北帝国大学文政学部哲学科研究年報』第2号、1935年（179〜272頁）。「実存的道徳の諸問題」前掲『哲学科研究年報』第6号、1939年（219〜309頁）。

なお、京都一中・洛北高校の同窓会会誌『あかね』第7号（1969年10月）には、旧職員岡田幸一の「回想三章」が掲載されている。その中で、彼は次のように述べている。

「2年生の時にはイソップ寓話を世良寿男先生（のち台北帝大、大谷大教授）に、4年生の時にはラムのハムレット（『シェイクスピア物語』の中）などを林礼二郎先生（のち広島大学三原分校主事）に教えていただいたのですが、英語の勉強に、こうした精神的内容が織りこまれていたことは、読本なり作文文法なりの勉強あってのことではありますが、この上もなく仕合せなことでした」（15頁）。

岡田の回想の中に「3年生の時―大正9年」という文言があるので、世良の大学院または助手第1年目のことであろう。

トルストイの「煩悶」は講師の宗教学の最適のテーマ

【第3期第6回】1924年4月1日（5日間）

佐野勝也「宗教哲学」（聴講者数、会場不明）

熊本県出身の佐野は、メソジスト派キリスト教の宣教師によって創立された鎮西学院、すでに述べたように東京帝大文学部宗教学科、ハーバード大学に学び、帰国後に『宗教学概論』（1923年1月、ロゴス社、（第二版）24年1月、大村書店）を刊行している。前回も今回も、東京帝大講師としての出講である。

佐野の講義については、受講生の授業評価も講師の回想や自己評価も手にすることはできなかった。したがって、講義の内容を具体的に知る手掛かりは、残念ながら今のところない。しかし、前回テキストに用いた『宗教学概論』の第六章「宗教の心理学的考察」には、J・S・ミルとトルストイの煩悶の経験と、その煩悶が「統一」され「安定」を得るプロセス、及びトルストイの「宗教経験の特質」

J. S. ミル（左）とトルストイ（右）

について詳細な検討がなされている。そこで、ここでは佐野の著作に依りながら、両者の煩悶の異同を確認しておきたい。

J・S・ミル（1806~1873）は、1826年の秋（彼が20歳の時）に煩悶を経験している。それは、ミルが目指している「制度上・思想上の変革」が完全に実行された場合、「大きな喜びであり幸福であろうか」という疑問から生じた。答えは「否！」だった。なぜなら、「私の幸福はこの目標を絶えず追いつづけることにあるはずであった」から。そこで「私の生涯をささえていた全基盤がガラガラとくずれ落ちた」、というのがミルの煩悶の内実である（佐野前掲書、345頁。引用は『ミル自伝』朱牟田夏雄訳、岩波文庫、120頁）。

他方、トルストイの煩悶は以下のとおりである。

「私の著述中で私は、私にとっての唯一の真理、――人生の目的が、我々自身の幸福であり、我々の家族の幸福でもあるべきだと教えた。この規則に従って、私は生活した。けれども五年前から、なやましい変な気持が、私に時々起るようになった。……最初私は、こういう疑問は、空虚で無意味だと思った。……けれども、此の疑問は、益々繁く私の心に起って来て、益々頑強に答を求め、暗澹たるいやなきざしのする一点となってかたまった。隠れてはいるが、生命にかかわる病気の徴候が、すべて私に現われた。……苦痛は増し、治療を求める暇もないように、病人が一寸具合が悪いぐらいに思ったことが、地上の何物よりも重大なものとなる――つまり、死に面しているという事実に悩まされる。私は、此れはただ、過ぎ行く不快な気持ではなく、……二度とこういう疑問が起ったら、何とかこれに答えを見出さねばならぬということが分った。……人生の深奥な問題に関することで、いくら考えても、その答は全然見出せないことを確信するに至った」。

「私の著述がもたらした名声を思ったとき、私はつぶやくのを常とした。『よし、私がゴーゴル、プーシキン、シェクスピーア、モリエル――その他世界のあらゆる著述家――よりも有名になったところで、それが何だ』。答えを得ることができなかった。こういう疑問は、答えを要求した。速（早）急の答えを。答えがえられなくては生きて行けない。けれども何の答えも得られなかった」（前掲『宗教学概論』347~350頁）。〔トルストイ『我が懺悔』

１８７９年、相馬御風訳、響林社文庫、復刻版、20～23頁）。

ミルの煩悶の解決は、フランスの文学者マルモンテルの『回想録』（１８０４年）を読んでいた時に与えられた、と『自伝』には記されている。

「彼の父が死に、一家が悲歎に暮れていた時、まだほんの子供だった彼に突如霊感が湧き出て、自分こそ一家のために何もかも引き受ける――一家の失ったものはすべて自分が埋め合わせをしてやる、と自分も感じ、みなにも感じさせた、ということを叙した一節にさしかかった。その情景なりその時の感情なりが私にはあざやかに理解されて、私は涙を流して感動した。この瞬間から私の重荷は軽くなった。私の心中のあらゆる感情は死んでしまったという、重くのしかかってくるような考えも消えた。……すべての人格の価値、すべての幸福への資格のもとになる若干の原料はまだ私に残っている、という気がしてきた」（佐野前掲書、３５４頁。『ミル自伝』朱牟田訳、１２７頁）。

一方トルストイは、煩悶の解決を求めつつ、ロシアの農民たちの間で暮らした。彼は、

「農民たちの静かな信仰生活に心動かされた。彼は、よし農民の信仰が迷信であるにせよ、彼等は、そのうちに、幸福と平和とを見出して居ることを知った。そして、これに依って彼は、その内面生活の苦痛から逃れ出でる道を見出した」（佐野前掲書、３５５頁）。

ミルとトルストイの煩悶の性格は、佐野によれば両者とも「思索的」「人生観的」という点では似かよっている。しかし、煩悶が「統一」され「安定」を得た時、トルストイの場合は「宗教的」であるが、ミルの場合はそうではない。そこで佐野は、宗教とは何か、信ずるとはどういうことか、という問いを読者に向って投げかける。ミルは、宗教とは無関係に煩悶を解決したが、トルストイ

相馬御風（左）、御風訳『我が懺悔』（右）

は「理性」にのみ頼り「信仰」を「無視」する暮らしを反省し、農民の信仰生活の中へ入ったのであった。

佐野は、宗教的統一を得た者の心を支配するものは、「宗教的観念」であって、それは「超人間的なるものと融合渾一した状態」であると述べている。また「宗教生活の真味」は「自らのうちに無限なるもの、超越的なるもの、聖なるものを経験する」ところにあると指摘する。

したがって、佐野が『宗教学概論』の最後に記した「宗教」の定義は、以下のとおりである。

「宗教とは、無限なるもの、永遠なるもの、聖なるもの、超人間的なるもの、超経験的なるものと人間とが、相融和したと感じる場合の人間の意識である」（３９４頁）。

１９２４年１月18日　渡辺泰亮宛山本宣治の書簡「自由大学の連盟の機関紙のようなものの必要が感じられます。……相互の協力運動（講師の選択やりくり、必要な読物の配給、出版屋には不可能なパンフレットの準備等）にだけでも大いに有意義かと思われます」（前掲『小出町歴史資料集』１１７頁）。自由大学連盟の機関誌（『自由大学雑誌』）は、そのアイディアが山宣によって発せられ、杏村がそれを真正面から受け止めた結果生まれたもの、と考えられる。

１９２４年８月15日　自由大学協会設立準備会開催（別所温泉高倉輝宅―友月庵）。月刊で『自由大学雑誌』を刊行、講師の斡旋（派遣）、日程調整等の活動を行うことを確認。出席者：金井正、山越脩蔵、猪坂直一、渡辺泰亮、高倉輝。

１９２５年１月　協会機関誌『自由大学雑誌』創刊。杏村は「自由大学へ」を掲載。「我々は本当に学問を民衆のものとしたいのだ。学問を空気の如く、水の如く我々の周囲を豊かにしたいのだ、今は学問の飢饉時代だ。学校は僕達に無縁の蜃気楼だ。随って学問も亦、其の蜃気楼の中で痩せ細り、一本立ちの出来ないものになって居る。……野蛮なる民衆の手、其れが何時も死にかけたものに生命を吹き込むのだ」。

「偉大なる未完成」という考えは自由大学の精神の一つ

【第4期第1回】１９２４年10月13日（５日間）
新明正道「社会学（概論）」（聴講者数不明）上田市役所

新明正道は、杏村研究者の上木敏郎の求めに応じて

「信濃自由大学の想い出」と題する回想を残している。その中で、沓掛〔中軽井沢の星野温泉〕から、〔千ヶ滝を経て〕別所温泉に転居していた高倉輝との交流と、杏村が「育成し指導した」自由大学運動が「自発的な民衆的な学習機関の一つの見事なモデル」「大正デモクラシーの一駒」として「評価に値する」点とを次のように指摘している。

「高倉輝氏が……別所温泉のさる寺の別荘〔常楽寺の友月庵〕に転居して来ており、氏は自由大学では随一の人気講師になっていた。私は猪坂氏の案内で高倉氏を訪問し、こちらも素人ながら文学好きのせいもあって、滞在中は何度となく氏と愉快に文学論をかわしたもので、その印象が強かったためか、自分がどういう講義をしたかは全く忘却している始末だが、これがきっかけとなって高倉氏とはその後一時かなりひんぱんに文通したものであった。氏はその後社会運動に深入りし、終戦直後〔直前〕には共産主義者として当局からその行方を追跡されたことがあり、ついに三木清氏が氏をかくまったというかど〔廉〕で検挙され、獄死をとげるにいたったことは周知の事実である……。

信州の自由大学運動は、大正末期の信州の農村青年の間にもりあがった自発的な民衆的啓蒙の精神をぬきにしては到底考えることの出来ないものではあるが、これを育成し指導した点では土田氏の存在がいかに大きな意義をもつものであったかということが、おのずから了解されてくる。……猪坂氏をはじめとしてこの運動の中心的な推進者が土田氏の精神を運動の精神として生かし、自発的な民衆的な学習機関の一つの見事なモデルを提供し得たことは、地方的ながら大正デモクラシーの一駒として改めて評価に値するものがある」（前掲『土田杏村とその時代』１９４、１９６頁）。

また、１９８１年に上田市街および別所温泉で開催された「60周年」記念集会の折に、新明は自らの学問と「社会主義」について、次のような味わい深い挨拶をしている。

「八三歳になっていいますが、いまだに自分の勉強はまとまっていないとおもうので

新明正道（左）と松沢兼人（右）

す。これでは昔は一体何をやっていたのかということになるのですが、強いて言えば、未完成なのが学問のつねではないかと思うのです。……社会主義も完成してオールマイティだということなら、これはもう終わりだ、と私は思うのです。未完成だということを考えて、これを完成するという努力をして、それには反対の立場の人をいれて議論するという度量があってはじめて社会主義ではないかと思うのです。……そういう度量があってはじめて社会主義が完成に近づいていく、『偉大なる未完成』というのが必要ではないかと思っています。」（前掲『自由大学運動と現代』信州白樺、１９８３年、21〜23頁）。

今では取り立てて特異な考え方ではないが、ベルリンの壁の崩壊やソ連邦の消滅よりだいぶ前に、こうした発言を可能としたのは、新明が特定の思想や思考に囚われることなく、自らをそれらの思想や思考から自由な状態に置くことができたから、に他ならない。

この考え方は、各人にとって〝教育＝自己教育〟には完成つまり終りはなく、完成に近づく努力を読書や他者との対話・討論などを通じて終生続けていくことが必要だ、という考えにも通じている。――完成それ自体を目標にするのではなく、完成に向って歩み続ける志を持続することが大切だ、と言うのである。

残念ながら、新明のこの社会学の講義に対する受講者の回想が残されているか否かは不明である。なお、新明正道の長女は歴史家の家永三郎と結婚しているので、新明は家永の義父にあたる。また、松田義男編「新明正道著作目録」（改訂２０２０年10月２日、全68頁）が公開されている（http://ymatsuda.kill.jp/Shinmei-mokuroku.pdf）。

受講生の1人は講師の学者らしい風貌と閉講の辞に好感

【第４期第２回】１９２４年11月３日（５日間）
今中次麿「政治学（国家論）」（聴講者数不明）上田市役所

講師として演壇に立った今中次麿（１８９３〜１９８０）は、１９６８年刊行の上木敏郎の個人雑誌に「四十五年前の回顧」のタイトルで次のような一文を寄稿している。

「聴講者は蚕糸専門学校〔現信州大学繊維学部〕のなかなかしっかりした人達ばかりで、夜の集まりは親しみ深いものであったように思います。……土田先生も他界され、山口正太郎、佐野勝也の両氏をはじめ、最近には畏友、恒藤（恭）さんも逝かれ、学術会議で、新明（正道）さんに会うくらいで、世間が変ったように、人も変ってきます。ただしかし、あの大正レイメイ〔黎明〕期に、土田先生が志された啓発運動は、第二次世界大戦で大きく展開されてきました。しかしこのような人の心を変える運動は、人の幾世代かを必要とするのでしょう。前途遼遠ではあるが、最も必要で気長にやらねばならないことだと思います」（前掲『土田杏村とその時代』、196～197頁）。

教育を「人の心を変える運動」と位置づけ、それを「前途遼遠ではあるが、最も必要で気長にやらねばならないこと」と受け止めている点には、味わい深いものがある。確かに「人の心を変える運動」という表現は言い得て妙ではあるが、教育という営みの主体は被教育者の側の「自己教育」である。「変える」のではなく「変わる」ための支援が教育であることは、改めて確認しておかなければならない。他方で、教育者も被教育者の支援を行う中で変わりうる。そもそも教育の現場では、教育者と被教育者の立場は固定的なものではなく、常に入れ替わりうる流動性の高いものだからである。

政治学を聴講した塩尻村の蚕種業者、馬場直次郎（1901～94）は、今中の風貌とともに人柄の滲み出た閉講の挨拶を、筆記録に以下のように書き残している。

「前から伺えば学者らしく、後から伺えば先生らしい方である。それほどお顔には研究味が見えスタイルには好感の若々しさがある。肥大とは云い得ないまでも外人〔外国人〕を凌ぐような長躯の持主である。〝私は話が下手であります。お聞き苦しかったことでしょうにも不係〔係わらず〕、始終を一貫して御静聴下さったことは感謝にたえないところです。殊に私の一番嬉しいのは私が学校におけると同じ自由を与えられ同一程度の講義をしたにも係わらず御諒解下さったご様子を見出したことであります〟。最後に先生はこういわれて名残の別辞をなされ

今中次麿（前列左から二人目）

た」(「上田自由大学講座筆記」、前野良「回想——上田自由大学と今中政治学」『自由大学研究』第8号、1983年10月、61頁)。

馬場直次郎については、信州上田フィルムコミッションマネージャー原悟のインタビュー(https://naganoart-plus.net/?p=6573)を参照。また、松田義男編「今中次麿著作目録」(http://ymatsuda.kill.jp/Imanaka-mokuroku.pdf)が公開されている。

講師と受講者の感想や評価が残されていないのは残念

【第4期第3回】1924年11月21日(5日間)

金子大榮「佛教概論」(聴講者数不明)上田市役所

土田杏村は佐野勝也と同時に金子大榮を、魚沼自由大学の講師として太鼓判を押して推薦している。佐野が新進であったのに対して、「金子君は新進ではないが佛教界唯一の僕の敬意を払ってる哲人だ。……金子君なら僕から交渉する」(前掲『小出町歴史資料集』89頁)と述べ、最大限の賛辞を送っている。

自由大学における金子の回想や受講者の評価は見つけられていないが、杏村が「佛教界唯一の……敬意を払ってる哲人」と評した金子大榮(1881〜1976)とは、いかなる人物か。『郷土の碩学』(新潟日報事業社、2004年、240〜245頁)に、小田大蔵による簡にして要を得た人物紹介があるので、以下にそれを要約して記しておきたい。

金子は新潟県出身、高田の真宗大谷派最賢寺の長男に生まれている。1899年7月に真宗京都中学を卒業して、9月に真宗大学(大谷大学の前身)に入学。1901年10月から、大学が清沢満之(まんし)の意見に従い東京に移転したのを受けて、金子も東京で学ぶ。初代学長であった清沢は2年足らずで亡くなり、直接教えを受けることはなかったが、清沢の独自の宗教解釈や思考様式からは、大きな影響を受ける。1904年新潟に帰郷、翌年雑誌『精神界』に「我の代表者」を発表し、以後も数多くの論文を投稿。『精神界』は清沢満之とその門下の曽我量深(りょうじん)らによって結ばれた「浩々洞(こうこうどう)」の機関誌であった。やがて金子は浩々洞代表に抜擢される。

1915年に最初の単著『真宗の教義と其の歴史』を出版。同年金子は、浩々洞の代表、『精神界』の編集責任者として再度上京する。以後、真宗大谷派に「清沢・曽我・金子」の法脈(系列)が敷かれることとなり、翌16年、金子は母校大谷大学の教授に迎えられる。京都では、まず「華厳」を講じ、やがて「仏教概論」の講座を持つようになる。19年にはその講義原稿を基に、岩波書店から『佛教概論』を刊行する。この書は、従来の概論がもつ用語の難解さと表現の曖昧さとを克服したものとして、高い評価を与えられている。

順風満帆であった金子の前途は、しかし25年6月に『浄土の観念』（文栄堂）が出版されるとその評価は大きく旋回する。浄土教の核心「浄土論」を展開したが、それが異安心（正統な信仰ではなく異端の信仰）と見なされ、28年に同大学教授の地位を追われることになった。その背景には、本山系の伝統教学派と清沢満之系の現代教学派との対立があったと言われている。金子は、いわば学内教授陣の主導権争いの犠牲になったようである。

30年4月からは広島文理科大学の講師を務めたが、その講義録が『仏教の諸問題』として岩波書店から出版されている。42年に大谷大学教授に復職するまでの広島時代は、金子にとって真宗教団から自由になったことから、生涯で最も充実した時期であった。とりわけ38年から41年にかけて刊行された親鸞の『教行信証購読』（全3冊）は、この時期を代表する著作であり、戦後の数々の作品が生み出される出発点に当たる著作に位置づけられる。

44年には、真宗大谷派最高の学階である〝講師〟を授与された。戦後の51年に同大を退き名誉教授、63年真宗大谷派宗務顧問となっている。

これだけの人物の40代前半の講義を聞いた聴講生の感想を、是非とも読んでみたいところだが、手元に届いていないのはまことに残念なことと言わざるを得ない。また、この人物紹介は金子の長い生涯を圧縮し要約したもので、杏村が「佛教界唯一の僕の敬意を払ってる哲人だ」と評している１９２４年の段階で、杏村自身がどの点を踏まえてその判断を下したのか、それを明らかにする材料も今のところ見つかってはいない。金子は第5期第5回にも、上田で2回目の「佛教概論」の講座を開講しており、同題の著作も出版していることは既に触れた。詳しくは、当該箇所で紹介することにしたい。

現地居住の高倉の元には当然にも貴重な情報が集まった

【第4期第4回】１９２４年12月10日（5日間）

金子大榮

高倉輝「文学論」（聴講者数不明）上田市役所

高倉輝は自由大学の講師の中で最も多く教壇に立った講師であった。しかもその講義は、後に見るように、受講生から高い評価を受ける人気講師であった。別所に居を定めた唯一の現地居住の講師でもあったため、出講した講師が滞在中に住まいを訪れ、また受講生たちと講義終了後に茶話会を開いて、肩肘張らない座談を楽しむ余裕もあった。その結果、講師と受講生からの情報が、自ずから集まってくるような関係が生まれた。

高倉には「自由大学運動の経過とその意義」（初出：1937年。『青銅時代』中央公論社、1947年、所収）という論稿があるが、その中に次のような指摘がある。

「自由大学は、最後まで、直接宣伝扇動を目的とする講義を遂に行なわなかった。当時、無産運動と可（ママ）なり密接な関係を持っていた波多野鼎君や、新明正道君や、また山宣でも、自由大学では、決して扇動的な講義をしなかった。それが、当時の左翼青年諸君から、不満に思われた点であろう。しかし、宣伝や扇動を目的とする講演会や演説会は、当時いくらも有った。自由大学には、それらの演説会だけでは、満足しないで、もっと深い知識を求める人人が、集まっていた。……『ぼくらの欲する学問を、ぼくらの欲する学者から学ぶ』ということが、自由大学の特色であった。ここに、どうしても直接扇動的であり得ない根本の原因があった」（235～236頁）。

『青銅時代』表紙

こうした生（なま）の情報は、自由大学の講師の中でもとりわけ磊落（らいらく）な気質をもつ高倉ゆえに、講師や受講生との自然体での座談から得られた精度の高い情報であったように思われる。

ところで、高倉の講義は、確認されている19講のうちかなりの部分が「文学論」という講座名で行われている。「ロシア文学」や「ダンテ研究」のように限定が付されている講義であれば、その内容もある程度推定できるが、受講者の授業評価も高倉自身の回想も残されていない場合が少なくない。今回の「文学論」もそれに含まれる。そこで、後の高倉自身の講義との関連で、ここでは4つの考察を一書に纏めた『生命律とは何ぞや』の内容を紹介しておきたい。

　１９２６年11月にアルスから出版されたこの著作は、『我等いかに生く可きか』（アルス、１９２３年）の出版以降、３年半の間に各地の自由大学で行われた４つの講義から構成されている。その「はしがき」には「人世社会に対する著者百般の態度は、この一巻につきている」との判断が示されている。しかし、それに続く文章中には、見過ごすことのできない次のような極めて深刻な事態に対する言及がある。

　「著者は、この数年にわたる貧困流浪の生活のその初めにおいて、蔵書の全部を失った。いらい、著者の思索は、ただ、その全身を投じて、これをなすより外に全然途がなくなった。すなわち、今この書を編むにさいしても、ただ、著者の極めて貧しい記憶と、それから、わずかな憶え書のほかには、ほとんど拠るべき一冊の参考書も、これを手にすることができなかった」。

　実際のところ、『生命律とは何ぞや』は、高倉の他の著作に較べて、文章の脈絡（コンテクスト）がたいそう摑みにくい状態になっている。前著『我等いかに生く可きか』の「はしがき」には、「今かう（ママ）して一巻に纏めながら著者の内部には既に根柢から動かう（ママ）として居る或るものを感じて居る」との明るい見通しが述べられていた。本書ではしかし、それとは好対照の難渋な展開になっている。理由は「蔵書の全部」を失い、「憶え書」と「記憶」に頼らざるを得なかったからに他ならない。その点を確認した上で、本書の課題とそれに対する高倉の回答とを明らかにしておきたい。

　タイトルにある「生命律」すなわち「生命そのものから生まれでる」「独特のリズム」について、さまざまな角度から考察を加え、高倉の考える「芸術」とはどのようなものか、それを明らかにすることがこの４つの講義の底を流れる主題である。第１講で高倉は、「永遠の神秘」である「生命のふしぎ」に対する「同情」や同感なしには、「芸術」は理解できないことをまず確認する。なぜなら、「生命のリズム」から直接生まれたもの、それが「芸術」に他ならないからである。

　芸術のジャンルを、発生史に即して検討するのが高倉の流儀である。最初に生まれた芸術は「舞踊（おどり）」である。歩調の乱れ

『我等いかに生く可きか』

を防ぐために「手拍子」に替わって「囃子（はやし）」が生まれ、それが発展して「音楽や詩歌」が生まれた、と高倉は判断する。「舞踊」のリズムを身体（からだ）が理解し、それが形を変えて「音楽」や「文学」が生まれたと考えられるからである。また輪舞からは、「劇＝芝居」が生まれた。つまり舞踊、音楽、文学、美術などの「芸術」は、「踊子と見物（人）、俳優と聴衆、作者と読者」が一緒にリズムを合わせて踊る「踊」のことであったというのが、蓄積された高倉の「憶え書」と「記憶」とから導き出された1つの到達点であった（第1講）。

続いて高倉は、人間の体内に潜んでいる「踊を必要とする欲望」の存在こそが「重要」だと強調する。それが「集団生活」を営む人間の「根本の動機」だと考えるからである。人類は「国境をとびこえて」、「無数の他の人々の力を借りて」生きている。社会にとって「最も重要」なのは「英雄、偉人」ではなく「黙々と」生産を続けてきた「大多数の人間」である。「機械文明」は「地球上の距離」を「短縮」し、「利益と便益」とを齎したことは認めねばならないが、同時に弊害も生みだした。しかし逆に、人類全体を「打って一丸となすという」最も重要な認識をも創りだした。科学技術と機械が「極度に発達」した結果、戦争そのものが「なくなろうとして」おり、人類全体を「愛」という「根本の力」で結びつけようとしている、と高倉はいわば楽観的な見通しを指摘している（「第2講」）。

続けて高倉は、ロシアの文豪ゴーゴリの短編『外套』や「一代の傑作」『死せる人人』などを採り上げて、彼が「全人類にひびくふしぎな要素」、「それまでのいかなる英雄たちも見落として行った」「真実」を捉えている点を確認する。「真実」を捉えれば、それは必然的に「全人類の心」を強く捕える。つまり「生命のリズムのなかから、その個性的の方面を深く掘り下げれば掘り下げるほど、必ず、それは、ますます強く全人類的の効果」を齎す、という点を高倉は確認する（第3講）。

最終講では、「判断」の世界と「洞察」の世界という2つの世界に分けて考察を続けている。「判断」には間違いが付きものである。「過去」と「現在」を基準に「未来」を予測しても、その通りになるとは限らない。そこで「標準」や基準が存在しない「洞察」の世界、「常識」や「打算」を批判した「ちえ（知恵）」や「情熱」の世界が必要になる。しかも「古来の宗教、哲学、科学、芸術、あるいは、現代の社会問題」のような「人類のあらゆる生命あるしごと」は、「判断」

の世界を脱して「洞察」の世界に入ることなしには生まれなかった成果だ、と高倉は考えるに至る。

なぜなら「全く新しい自由な立場」に立たなければ、「判断」の世界の限界を超えることができないからである。ところで、高倉の最大の関心事は「芸術」である。「生命のリズム」に独自の考察を積み重ね、錯綜する思考を経て辿り着いた到達点、「芸術」とはいかなるものか。芸術とは、「人類ぜんたいの生活を根柢から動かさないではおかないところの、異常なる一つの力となって現れる」ものであり、芸術とは「かくの如きもの」でなければならない、というのが高倉の本書における到達点なのである。

1925年1月　『自由大学雑誌』刊行開始。高倉輝は、1月の第1号、4～7号、9号で計6回「露西亜文学研究」を連載している。

大門村の小林茂夫は『自由大学雑誌』の定期購読者に名を連ねている。小林は、小県蚕業学校（上田東高校の前身）を卒業して、青年団運動に関わり、小県郡連合青年団（郡連青）の評議員（１９２８～30年）、幹事（１９３１年）を務めた。戦後は大門村長（１９５１～56年）、町村合併後の長門町長（１９５６～58年）を経験している。その小林が戦前の青年団の合宿に参加した経験を、以下のように回想している。

「四十何年もの前の憶いをたどっていると、毎年十一月の下旬、農閑の時期をえらんで行なわれた常楽寺の青年団講習会の行事が浮かんで来る。明けきらない朝の便所の掃除、寒い朝の空気を破って、別所一巡のかけ足、体操、御本尊の前の座禅、誦する『般若心経』、つい昨日あったことのようになつかしく思われる。……（講師の）先生方から当時の郡連青何百何千の若者がそれぞれの指標を学んだであろう。……五回もの講習による先生の教（え）が、私の行動の制御装置の役割をはたして下さったものと常に有難く思っている」（「常楽寺における青年団講習会」前掲『楽土荘厳』１４９頁）。

講師として「田沢義鋪（よしはる）、本位田詳男（ほんいでんよしお）、高倉輝、半田孝海、向坂逸郎、大島正徳、猪俣津南雄、平田良衛」の名が挙がっている。

小林はまた、『自由大学研究』の「別冊２」（１９８１年11月）で、常楽寺で開催された郡連青の研修合宿に参加した「記憶」を次のように記している。

「青年期に入ったばかりの若い時でありましたので、自分の勉学のための研修場であって、むずかしいがおもしろいといった記憶しかございません」（13頁）。

言い得て妙、と言えよう。

1925年3月2日　普通選挙法案、衆議院を修正可決。3月7日治安維持法案、修正可決。

普選の先駆者は信州人の中村太八郎、治安維持法の起案者は、岡谷出身の山岡萬之助、法案提出者の小川平吉もまた信州人であった（「普選と治安維持法」『信州の百年』1967年、206頁）。

高倉輝は次のように述べている。

「長野県は、全国的にも、階級対立の最も鋭い県の一つだった。下に左翼青年がいたように、上にはファッショ的な支配層がいた。治安維持法を死刑にまで発展させた中心人物は、諏訪出身の鉄道大臣の小川平吉と松代出身の枢密院副議長の原嘉道のふたりだった」（前掲『信州白樺』第29号、47頁）。

信州人は飴と鞭の両方に分かれて、いずれにも深く関わっていたことになる。

「空想的」社会主義と「科学的」社会主義の違いを講じたはず

波多野鼎（左）と片山哲（右）

【第4期第5回】　1925年3月21日（5日間）波多野鼎「社会思想史」（聴講者数不明）上田市役所

講師の波多野鼎（1896～1976）は、愛知県出身、1920年東京帝大法学部卒。在学中から社会主義運動に加わり、新人会で活躍。卒業後に南満州鉄道調査部を経て、23年同志社大教授。自由大学では上田と下伊那（飯田）で5日間ずつ開講している。翌26年九州帝大に転出して、34年に九州大教授から中京大教授を経て労働文化研究所長に就く。専門は経済学（経済史、経済学説史、景気変動論）。

波多野は、伊那自由大学の第2期第4回で講義を終えたその足で、上田での講義に臨んでいる。講義のタイトルは2か所とも「社会思想史」で、同名の著書がこの年の9月に出版されている。出版の準備はかなり進んでいたはずである。3編全8章のその著作のいずれかの複数の章が、あるいは著作全体の概要が講じられたのではないかと思われるが、裏付けはない。重複を避けるために、『社会思想史』の編別構成は本書の214～215頁に譲るが、恐らくR・オーウェンらの社会主義の思想と、K・マルクス、F・エンゲルスの社会主義の思想との質的な違いに力点を置いて、講義を進めたのではないかと考えられる。

受講者の中沢鎌太は、3月21日の日記に、「晩は自由大学へ参る。波多野鼎氏の近世社会思想史の講義である」と、例によって事実だけを記している。その後の日記にも残念ながら、内容に触れた記述は見られない（前掲「中沢鎌太日記」46～47頁）。中沢以外の情報は入手できていない。講師の波多野の回想も、「高倉輝氏をその寓居（常楽寺「夕月庵」から転居した古平氏の借家ヵ）に訪問し、いろいろの御話を聞いた」というもので、残念ながら講義内容や受講者の様子は浮かび上がってはこない（「自由大学の想出」前掲『土田杏村とその時代』193頁）。

波多野は、東京帝大時代には新人会に所属していたが、同時期の自由大学関係者には、新明正道や住谷悦治や松沢兼人らがいる。また、社会思想社との関係では、同じく新明正道と住谷悦治も所属していた。さらに、京都労働学校の関係者には、後に述べるように、波多野のほかに4人（山本宣治、土田杏村、水谷長三郎、住谷悦治）が担当している。このうち水谷は、戦後の片山哲内閣（および芦田均内閣の）商工大臣を務めているので、農林大臣の波多野とは閣議で顔を合せていたことになる。

講義内容は残されているが予定通りには進まなかった

【第4期第6回】1925年3月26日（5日間）佐竹哲雄「哲学概論」（聴講者数不明）上田市役所

講師の佐竹哲雄（1890～1981）は、広島県出身の哲学者で、のちの専門はフッサール（フッセル）の現象学研究であるが、自由大学出講時は、名古屋の旧制八高に所属して、新カント派の哲学やディルタイの世界観哲学の研究に関心を持っていたようである。そのことは、以下の引用から知ることができる。上木敏郎の個人雑誌への執筆依頼に応えた回想「信州自由大学の思い出」の一節である。

「講義の題目ははっきりと記憶してはいないが、認識論の一部、科学の分類に関するものであった。そのころ私は新カント派のリッケルトの「認識の対象」や「哲学体系」や「自然科学的認識の諸限界」や「文化科学と自然科学」などに関心を有（ママ）って研究していた。またディルタイの世界観哲学に基づく自然科学と精神科学との区分にも心を惹かれていた。かような私の研究状況から、リッケルトの自然科学と文化科学の分類原理と、ディルタイの自然科学と精神科学の分類原理との比較を念頭におきながら、分類の基盤を究明し、それを通して科学的認識の全領域を体系的に展望しようと期待していた。上田の講義はこの線に沿うて行われたのであるが、予期の通りには進行せず、結論に到達しないまま打切らざるをえなかったように思う」（前掲『土田杏村とその時代』１９７頁）。

この佐竹の講義を聴講した、本書ではお馴染みの中沢鎌太は、その日記に例の調子で以下のように書き残している。

「（3月26日）晩は自由大学へ参る。今晩より佐竹さんの哲学である。（3月27日）晩は自由大学へ参る。六ヶ敷やら疲労やらで講義が分らない。……（3月29日）晩は自由大学へ行く。身体稍々疲労の為め睡気を催した。頭痛したのは風邪の気味あるのか。（3月30日）晩は自由大学ニ行く。佐竹先生の講義終る」（前掲「中沢鎌太日記」47頁）。

佐竹はこの上田の講義の他に、伊那自由大学で翌26年3月と28年11月に2回講義を行っている。しかし佐竹自身は「翌年の春休み」、つまり26年3月の1回だけしか記憶していない。しかも伊那の講義は、上田と同じで「多少の変更があっただけ」と記憶している。しかしながら、本人の指摘にも拘わらず、上田の講義の進め方と、後に述べる伊那の講義のそれとは、かなりの違いがあるように思われる。それは右に紹介した中沢鎌太の「六ヶ敷」「講義がわからない」という授業評価に気づいた佐竹が、伊那の自由大学では意識的に講義スタイルを変えたためではないかと考えられる。確たる裏付けがあるわけではない。しかしながら、受講生の表情を観察する余裕のある講師には、講義空間の雰囲気は自ずから判るものだからである。後に詳しく見るように（本書225頁参照）、佐竹はそういう講師の1人であったように思われる。

なお、佐竹は『自由大学雑誌』の第8～11号に、「カントの本質（1）～（4）」（1925年8～11月）を連載している。また、佐竹の主著と訳書には以下のものがある。（著書）『現象学 上』朝倉書店、1943年。『現象学入門』東海書房、1947年。『カント「純粋理性批判」解説』晃文社、1948年。『フッセルの現象学 イデア的現象学への展開』春秋社、1949年。『現象学概論』石崎書店、1954年。『フッサール現象学』公論社、1980年。

（翻訳）ウヰンデルバント（ママ）『論理学の原理』大村書店、1921年。リッカート『文化科学と自然科学』大村書店、1922年／豊川昇と共訳、岩波文庫、1950年。E・フッサール『厳密な学としての哲学』岩波書店、1969年。

1925年4月　杏村は、『文化』第8巻第5号に「資本主義を打破する途は、資本主義を非難し其れへ対抗することだけで十分では無い。資本主義制度の下に於（い）て資本主義的精神の上に立たず、直ちに運営し得られる新社会秩序の模範を示し、其の実験を社会へ拡充することにより、自ら資本主義制度と交替するがよい。我々は此の実験の途を先ず教育に於（い）て選んだ」、と述べている（上木前掲書、209～210頁）。「資本主義的精神の上に立たず」という指摘は、杏村の別の用語（ターム）「半ブルジョア的プロレットカルト」の立場に立って、と言い換えることができよう。この点については、伊那自由大学の「補論」（本書190頁以下）を参照されたい。

1925年5月　第8巻第5号をもって『文化』終刊。英文著作の依頼に応えるため、1年間の準備を経て杏村は出版に漕ぎ着けた（上木前掲書、210～11頁）。*Contemporary Thought of Japan and China*, London Williams & Norgate, 1927 がその成果である。

講師の印象とは異なり高い評価を下した受講生がいた

【第5期第1回】1925年11月1日（5日間）

新明正道「社会学」（21人）（会場不明）

ほぼ1年前（第4期第1回）の新明の回想を本書55頁で紹介したが、新明の上田自由大学に対する40年以上前の「記憶」は、止むを得ないことではあるが、かなり曖昧である。この第5期第1回の講座は、新明にとって2回目の出講に当たるが、新明自身は上田へは1度の出講の「記憶」しか残っていないようである。「上田自由大学については、……講義や聴講生

新明正道

よりもむしろ高倉氏の印象だけがはっきりと残っている」とも断言している（前掲『土田杏村とその時代』194～195頁）。

講師を務めた新明の「講義や聴講生」に対する「印象」が薄い場合には、受講生にも同様の「印象」が伝染する可能性が考えられる。その結果として、授業評価も低くなることが予想される。果たして結果はどうであったろうか。

これまでも幾度か引用した「中沢鎌太日記」の当該箇所の記述は、以下のとおりである。

「（11月1日）晩は自由大学へ参る。頭痛して何も分らなかった。風邪でもあり又胃も悪かったのだ」。「（11月2日）私は晩自由大学へ参るのを休んだ。頭痛した為めに」。「（11月3日）晩は自由大学へ参る」。

ここまでは、従来どおりの味も素っ気もない、むしろ中沢らしい「日記」である。ところが、翌日のそれは趣が異なる。もっとも、5日にはまた元に戻るのであるが。

「（11月4日）晩は自由大学へ参った。昨晩も今晩も面白かった。一昨晩行かなかったのを残念ニ思った。初めての晩も頭痛の為めニ分らなかったのを残念ニ思う」。「（11月5日）晩は自由大学へ参る。新明先生の社会学は終了した」（前掲「中沢鎌太日記」、天田・山野「（資料）青木・中沢日記」『自由大学研究』第4号、47頁）。

頭痛で「何も分らなかった」状態から、1日休んで開講4日目には「昨晩も今晩も面白かった。一昨晩〔開講2日目に〕行かなかったのを残念ニ思った。初めての晩も頭痛の為めニ分らなかったのを残念ニ思う」と変化していくこの経過を、講師の新明が知ったら、どんな反応を示すだろうか。まさに教師冥利に尽きる「日記」と言えよう。

高倉が「自由大学一の人気講師」であることを否定するつもりはないが、後述する伊那の受講者たちの評価も含め、新明も高倉に負けず劣らず評判のいい講師、と言っていいのではないか。新明の「思い出」には、上田での講義の記憶は伊那のそれに比べるとボンヤリとした印象しか残されていないが、中沢の受講中に書かれた日記の文面からは、新明の講義から受けたインパクトの強さが感じられる。

中沢以外の20人の受講者の印象批評が手元にないのが、極めて残念である。新明自身は上田での連続講義を「全く忘却している始末だが」と回顧しているが（本書55頁参照）、4日間の講義を受講した中沢が中盤以降2日間の講義を高く評価している点は、新明のためにもしっかりと押さえておきたい。

1925年9月20日　自由大学協会第2回幹事会開催（於、別所温泉花屋ホテル）。出席者：加藤金治（魚沼）、山越脩蔵、吉沢敏二（伊那）、猪坂直一、高倉輝。協議した議題は、各自由大学の方針・経営方法の件、今期の講座・講師の予定及び交渉の件、協会機関誌〔『自由大学雑誌』〕の編集と経営の件、および次回協会幹事会開催の件。

なお、加藤金治は、魚沼自由大学の開講時は堀之内小学校の教員。吉沢敏二は、清之に声を掛け受講を誘った従兄弟（いとこ）。吉沢清之は『伊那自由大学』第1号（1929年）に「自由大学運動の精神を語る」を投稿している。

1925年11月　須山賢逸、別所温泉の高倉輝を訪問。横田憲治宛の高倉輝書簡。「所で私の講義ですが先日須山君来訪の節、古典文学〔ダンテ『神曲』〕をやめてロシア文学をやって貰いたい、委員の希望だからとの事でしたが、何しろもう今年は余〔り〕日も有りませんし順〔準〕備をする閑も有りませんから今年だけ休まして頂いて来年12月から準備が出来たら講義をさして頂く事にしたいと思います。……古典文学は松本の自由大学の方へ聞き合した所、松本ではその方を希望するとの事ですから、あちらでやる事にしようと思っております」（伊那自由大学『書簡』集、60頁）。しかし、高倉は松本の発会式で「自由大学に就いて」の講演はしているが、講座は担当していない。

バルザックらの自然主義文学には言及がある

【第5期第2回】　高倉輝「文学論（フランス文学）」（30人）上田市役所　1925年12月1日（4日間）

高倉は、長野県や新潟県、福島県や群馬県などで「文学論」の講座を開講している。しかもその対象となる「文学」は、ロシア文学、フランス文学、イタリア文学あるいは日本文学と広範囲に及んでいる。このうちロシア文学に関しては、学生時代からロシア語への深い造詣に裏打ちされた翻訳や研究論文の蓄積があり、各地の自由大学でもロシアの作家への言及が多かった。それに較べると、フランス文学を正面から採り上げた講義は、この上田での講座が唯一のものである。

ところで、『自由大学雑誌』第1巻第11号には、この講義の内容に関して「仏蘭西文学就中ボオドレエル（ママ）に就て」と記されている（17頁）。

しかしながら、ボードレールに関する受講者の回想や授業評価、講義に対する高倉の自己評価や回想など、講義を復元しうる情報は、残念ながら入手できなかった。

とは言え、高倉は前述の『我等いかに生く可きか』（1923年）の「文学論」の「一。近代に於ける文学の位置」の中で、「世紀末」フランスの「自然主義」文学に関する検討を行っている。そこで、ここでは「総ての現代文学」の「水源」と見做しうる「自然主義」文学、具体的には、「バルザックに其の源を発し、ゾラに至って理論の基礎を固め、更にフロオベル（ママ）、ゴンクウル（ママ）、或はドオデエ（ママ）、モオパッサン等に拠って」作品として完成した一連の文学についての高倉の評価を紹介しておきたい。

高倉は、フランス自然主義の泰斗（たいと）フロオベル（ママ）の『聖ジュリアン』や『ボワリイ夫人』（ママ）などの「近代の芸術」が、「純然たる科学者の態度」と「むかし宗教がやったと同じやり方」との両面から、「人間の本質を捉えようと」「努力」している点を、具体例を挙げて説明している。しかし、かつて「敬虔の念に打たれて」神に祈った時代は過ぎ去り、「祈る可（べ）き神は科学が我我の手から取り上げて居る」。したがって現在の文学は、「科学の洗礼を受け」「神を失った」文学である、との判断を下している。

また「二。文学の本質」で高倉は、以下のような展開を試みている。自然主義の文学は「文学者の態度」を創りあげたが、「本当の文学を生む力」が不足していた。その力をフランス文壇に生れた「生命派」と呼ばれる人々が、フランス文学に注ぎ込んだ。ロシア文学は自然主義文学の影響を受けずに生れたが、やがてフランス文学から大きな影響を受けることになった。それまで「大袈裟」で「異常」であったロシア文学の「欠点」は、フランス文学による「近代的」な洗礼を受け、「宗教的な空気」を払拭したと言うのである。

ところで「現代の文学」は、高倉によれば、我々を生かしている「生命力」、「生活の本体」であり「生存の本体」でもある「苦」を「根柢の動機」として生れてくる。「苦」のないところに「芸術」はない。苦を意識しない人は「芸術に趣（おもむ）く」必要のない人である。「近代の芸術の根柢をなすもの」は、高倉によれば「苦の意識」だと言うのである。しかも「意識された苦」は「限り無き孤独寂寥へ」と導かれる。

最後に高倉は、キリストが捕えられた時にポンテオ・ピラト（ローマ帝国属州の総督）が発した言葉、「見よ、人なり（Ecce, homo!）」について、キリストは「神の子だなんと言って居たけれども、それ見ろ、やっぱり当り前の人間だったじゃないか」という意味だと説明する。その上で、文学の本質について、「総ての人間は……人間で無くてはならない。……決して人間以外の何物でも有り得ない。……この真の『人間』をしっかり捉えてきて『見よ、人なり』と指示する事が現代の文学の総てだ」、と高倉自身は主張しているのである。

内容を推し量る材料が乏しいためディアスポラ論を紹介

【第5期第3回】１９２６年1月（日付・日数不明）
谷川徹三「哲学史」（聴講者数、会場不明）

谷川の伊那における3回の出講は、それなりに記録も残されており講義内容の復元が可能だが、上田の情報は僅かであるため、それを断念せざるをえない。ここでは上木敏郎の指摘をヒントに、谷川を含む京都帝大哲学科出身の5人の哲学者について、卒業後の動向をごく簡単に辿っておきたい。上木はまず、東京帝大卒の出隆の「ディアスポラ」論を以下のように紹介している。

岡山県出身で東京帝大を出た出隆は、「京都から離れて東京に来た新進の哲学者たち」あるいは「京大からというだけでなく、いわば哲学の主流からわき道にそれた」哲学者たちを「離れもの（Diaspora）」と呼び、土田杏村をその「離れもの」第1号、以下谷川徹三を第2号、林達夫を第3号、三木清を第4号、戸坂潤を第5号としている（上木敏郎、前掲『土田杏村と自由大学運動』78頁）。

ディアスポラは、本来はバビロン捕囚後のユダヤ人の離散（Dispersion）を意味する言葉で、一般的には家族などの離散、あるいは離散して他国に住むユダヤ人を指すよう

三木清

林達夫

戸坂潤

である。また小文字のdiasporaは、少数異民族集団を意味するという。したがって、出隆のディアスポラは、その点を踏まえて、彼なりにアレンジした用語ということになろう。

５人のディアスポラのうち、杏村と三木と戸坂は長生きできなかった。杏村は病気のため、三木と戸坂は特別高等警察にマークされ無念にも獄死している。林、三木、谷川は京大同期の友人であった。杏村、谷川、三木は自由大学の講師として教壇に立っている。

谷川、三木、戸坂は法政大学との縁が深い。谷川は、同志社大学から１９２８（昭和３）年に法政大学法文学部哲学科の教授に迎えられる。

「法政の哲学科は大正十三年、安倍能成、和辻哲郎を教授として出発したが、二人が前後して京城と京都の大学に移ったので、矢崎義盛と河野与一とがあとをついだ。ところがその矢崎が九州大学へ、河野が東北大学へ去ったので、そのあとへ三木が、そして一年置いて私〔谷川〕が行ったのである」（前掲『自伝抄』60頁）。

「昭和五年の五月、三木は共産党に資金を提供したという廉で検挙され、その事件のため法政大学を退いた。三木のあとに私は京都にいた戸坂潤を推薦し、戸坂が東京へ移ってきた。やがてその戸坂もマルクスの使徒となり、「唯物論研究会」の指導者となり、何年か後には検挙されるに至るのだが」（同前、66頁）。

とあるように、三人は京都から東京へと向うことになる。

戸坂が三枝博音らと創設した「唯物論研究会」の機関誌『唯物論研究』（１９３５年９月）に、自由大学理事の金井正は「農村における技術と教育」という論考を寄せている（本書１０５頁以下参照）。金井はまた、戸坂が敗戦直前の８月９日に、長野刑務所で獄死した際の身元引受人になっている。

なお、後に法政大学の総長を務めた谷川徹三の子息、詩人の谷川俊太郎は、両親の死後、「大正十年六月から十二年七月の間に交わされた」封書や葉書、また手交したと思われる手紙を含めて５３７通のおおよそ4分の1を収録した『母の恋文』（新潮社、１９９４年）を出版している。

妻となる女性とは京都帝大に在学中に、同期の林達夫に紹介されて交際が始まったようだが、同じ同期の三木清も「以前から彼女を知って」いる間柄だった、とある（前掲『自伝抄』52頁）。

林達夫は、後述する（本書131頁）戦後の鎌倉アカデミアの文学科長を務めた。また、三枝博音は鎌倉アカデミアの校長であったが、惜しくも1963年11月の国鉄鶴見事故で亡くなっている。

読書家の講師が戦火から稀覯書を救出した活動に注目

【第5期第4回】1926年2月（日付・日数不明）
中田邦造「哲学（西田哲学）」（聴講者数、会場不明）

上田（信濃）自由大学の講師、中田邦造にとっては三回目の登壇になるが、講義内容の詳細や受講者の授業評価は入手できていない。また、開講日も、日数も、受講者数も、会場も不明である。そこでここでは、前回の中田の石川県立図書館長時代における読書指導と自己教育論をめぐる社会教育実践以降の、注目すべき活動を記録に留めておきたい（以下の記述は、前掲梶尾重雄編『中田邦造』の「年譜」261～64頁、及び金高（ママ）謙二『疎開した四〇万冊の図書』（幻戯書房、2013年）の主として第4章～第7章を参照した）。

中田は1940（昭和15）年4月に東京帝大付属図書館の司書官に就任し、日本図書館協会の専務理事を兼務して『図書館雑誌』の編輯兼発行者になっている。3年半後の43年9月に、『図書館雑誌』に「文献の防護対策」を寄稿するが、この論稿が翌年7月の都立日比谷図書館長に補せられる契機となる。44年の後半期からはアジア太平洋戦争が苛烈を極め、館内の重要資料や郷土資料を疎開し、40人を超える学者・稀覯書収集家の図書を買上げ、民間の重要図書を戦火より保護する疎開が本格化し、中田は図書館長として、その中心となって重要な判断を重ねた。

特筆に値する決断は、古書肆（し）「弘文荘」店主の反町（そりまち）茂雄に対して、中田自らが都の嘱託として購入図書の評価について協力を依頼したことである。反町も初対面で中田と意気投合して、惜しげもなくその依頼に応えてくれた。反町の文章が先に触れた金高謙二の著書に引用されているので、以下にその要旨を記す。敗戦の年1945（昭和20）年2月下旬のある日、二人

中田邦造（中）、反町茂雄（右）

は初めて会っている。

中田は反町に次のように話す。「疎開の出来ぬ衣料品」を都が買上げ、「平和到来に備えたい」と「一三〇〇万円」を予算計上したが、希望者が出てこない。新聞やラジオで宣伝しても、所有者は手放さない。衣類も大事だが、稀覯書が「みすみす焼けるのを待つ」のは忍びない。眠っている資金を「古書の購入」に転用して有効活用したい。「購入書籍の評価」について「都の嘱託として協力」を願えないか、と（金高前掲書、171頁）。

真剣な中田の話に感動した反町は、「金庫の中に在り合せた二〇〇〇円」を「雑用の浄財と寄進」するが、中田は勿論固辞する。それでも引かない反町の「誠意を汲んで」、終に「一見旧知の如く」意気投合することになる。中田と反町との出会いによって、その後の空襲の激化も加わり、学者の蔵書や貴重図書のコレクションの買上げ事業が、急激に促進された。疎開先は、西多摩郡多西町（現あきる野市）の7か所の土蔵を借りた。

東京は1944（昭和19）年11月から計106回の空襲を受けた。28あった都立図書館の多くは、45年3月10日、4月と5月の各2日間にわたる空襲で大被害を受けている。

日比谷図書館も5月の空襲で焼け落ち、「二〇万冊の蔵書」は灰燼に帰し、「赤煉瓦のくずれおちた梁の上に本が白い灰のまま残っていた」。なぜ疎開させなかったのか。賛否は分かれるかも知れないが、中田館長が「一人でも閲覧者がいれば、図書館を開けつづけた」からだという。「明治41（1908）年11月16日に日比谷公園に開館した日比谷図書館の建物は、約20万冊の蔵書とともに燃えてなくなった。日比谷図書館は37年という短い年月に終止符を打ち、この世から消え去った」（同236〜237頁）。

疎開事業をともにした反町茂雄は、中田邦造を次のように評している。

「この難業の遂行には、日比谷図書館の人々の協力がありました。私の様な小さなもののお手伝いも、いくらかはお役に立ったかも知れません。根源的には、一に故中田邦造氏一人の意志と情熱とによって、わずか半年間に成就されたものです。この人がいなければ実現しなかった、と確信して居ります。卓抜な企画力、強ジン（靭）な実行力、すばやい決断、勇気あるエネルギッシュな行動、それらを併有した、非凡の一人格の産む所でした」（同264～65頁）。

杏村の独自な教育論を踏まえ、公共図書館を介した読書による自己教育の推進を実践した中田邦造の後半生は、自由大学の精神――つまり多様な型（タイプ）の「人格の自律」教育のあり方の1つ――を提供したものとして、記録に値するものと考えられる。

佛教概論とは何かを繰り返し問い続け誕生したテキスト

【第5期第5回】　1926年3月（日付・日数不明）
金子大榮「佛教概論」（聴講者数・会場不明）

すでに述べたように（本書58頁参照）、金子大榮には講義タイトルと同じ『佛教概論』という著書がある。その「序」で金子は、大学での講義の繰り返しの結果として生まれたこの著作が、何をめざして叙述されたのか、それを以下のように簡潔に説明している。

「私が大谷大学に奉職するや、直（ち）に佛教概論を講ずる事を命ぜられた。然るに当時第一に私の問題となったものは、佛教概論とは云何（いか）なるものであるべきかという事である。既に概論という限り、佛教の名の下に現われし総べての代表的思想を叙述せねばならぬであろう。されどそれは又単に形式を異にせる諸宗綱要を以って満足してはならぬ。是非とも与えられたる智見を以って佛教の根本精神を開顕し、それに根拠してあらゆる教学を批判し統一すべきである。この意味に於いて斯（し）〔この〕学の任務は重大であって、到底自分のような心昏（くら）く、識寡（すくな）き者の当る所で無い。併し亦同時にそれだけの意味を有することが、早くより佛教の大地に生い立ちし私を励まし、これを果遂せんとの心願を起さしめた。かくして幾度も講義せる後、漸く斯著となったのである」（『佛教概論』岩波書店、1919年、1～2頁）。

続いて「序論」において、『概論』が3部に分かれる理由を、次のように説いている。

「佛教とは云何（ママ）なるものであるかという問に対しては、三様の答を為すことが出来る。第一は佛と尊称せらるる釈迦

金子大榮

の説ける教ということであり、第二は佛即ち覚の内容たる真理を説く教ということであり、第三は佛即ち覚者となるべき道を説く教ということである。この三種の答は次の如く、一．教相学、二．教理学、三．修道学の三部を形成する。併し、釈迦の説けるものは彼が自覚内容の外なく、しかも此自覚内容を如実に認識する方法は修道の外なきが故に、この三種の学は究極に於いて一致せねばならぬ。随って斯く三種の学を別つは、研究方法の順序に止まるのである」（本論1〜2頁）。

その結果、本書の篇別構成は、以下のようになっている。

第一篇　教相学　第一章　大小二乗、第二章　教相の統一研究、第三章　経典の成立研究、第四章　佛教の純粋内容、第五章 佛教の純粋形式

第二篇　教理学　第一章　無我、第二章　衆生性、第三章　空観、第四章　阿頼耶、第五章　佛性、第六章　心・佛及衆生、第七章　願生

第三篇　修道学　第一章　菩薩道、第二章　道の第一歩、第三章　解行の進展、第四章　脱と道徳、第五章　佛陀

なお、金子の回想も受講者の授業評価も、残念ながら入手できなかった。

金子大榮の著作は膨大な数にのぼる。したがって、全集は存在しない。『金子大榮著作集』は、本巻12冊、別巻4冊（計16冊、春秋社、1977〜86年）として出版されている。第1巻『仏教概論』、第2巻『仏教の本質 宗教的理性』、第3巻『親鸞教の研究 彼岸の世界』、第4巻『仏教の諸問題』、第5巻『日本仏教史観』、第6巻『教行信証講読 教行巻』、第7巻『教行信証講読 信証巻』、第8巻『教行信証講読 真化巻』、第9巻『教行信証の研究 教行信証の諸問題』、第10巻『教行信証総説』、第11巻『大無量寿経総説』、第12巻『真宗聞思録』、別巻1『安居講録 1』、別巻2『安居講録 2』、別巻3『真宗の教義と其の歴史』、別巻4『宗教的覚醒．真宗の要義』。

また、『金子大榮選集』全22巻（20巻＋続2巻、在家仏教協会、1955〜62年）、『定本 親鸞聖人全集』（全9巻、法蔵館）、親鸞（金子大榮 校訂）『教行信証』（岩波文庫、1979年）、親鸞 述（金子大榮校訂）『歎異抄』（岩波文庫、1981年）などがある。

社会主義や教養主義の＋面と－面を見る視点が必要

【第5期第6回】１９２６年3月22日（5日間）

松沢兼人「社会政策」（聴講者数不明）上田市役所

講師の松沢兼人（１８９８〜１９８４）は、この講義に出講することになった経緯と担当した講座の内容について、後に以下のように記憶を思い起こしている。

「新明〔正道〕君から頼まれて、行ってくれ、ということで、ちょうど上田は旧制（上田）中学（に）四年間おりましたから、久し振りで行けてうれしいと思って、行ったんだろうと思います。社会政策をやったということで、社会政策は私の専門ですから、話をすることはもちろんたくさんあると思いますけれども、社会政策といえば、近代産業革命からこっち（現代に近い時期）のことで、ドイツの社会政策学会が生まれたのも普仏戦争（１８７０〜71年）の頃じゃないかと思いますので、その頃からやはり一方で産業があり、産業労働者があり、そういうところで革命にならないようにドイツの学者たちが考えたのがドイツ社会政策学会だと思います。ですから、そういうものを上田で話をして、どれだけ身近に社会政策というものを考えられるかどうか、私は、意識してということではありませんけれども、……セツルメントみたいなことをお話したと思います」（「講演　信州自由大学の土壌」『自由大学研究』第7号、１９８２年10月、29頁）。

なお、セツルメントとは一般に、貧しい人々が多く集住する区域に定住し、住民と親しく触れ合ってその生活の向上に努める社会運動、また、そのための宿泊所や授産施設を指す。新潟県出身の松沢は、旧制中学を上田で過ごし、七高造士館（鹿児島）を経て、東京帝大法学部政治学科に入学している。在学中に吉野作造（１８７８〜１９３３）の研究室仲間と「新人会」を結成、またYMCA運動にも関わった。帝大の卒業を待たずに、大阪市立の市民館、つまり公立のセツルメントで、毎晩のように講習会や講演会を開催していたようである。その後、「貧民街の聖者」として知られる賀川豊彦の誘いを受け、大阪労働学校の主事兼講師を経て、河上丈太郎を介して関西学院大学の文学部社会学科に職を得た後も、各地の労働学校

松沢兼人（左）、加川豊彦（右）

の講師を務めている。

大阪労働学校の講師陣の中には、自由大学の講壇に立った講師が複数人含まれている。松沢兼人、新明正道、山本宣治、住谷悦治の4人で、松沢、新明は東京帝大から関西学院大学に最初の職を得ている。山宣は東京帝大、京都帝大大学院から、住谷は東京帝大からいずれも同志社大学の教壇に立っている。このうち山宣を除く、松沢・新明・住谷は「新人会」のメンバーでもある。

ところで、松沢の講演の後の討論の中で、稲葉宏雄は以下のような注目すべき発言をしている。当時の「社会主義運動というものがもっていた積極的な意味と、むしろネガティーブな意味」、その両面の「評価」を「絡み合わせて解釈していくという視点」が「必要」ではないか。また当時の「教養主義」がもっていたマイナス面とともに、その「積極的な意味」を「評価する姿勢」が「必要」ではないか、と言うのである（前掲『自由大学研究』第7号、41頁）。

杏村は「プロレットカルトをいいながら、ボルシェビズムを批判し、そしてブルジョアカルトを批判する」。その両面批判的な「（教育）運動」が「一方的に断罪されるだけ」ではなく、「ああいったかたちでの運動、ひろく言えば吉野作造的な立場というものをも、おのれのなかに含みえなかったというところの、あの当時の社会主義運動というものの問題と、いまはどうなのかという」「問題」、「そこのところを、私は考えたいと思っている」（同前、42～43頁）。

正鵠を射た発言と考え、私は稲葉の識見を評価する。

１９２６年３月【第5期第6回】の講座が終わると、その後の講座は開催されることなく中断を余儀なくされた。再開されるのは１９２８年３月であるから、丸２年閉講が続いたことになる。再建後の上田自由大学は、同年３月14日から開講された。

１９２７年４月　片岡蔵相の失言に端を発した金融恐慌は、翌々年アメリカで発生した世界恐慌に巻き込まれ、30年頃からは昭和大恐慌に陥った。繭１貫匁10円前後で推移していた繭価は、27年には６～７円に割り込んだ。さらに暴落の一途を辿り、昭和大恐慌の時点では、２～３円台に落ち込み、一時は１円台にまで惨落した。米価も半値に暴落した。（「金融恐慌から世界恐慌へ」『長野県の百年』山川出版社、１９８３年、１９２～１９９頁）

１９２７年７月24日　恒藤恭の親友、芥川龍之介自殺。上木前掲書『土田杏村と自由大学運動』２４９～２５６頁参照。

1928年2月20日　第1回普通選挙。与党政友会の鈴木喜三郎内相の選挙干渉は徹底していた。そのためそれまで少数党だった政友会が小差で第1党になった（政友会２１９議席、民政党２１７議席）。無産政党からも労農党の山本宣治はじめ８人が当選した。「第1回普選の実施」（前掲『信州の百年』２２９～２３２頁）。

1928年3月15日　三・一五事件（治安維持法による全国一斉検挙）。「三・一五、二・四事件などの弾圧」『信州の百年』２１５～２１７頁、参照）。

1928年2月22日　山越脩蔵・山浦国久・堀込義雄、上田自由大学再建の呼掛け。

「信濃自由大学は別紙趣意書に依って設立せられ四（五）年間経営が続けられてきました。その間私共はその恩恵を受けて大いに啓発されるところがあったのであります。然るに種々の支障から休まねばならなくなって二年間開催を見ることができませんでした。ところが地方文化開拓の為には唯一の機関たるこの大学の閉鎖は地方民衆の此上もない不幸損失であるというのでその復活を希望する人達が少くありません。私共は是等の有志諸君と共にこの有意義な文化運動機関の角興（再興カ）を熱望してやまないのであります」（山越脩蔵・山浦国久・堀込義雄の書簡）。未見。山野晴雄「自由大学運動年譜」１３６頁。

1928年3月4日

「拝啓　漸く春のけはいの感ぜらるる様になりました。

さて御存じのこととは思ひますが、上田自由大学は、かつて四（五）年間わが地方文化開発のために開講され、私共の啓発さるる所多大だったのでありますが、その后二年間種々の都合により中止の状態でありました。その後再興希望の方多くよりより〔時々〕話題に上ったのでありますが、今度機漸く熟し、ここに再び開講することとなりました。何せ継続会員によりてのみ、維持し発展し得ることでございます故、何卒御助力御賛成くださいまして、改めて正会員として御加入願いとうございます。暫定規約といたしましては毎年十一月から翌年三月まで、毎年三回乃至五回の講座を開いて、主として文化科学について聴講研究いたしたく、会費は年額五円とし、之を三回に分納していただく様にいたしたいと思うのであります。（臨時会員には一講座二円負担していただきます）つきましては第一回講座を左によって開催いたしたいと思いますが、御知人多数御誘いあわせの上御出席願いたく、初日に第一回納入分金二円御持参くださいます様願い上げます。
　規約その他の更正は、第一回講座開講の際御相談願いたく存じます。

一、講座期間　昭和三年三月十四〜十六の三日間
一、毎日午後六時半より
一、講師　高倉輝先生
一、科目　日本文学研究
一、場所　上田市新参町　上田図書館楼上

　尚正会員申込は、神川学校内堀込義雄宛来る十三日迄に願います。
　昭和三年三月四日　石井清司、細田延一郎、猪坂直一、堀込義雄、山浦国久」

文学は作家ではなく読者がつくるという発想が生まれた

【再建第1期第1回】１９２８年３月14日（３日間）
高倉輝「日本文学史」（60人）上田図書館

山野晴雄は、この再建第１回の講座について、次のように指摘している。

「３月14日からタカクラ・テルが講師となって『日本文学研究』を講じた。このとき会場の上田図書館に集まった受講者は60人であった。当時の新聞記事によれば、婦人数名も加わり『盛会をきはめた（ママ）』とあり、その講義内容は『世界の人類を語学上より分類して日本文学に及ぶまでを述べたもの』であったという。この講義をきいた中沢鎌太は、その感想を『新しい面白い話であった』と、日記に書いている」（「大正デモクラシーと民衆の自己教育運動」『季刊 現代史』第８号、１９７６年12月、１３８頁）。

講義内容の引用（「世界の人類を語学上より分類して日本文学に及ぶまでを述べたもの」）は３月16日付け『北信毎日新聞』の記事から採られた文言であるが、『自由大学研究通信』第３号では『上田毎日新聞』の「上田自由大学関係記事」が左記のように紹介されている。

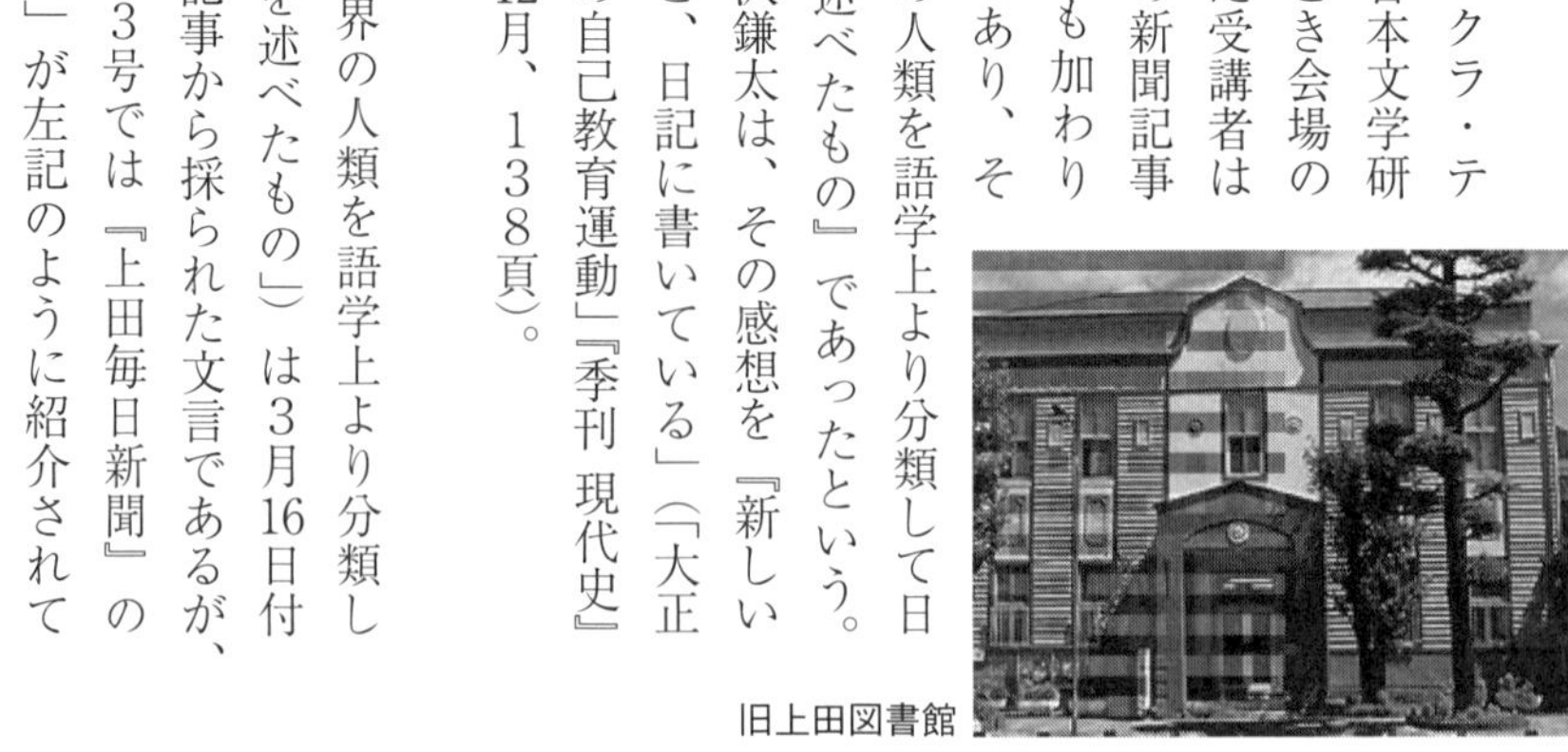
旧上田図書館

「復活した上田自由大学の第1回講座は去る14日より16日に亘り3日間毎夜7時より2時間宛上田市図書館の楼上に開かれたが聴講者60余名にて講師はお馴染の高倉文学士でその講題は『日本文学史』であった。今回は日本民族の文学に影響し来たれる世界の民族とその言語学的関係を述べ、本論は次回の講座になった。因に最終の16日は講座終了後茶話会を催し、親睦会を重ね山浦国久氏の閉会の挨拶があり9時半散会した」（前掲『自由大学研究通信』5頁、傍点引用者）。

二つの新聞記事から察するに、再建第一回の高倉の講義の演題は「日本文学史」であった。二回に分けて行われる予定の今回は、「世界の人類を語学上より分類して日本文学に及ぶまでを述べたもの」乃至は「日本民族の文学に影響し来たれる世界の民族とその言語学的関係を述べ」た講義で、「本論は次回」（再建第2期第1回）に行われると言うのである。

いずれにしても、この講義に関する情報は限られている。受講者からは「新しい面白い話」という感想が残されているが、どの箇所がどのように面白かったのか、具体的な内容には触れられていない。講師を務めた高倉の感想も残されていないようである。

ところで私は、今年（２０２１年）９月のシンポジウム「上田から始まる自由大学１００周年」の基調報告の後半で、再建自由大学の高倉輝の２回の講義は、１９３６年に雑誌『思想』に発表した連載論文の内容を先取りして話したものではないか、という推測を述べた。それに対して山野晴雄は、人を介して転送されてきたWord文書の中で、「中沢鎌太の筆記ノート」に照らして、その推測は的を射ていないと批判している。私としてはその批判を甘受せざるを得ない。なお、山野のブログでも批判の一部が公開されている。

じつは恥ずかしながら、山野の指摘を受けて思い出したことがある。数年前に、知人の小平千文を介して、長野大学の附属図書館は中沢鎌太の『筆記ノート』と大部な『日記』の寄贈を受けているのだ。その情報を耳にしながら、貴重な寄贈品を点検もせずに、講演で的外れの推測を述べた点は、赤面の至りであり、深刻に反省もしている。

山野の了解を得た知人が転送してくれたメール、それはブログに公開されたものより数倍長いものだが、そこに記された事

倉沢美徳

実を確認するために、直ちに大学の図書館に出向き、『自由大学筆記其七』の該当箇所を調べてみた。筆記というよりも速記録という方が適当かも知れない。しかも、A5版のノートに46頁にわたり速記されている。この筆記録をどのように活用して、どのような評価を導き出すのか。しかも、筆記者の中沢は、受講後の感想として「面白い話であった」と述べているが、それを山野はどのように解するのか。「近日中に何らかのかたちで発表したい」とあるので、その発表を心待ちすることにしたい。

山野からの新たな情報が加われば、改めて検討することにして、ここではこの講座から離れて、高倉の「近現代」日本文学研究の新たな到達点について触れておきたい。

その到達点は、1928年3月のこの講義の8年半後に訪れる。倉沢美徳が前掲の『別所温泉の高倉テルさん』の51頁以下で指摘しているように、桑原武夫編『日本名著五十撰』（中央公論社）に、高倉の著書『新文学入門』（理論社、1951年）に所収された『思想』論文「ニッポン国民文学のかくりつ」（1936年8月~9月号、岩波書店）が選考されているからである。高倉は京都帝大出ではあるが、桑原武夫を中心とする京大人文科学研究所（人文研）との接点はない。だから余計に、この選考には価値があると私は考える。

『日本の名著』中公新書1

なお、中公新書の『日本の名著――近代の思想』（1962年、改版2012年）は、『日本名著五十撰』を中公新書創刊時に、その最初の一冊としてリニューアル出版したものである（因みに、桑原編『日本の名著』には「中公新書1」が振られている）。

高倉の『思想』論文の解題を記した多田道太郎によれば、そこには「真に独創の名に値する発想」が含まれていた。なぜなら、この論稿で高倉は、「文学は全読者大衆がつくるもの」であるから、従来のような「作品と作家」を中心に論ずる議論は「さか立ちした文学論」だ、と考えているからである。彼は「何かの理由で文壇からボイコットされ」、雑誌に発表する機会を奪われた。それ以降は、書くものを全て単行本にして、読者と直に接するより他になかった。しかし、そのことが高倉に「読者の問題」というユニークな視角をもたらした。それが多田による高倉評価のポイントである。（「理由」ははっきりしなくとも、菊池寛が係わっていたのは明らかであるようだが、本筋を外れるため深入りは避ける。）

日清戦争後に、尾崎紅葉の『金色夜叉』と徳冨蘆花の『不如帰（ほととぎす）』という二つの新聞小説が現れた。前者は芸術作品で後者は通俗小説、と当時の人々は見なした。しかしそれは「作品の内容」の違いではなく「読者層」の違いによるものだ、と高倉は判断する。『金色夜叉』の読者の多くは、「都市の伝統的な読者」層であった。他方『不如帰』の方は、「紡績女工」のような「新興の読者層」だった。彼女たちを生みだした「契機」が日清戦争で、農村出身の若い女工たちは、ヒロイン浪子の二つの悲劇の原因に「同化」した。一つは「相愛の夫から無慈悲に彼女をひきさく封建的な家族制度」、もう一つの悲劇の原因は「浪子の命をうばう肺病」つまり肺結核であった。

当時の現実を写した蘆花の『不如帰』の世界は、読者である女工の悲劇の世界でもあった。高倉が指摘するように、「資本主義のひやく（飛躍）的な発展が、それまでの伝統的な『士族的』な読者層のほかに、新興の『平民的』な読者層お（ママ）生みだし、それお（ママ）最初に吸収した重要な作品」こそが、紛れもない『不如帰』だった、というわけである。

そればかりではない。日露戦争（１９０４～05年）が次の新たな段階をもたらす。20世紀初頭の戦争は、蘆花に替わって漱石という英文学研究者を、作家として「文壇」に呼び寄せた。戦争によって新興プチブルジョア（小市民）層が登場し、彼らが読者として漱石を支える読者層となったのである。

見られるように、文壇が文学の歴史を作るのではなく、文壇外の新人（蘆花や漱石）が新たな読者層（女工やプチブル層）に支えられた時に、文学の新たな頁が開かれる。しかも、戦争が契機になっている点も興味深い。言うまでもなく大衆文学の登場は、ヨーロッパの大戦（１９１４～18年）後にもたらされたものであるからだ。

桑原武夫を編者とする五名の推薦リストから、長時間の共同討議を経て選考された50冊の近代の名著の一冊に、論文「ニッポン国民文学のかくりつ」（１９３６年）が収められた『新文学入門』（理論社、１９５１年）が選ばれたことは、自由大学講師として誰よりも多く登壇を重ねてきた高倉にとって

タカクラ・テル『新文学入門』

は、極めて悦ばしい事柄であったはずである。とりわけ多田道太郎の選評の締めの一文（「読者層の創出を社会経済史からわりだし、そこに文学発展の最大のモメントを見いだしたこの論文は、世界の『反映論』の陣営中で、最も高くそびえる峰である」）は、高倉自身をも悦ばした賛辞だったのではないか、と思われる。

ただし、私は多田の選評の末尾の一文には、手放しで同意することはできない。「世界の『反映論』の陣営中で」という限定は不要であると考えるからである。高倉の分析は、当時の社会史ないし社会経済史研究の水準に照らして、一頭地を抜いた研究と見做しうるからであって、単にマルクス主義陣営内でのみ優れているわけではないからである。

２年間のブランク後の再建

浦里の農民たちが徒歩で峠を越えて、相談のため別所に住む高倉輝の住まい（常楽寺参道脇に建つ思温荘）に向った。自由大学に学んだ農民活動家には、運動の手法の妥当性の確認や、手法に関する高倉のアイディアを聞いて参考にする必要があった。来訪者の中には、浦里村の井沢譲、井沢国人、宮下芳勝、井沢正則の他に、中沢多七、横沢要、久松定勝、竹内精司、有賀有喜など各村の運動家が含まれている。幸にして『上田自由大学会計簿』には受講者の氏名が記されているので、村の『時報』や『長野県上小地方農民運動史』などを活用して履歴を纏めておく。

井沢譲（１９０３年生まれ）浦里村越戸（こうど）出身。再建自由大学４回すべての講座を受講。上小農民組合連合会常任主事、『浦里村報』第71号（１９２９年１月１日）に「農民組合設立の趣旨」を投稿（『長野県上小地方農民運動史』〔以下『上小農民運動史』と略記〕同刊行会編、１９８５年、58〜59頁に再録）。村会議員、産青連副理事長を歴任。『自由大学研究』第８号にインタビュー記事が掲載されている。

井沢国人（１９０７年生まれ）浦里村出身。再建自由大学第１期第１回（高倉輝）受講。『上小農民運動史』の《座談会》に出席し発言している。また、「二・四事件と浦里村――井沢国人、宮下芳勝氏に聞く」（同書２９３〜２９４頁）での「証言」もある。

宮下芳勝　浦里村出身。再建自由大学第１期第２回（三木清）、第２期第２回（安田徳太郎）を受講。宮下周（浦里村長、県会議員）の親戚。前掲『上小農民運動史』の「二・四事件と浦里村」に「証言」が掲載されている。

井沢正則　浦里村出身。再建自由大学第1期第1回（高倉輝）受講。

中沢多七　西塩田村出身。信濃自由大学を受講。拙稿「上田小県地域の青年団活動と『社会的教養』――『西塩田時報』を中心に」（『長野大学紀要』第30巻第2号、2008年9月）46～48頁を参照。再建自由大学の講座は受講していない。農民自治会、つまり「政治の否定を前提にした農民自治主義の傾向を強くもった団体」（『上小農民運動史』24頁）の会員。

横沢要　神科村出身。再建自由大学第1期第1回（高倉輝）、同第2回（三木清）受講。

久松定勝　泉田村出身。再建自由大学第2期第2回（安田徳太郎）を受講。「農民運動とともに歩んで」が『上小農民運動史』（403～405頁）に掲載されている。

竹内精司　和村出身。信濃自由大学第1期第3回講座（出隆）、同第4回講座（土田杏村）受講。『自由大学雑誌』の定期購読者。農民自治会の会員。再建自由大学の講座は受講していない。竹内のほか同じ和村の有賀有喜、西塩田村の中沢多七も農民自治会に参加している（『上小農民運動史』25頁および大井隆男『農民自治運動史』154頁を参照）。

有賀有喜　和村出身。信濃自由大学第2期第3回講座（高倉輝）を受講。再建自由大学の講座は受講していない。農民自治会会員。

なお、松本衛士『長野県初期社会主義運動史』（弘隆社、1987年）第三章（68～119頁）および『新しい社会を求めて』（上田市誌、近現代編（1）、2002年）第二章第五節（82～91頁）を参照した。

自陣営からの批判に接し三木清は論敵の奮闘に共感

【再建第1期第2回】1928年11月19日（3日間）三木清「経済学に於ける哲学的基礎」（25人）上田市海野町公会堂

高倉輝は回想「ミキ・キヨシ」（『文学論・人生論』〈タカクラ・テル名作選〉、理論社、1953年）の中で次のように述べている。

「昭和六〔三〕年だったと思いますが、私がめんどうを見ていた『上田自由大学』というのの講義に〔三木清が〕きてくれたことが

西田幾多郎（左）と三木清（右）

ありました。そのときは、私の別所温泉の家〔思温荘〕へ三日とまりました。講義の題目は『哲学論』というのでしたけれども、内容はけっしてそれまでの哲学の講義ではなく、ひじょうに多く政治的なものをふくんでおりました。／そのときに、だんあつ（弾圧）で切れていた私たちと『第二無産者新聞』とのれんらく（連絡）を、三木くんの手でつけてもらいました。そんなことのために、それから間もなく、三木くんはけんきょ（検挙）され、また、昭和八年に私がけんきょされた時に、三木くんが証人によばれたりしました。／とにかく、そのころ、三木くんは共産党の重要なシンパ（心情的・物質的な支援者、Sympathizer の略）でした。三木くん自身も、また、ほかの人たちも、あるいはシンパ以上に考えたことがあったかもしれませんが、三木くんは、初（め）からおわりまで、シンパであり、そして、じつにだいじなシンパでした」（289〜290頁）。

講義が終了した21日の上田の地元紙は、開講日の模様を以下のように報じている。

「上田自由大学は既報の通り十九日定刻より二十分遅れて六時五十分海野町公会所に開催された。多用の折柄とて全会員の出席を見る事は出来なかったが、それでも定連として何時も欠席されたことのない上田小学校の清水千代先生外二十有余名の講習生が、恵比寿講の雑踏を外に最後迄熱心に主としてマルクス主義に就（い）てを聴いて八時半散会したが、講師の法〔政〕大教授三木清氏は同夜六時七分上田着列車にて来田され直ちに講義をされたのであったが、いささかの疲れをも見せず最後迄続けられたのは気持ちがよかった。尚引続いて二十日夜も『経済学〔に於ける哲学的〕基礎』に就いて講義されることになっている」（『上田毎日新聞』1928年11月21日付。『自由大学研究通信』第3号、1980年3月、5頁）。

再建自由大学（第1期第2回）に出講する一か月前（1928年10月）に、三木清（1897〜1945）は羽仁五郎と共同編集で『新興科学の旗のもとに』を創刊したが、その誌上でしばしば土田杏村を槍玉にあげて批判した。したがって三木清に影響を受けた青年たちは、これに同調するものも多かったが、魚沼自由大学に出講した住谷悦治（1895〜1987）は、その2年後に次のように述べている。

「哲学、社会学、文学、芸術、法律、経済等々、複雑な社会問題から更らに演劇映画に至るまで、評論の筆を執る。……その古今東西に亙る氏の学識の広さはまことに当代の偉観である。……一般にお上品な文化主義の哲学者として知られているが、世間並みの化石的哲学者ではなくて、実に溌溂たる生気を有している街頭の哲学者である」（「マルクス陣営攻防戦雑感」『中央公論』１９３０年7月）。

なお、三木清は杏村の死（１９３４年4月25日）後直ちに、未亡人に次のような悔み状を送っている。

「拝啓、本日の新聞紙を見ますと、土田杏村氏御逝去の由、皆々様定めてご愁傷のことと拝察いたします。兼かねて御病気のこと承っておりましたが、御無沙汰いたし、御見舞を申し上げもせず、失礼をいたしておりましたところ、今日この報に接し驚愕いたしております。杏村氏の死は御一家の御不幸は固より、日本思想界にとりまして甚だ惜しむべきことと存じます。生前の故人の事業を偲びつつ謹んで哀悼の意を表します。早速拝趨お悔み申し上ぐべき筈のところ、遠路意に委せず、略儀ながら寸書をもって哀悼の意を表します。四月二十六日／三木清／土田杏村氏御令閨様」（前掲の『中央公論』からの引用も含めて上木敏郎『土田杏村と自由大学運動』２４３～２４５頁より重引）。

数年前に杏村を批判の対象としていた三木清は、その後自らが正統派マルクス主義陣営から批判されることになるが、その時に至って杏村の正統派批判の孤軍奮闘ぶりに思いを致し、かつての論敵に共感したその結果を、この文面から読み取ることができる。

なお『上田毎日新聞』に名の挙がっている清水千代は、１９１９（大正８）年から上田小学校本校の教諭を務めていたが、25（大正14）年初頭に上田高等女学校（現上田染谷ヶ丘高校）に通っていた娘の澄子を、投身自殺で失うという不幸に見舞われた女性である。4月に遺稿集『ささやき』が出版されている。

ところで、上田自由大学には女性の受講者が少なくない。すでに述べた児玉（山越）いし、

住谷悦治

この後に引用する三井（深町）ひろこの他に、教員も4人含まれている。永井一子、花岡たかよ、横関早苗、中澤まつよ、がそれにあたる。その他の受講生として、高木たか、成田かつみ、中山つねえ、水野いさ子、半田かほる、等々力いち、浜村勝子の氏名が記されている。

小林利通は、次のように指摘している。

自由大学は新カント派左派の運動と見られる。西田哲学左派の三木清が、昭和期に上田や飯田の自由大学に招かれたこと、自由大学が1930年1月に終焉した後も、三木の後輩の戸坂潤が金井正たちに招かれたことも、ある意味で必然のような気がする。金井が『唯物論研究』に「農村における技術と教育」（1935年9月）を寄稿したのも、戸坂が日本の敗戦を知ることなく1945年8月9日に長野刑務所で獄死した時に、金井が遺体引受人になったことも、いわば当然のことだったと思われる、と。

（小林、前掲書225頁）。

（補論1）堀込義雄の思想と行動

（一）教員時代の半生

堀込義雄（1897〜1981）は、神川村蒼久保に4男として生まれ、神川尋常小、旧制上田中学を卒えた後、地元小県郡内の豊殿小で2年間、母校の神川小で11年間、依田小で2年間の教諭生活を経て、1932年に南佐久郡に転出している。同地では中込小と内山小の2校でそれぞれ4年間教諭と教頭を務め、その後1940年からは大日向小と北牧穂積組合立青年学校の2校で校長を歴任している（『長野県学事関係職員録』各年版）。

終戦間際の1945年3月に応召され、長野師管区司令部付の将校、6月からは北佐久郡岩村田の県立北佐久農学校と臼田の南佐久農学校の配属将校として赴任した後に敗戦を迎える。その年の12月に軽井沢青年学校の校長として教職に戻るが、47年4月に行われた統一地方選挙の神川村長選に推されて立候補し、初の公選村長に当選している。

したがって、堀込の前半生、つまり戦前の30年弱は教職に捧げられた。戦後は、神川村長を2期8年、県会議員と上田市長をそれぞれ1期4年ずつ、その後再び県会議員を1期4年務め、後半生は20年間にわたり公職に身を捧げた一生であった（『長野県歴史人物大事典』、『上田市誌 人物編』および堀込藤一『清冽なる流れ「神川」と生きて―父堀込義雄』（私家版）所収の「略年譜」を参照した）。

堀込が自由大学を受講したのは、2つの「会計簿」の記録によれば、第2期第3回の高倉輝「文学論」、再建第1期第1回の高倉輝「日本文学研究」、同第2回の三木清「経済学に於ける哲学的基礎」、再建第2期第1回の高倉輝「日本文学研究」、同第2回の安田徳太郎「精神分析学」の計5講座であった。再建自由大学は都合4回の講座しか開講されなかったが、その全てを受講しているのは、石井清司、細田延一郎、山浦国久とともにその発起人に名を連ね、堀込自身が自己教育を掲げる教育機関の再開を重視していたからに他ならない。

堀込は、教職に身を置きながら青年団活動には活発に関わり、1924年には神川村青年会理事、翌年度から2年間は青年会長を務める傍ら、郡連青の幹事も2年間歴任している。また、時報『神川』の発行に関わると同時に、その創刊号から頻繁に論説を寄稿している。読書好きで、総合雑誌の『中央公論』や『改造』なども定期購読して、社会の動向にも広く関心を払っていた堀込らしい論稿が残されている。

「私の友達の一人が『本を読む度に自分の馬鹿さが判ってくる』と言ったが、一寸矛盾しているように聞こえるが真理だと思う。又他の人が『読書する事を忘れてしまった人は全く呑気になって何でも簡単に始末をつける』と言った。実に至言だ」。活字好きなら胸に落ちる指摘であろう。同じ論説のなかで「教育者は教育的立場からの要求を主張し、父兄は経済上の見地からのみ批判を下す。商人は商人本位で行き、百姓は百姓主義を押し通そうとする。かくて国家主義者と社会主義者と資本家と無産階級と……皆この調子である」とも指摘している。そのうえで堀込は、「学者」が「自分の専門の中に立て籠もっている」のと同様、大多数の人々は自分の殻を破れずに偏った見方しかできないが、「専門に従事しながら突き詰めれば」偏見に囚われずに様々な見解を「受け容れる」ことができ

堀込義雄（左は妻と長男藤一と）

るはずだ、と主張する（「片輪の集り」時報『神川』第2号）。

この柔軟で一方に偏らない青年期の思考様式は、その後も一貫して維持されることになる。また、思索と批判的・能動的な態度とを重視した、次のような意見も表明されている。

「何の思索も批判もなしに、そのまま環境に盲従し現状に甘んじ之に執着していく他動的の態度を私は理想なき生活と言いたい。其処には思索がないから目的もない。批判がないから反省もあり得ない。だから自覚なき生活である。……理想は、思弁的な人間の働きの所産ではあるが、この思弁的な理念の世界と現実の世界とを統一した上に立てられたものでなくてはならない。……私達は現実を通して理想を見、理想を抱いて現実を愛すべきである。そうしたならば理想回避もなく又現実隠遁もない。こうした立場こそ正に真正の道ではあるまいか」（「理想の樹立を思う」『神川』第7号）。

他方で、利己的な立身出世主義を批判しつつ、不合理で不平等な現在の社会は、連帯を通して「改造」していかなければならない、とも主張している。

「今の世の中は……自分の立身出世のためには他の人の落魄困憊を意としない。……この不自然な発達をした今の世の中の組み立てを改造していくことは当然のことなるのである。……不合理なる経済組織と不平等なる社会制度とを痛感する者（が）団結して進むことによってのみ、我等の希いは達することができる」（「思想を根定とする政治団体の出現を望む」『神川』第8号）。

見られるように、堀込は、「不合理」な現代社会を「改造」しなければならないと「痛感」する人々が「団結」しなければ、「我等の希い」は叶えられないと考えている。つまり「改造」の必要性を「痛感」した人々が「団結」した場合にのみ、その「改造」の可能性が拓かれる。この信念は、戦後の村長時代の実践を通して裏づけられることになる。

資本主義を批判する社会主義思想の登場の背景を理解せず、それを「思想悪化」と断じる向きにも、堀込は批判の矢を放っている。

「毎日の新聞を埋める題材に小作争議と労働問題がある。それによって日本にも到る処に支配階級と被支配階級との前衛戦が開始せられて来たことを知る。実に働けど働けど食へざる人を思う時、我等に食を、職を、生きる道を与えよと叫ぶはあまりに当然なことと考えられるではないか。……善良な同胞のかかる悲痛な要求を、ただ思想悪化と断言し去るを得るや？」（「畦間雑草」『神川』第11号）。

また、普通選挙制が実施され、選挙人と被選挙人の意識が変わることを歓迎する次のような意見表明もある。

「今回各地方に現われた〔立候補者の〕特徴は、若い者の割込みと貧乏階級の突進とである。我等はこの何れをも歓迎する」。「選挙する者自身が目覚めずして、選挙される人（が）目覚めん事を望むは不可能である。……今次の村会議員選挙が我等の理想に近づかんことを望んでやまない次第である」（「民衆の選挙観に於ける錯誤」『神川』第29号）。

こうして見てくると、神川小の教諭として自由大学で学んでいた時期の堀込は、柔軟でバランスのよい思考様式を身につける一方、小作争議を起さざるを得ない「善良な同胞」の「真剣なる血の喚き」にも共感を示していることが確認できる。しかし、神川小から千曲川対岸丸子地区の依田小に転出した１９３０年４月以降、時報『神川』紙上での堀込の意見表明は殆ど見られなくなる。

時代が下って、アジア太平洋戦争が間近に迫っていた１９４０年の年頭、皇紀二六〇〇年と創刊１５０号を記念する『神川』特集号が組まれた。

南佐久郡内山小学校の教頭であった堀込は一文を寄せ、次のように述べている。「日本民族の大陸進出はどこまでも長期建設なり。組織的ならざるべからず。我が言う組織的とは個人的英雄的気分的の反対にて、社会的建設的の謂である。一目的の下に営々として協力して行く組立である」。「思うに組織的であらねばならぬのは独り大陸発展の事のみに限らるべからず。村の事、（青年）会のこと皆然りというべきなり。殊に天恵に限りある神川村の将来は、一層組織的計画の下に進行すべきものであらん」（「組織と建設」前掲特集号）。

ここで堀込は、「日本民族の大陸進出」という事実にふれて、それが「組織的ならざる」を得ず、「営々として協力」すべきものと指摘しているが、国家総動員体制の下の教職にある身の発言としては、慎重に言葉を選んだ結果だと見るべきであろう。少なくとも「大陸進出」を積極的に評価したり推進したりする発言と見なすことはできないからである。

(二) 村長・県議時代の後半生

1947(昭和22)年4月に初代の公選村長に就任した堀込は、戦後復刊した『神川』紙上で次のように述べている。

「今や日本が大きく転換し新生の道を開拓せんがためあらゆるものの革新が要望されるの時、村においての仕事もまた多事多端、旧態依然たることは許されないと思います」。「進歩も保守も実践の場においては、混然として合の力となって、大きな歩みをいたすべきだと信じます。かくして私は常に村民大衆と共におり、その総意の向く所に従ってその使命を果したいと念願しております」(「就任の辞」『神川』(戦後)第6号)。

「あらゆるものの革新」が求められる今、必要なのは保守と革新との対立ではない。大局的視点に立って両者が「実践の場」で力を合わせて歩みを重ねることだ。この堀込の所信表明は、公職に就いていた20年間、一貫して維持されるが、それはまた若き日の自身の認識の延長線上にある所信でもあった。

ところで、堀込は、村長一期目の1949年に、村の農地の細分化を防ぐために、農家の次三男や外地からの引揚者のために、群馬県浅間山麓の嬬恋村「六里ヶ原」の原野への分村計画に基づき、30戸からなる開拓団の入植を進めている。この計画の提案者は、自由大学の発案者として知られ当時は村の農地委員長を務めていた山越脩蔵であった。堀込は、入植1年後に、この分村計画に対して次のように述べている。

「呱々の声をあげてから努力一年、開墾三十町歩に及び相等(ママ)の成績を納め得たが、まだその根底は薄弱である。母村の協力応援なしでは有終の成果は期しがたい。引続いての支援をお願いしてやまない」(「年頭の辞」『神川』第31号、1950年1月1日)。

その後も順風満帆とはいかなかったものの、開拓団はやがてトラクターによる大農法を採り入れて、入植以来10年間で22戸90人がかつての茫漠たる原野に定住し、この地をやがて高原野菜の一大産地に仕上げることに貢献している（山越脩蔵・北川太郎吉『神川村分村・開拓団の歴史』私家版、１９９４年、および大槻宏樹編『山越脩蔵選集――共生・経世・文化の世界』前野書店、２００２年、参照）。

また１９５０年には、神川小学校の講堂兼体育館の改築計画を立て、自らが農業協同組合長を兼ねていたこともあって、農協と協力して村民に「愛村貯金」を促し、それを村が借り入れて資金に充てるアイディアを編み出し、この村の多目的ホールを完成させている。のちに堀込はこの「愛村貯金」にふれ、「四〇〇万（円）目標の建築記念定期が四五〇万となり、村は一銭の起債もせず目的を達成した。そして（昭和）二七年度までに工費の一切を経常費で賄い終らせ、今では少しの借金もなく完全に講堂と西側便所とが残ったのである。しかも定期の歩止りは（農協）組合にプラスとなり正に一石二鳥という所である」と語り、村民の協力に謝意を表している（「村の自治を語る」『神川』第75号）。

村長2期目の１９５２年6月には、神川の源流から程近い大明神沢での硫黄試掘の事実を知ると、直ちに神川水系1市10村からなる市村長会に「菅平鉱毒対策委員会」の設立を呼び掛け、委員長に推されて反対運動の先頭に立ち、生存権を守るこの運動の中核的な担い手になっている。この運動における堀込の思想と行動こそ、かれの真骨頂を示すと思われるので、これについては項を改めて述べることにしたい。

教育にことのほか関心を寄せた堀込は、同じく二期目の村長時代に、小学校と併設されている神川中学校の規模を適正化して、学習環境を整え教育効果を高めるために、上田市立第一中学校との統合を進めている。今後予想される生徒数の増加、教室と教員の不足を解消するためには、統合によって解決する以外にないとの判断に至ったためで、１９５４年度から新中学校が発足している。それに併せて、通学費もかさむことから、生徒1人当たり年１０００円の補助金を支給することも決めている。

さらに、県会議員時代（１９５５～59年）には、県政の改革を志す有志議員11人が結集して「革新議員連盟」をつくり、堀込はその委員長に選出されている。同議員連盟は、憲法第92条および地方自治法に謳われた精神を、県政に活かし根づかせる目的を掲げて設立された。知事は社会党の林虎雄だった。当時の県財政は悪化の一途を辿り、1955年度の一時借入金は40億円を超え、支払い利息は4000万円を超える状態であった。

もっとも、これは長野県に限ったことではなく、全国的に地方財政は逼迫していた。そこで国は「地方財政再建促進特別措置法（地財法）」をつくり、林虎雄県知事はこの適用を受ける議案を県会に提出する。革新議員連盟を代表して質問に立った堀込は、地財法の適用を受けることは、国の監督下に置かれることを意味しており、地方自治を謳った憲法に違反するとして「県政の自治性を維持し、県議会の審議権の自主性を守り、長野県政をして県民サービスの為に万全を期すべきである」と発言した（「県会報告」『神川』第99号、1956（昭和31）年6月30日）が、結果は堀込の意に反して、56年10月からの地財法の適用が決まってしまった。いいこと尽くめではなかったのである。

同じく県議時代の1956年9月に、神川村は上田市と合併した。その後、泉田村、神科村、豊殿村も上田市と合併し、同市は人口7万を超える地方中核都市に変容する。59年の上田市長選で、堀込は無所属の革新統一候補として名乗りをあげ、当選している。就任後の6月議会に敬老年金条例を上程する一方、翌年には児童自由画運動と農民美術運動に功労のあった山本鼎の没後10周年を記念して「山本鼎記念館」設立に尽力している。すでに金井正は亡くなっていたが、山本鼎から直接指導を受けた中村實が初代館長を、山越脩蔵が2代目館長を務めている。また、雇用対策として工場誘致にも力を注ぎ、さらに上田城址公園の公会堂跡地に市民会館を建設して文化活動の拠点づくりにも意を用いている。

(三) 菅平硫黄採掘反対運動と菅平ダム

こうして堀込は20年間の公職生活を通じて、一貫して教育・文化行政に傾注し、地方自治をこの地に根づかせるために尽力したが、その原点には「環境に盲従し現状に甘んじ之に執着していく他動的の態度」をかなぐり捨て、「不自然な発達をした今の世の中の組み立て」を「改造」しなければならないという青年時代の決意があった。また、社会の「改造」は、「理念の世界と現実の世界とを統一」しつつ行われるべきものであって、戦前の保守政治家が考えたような「皇室中心主義」の「改造」でも、戦前・戦後の社会主義者が念頭に置いたような「革命」によるその「改造」でもなかった。そして、堀込の志が文字どおり全面開花したのが、1952（昭和27）年6月の菅平硫黄試掘事件だったのである（以下の叙述は、堀込藤一『神と人々の水』銀河書房、1987年を参考にした）。

菅平十ノ原地区で北信鉱業所による硫黄の試掘が開始されたとの報が届くと、堀込は直ちに神川流域の10人の市村長に呼びかけ、試掘を中止するための「菅平鉱毒対策委員会」を結成して委員長に選出された。神川上流での硫黄採掘に対する反対運動は、堀込にとって、流域住民10万人の安全な飲料水と農業用水とを守るための「生存権」に係わる不可避の運動であった。

したがって、先の引用でいえば「理想なき生活」と「自覚なき生活」を自ら脱却し、意識的に地域の暮らしを守るための生活者の「団結」を促しながら、自らがこの運動の最前線に立って闘うということになる。

もちろん、採掘企業に対する公害反対運動には、しなやかで粘り強い精神が求められる。そのため、運動方針を決定し、水質調査を実施し、陳情のためには関係省庁に出向き、反対署名を集め、折にふれて住民大会を開催するなど、組織的な活動が積み重ねられた。しかし、予想されたことではあるが、それは必ずしも順調に進んだわけではない。それでも、この運動は、取り纏め責任者堀込の尽力によって、一進一退と文字通りの紆余曲折との末、当初の目標を達成して終焉を迎える。運動開始から1年5か月後の1953年10月に、採掘地を鉱区禁止地域とすることが官報に公布され、堀込を委員長とする「菅平鉱毒対策委員会」は全面勝利を手に入れることになったからである（時報『神川』には、1952年8月の第60号から流域「十萬住民の完全な勝利！」を伝える53年10月の第73号まで、詳細な経過が掲載されている）。

神川水系10万人の悲願が叶ったことを伝える『神川』紙上で、堀込は次のように記している。

「此処に至るまでには地方並びに中央の幾多の有力者の絶大なる援助を得たのであるが、しかし問題解決の原動力は何と言っても地元住民の不退転の決意と団結の力とであると私は信じている」（「鉱害

神川

鑛區禁止地域に指定 土調委の裁定

十萬住民の完全な勝利！

=遂に悲願かなった菅平鑛毒問題=

『神川』第73号（左）、住民大会（右）

問題の所感」『神川』第73号)。

確かにそのとおりであったが、住民の「不退転の決意と団結の力」を折にふれて引き出した堀込の影響力も軽視できない、いやむしろ重視すべきだと考えられる。

1952年7月9日に「対策委員会」は上田市営グランドで住民大会を開催している。その際に、同委員会は流域の上田市および10村ごとに、

「プラカード一枚だけを許可し、ムシロ旗などは一切持ち込まないようきびしく通達していた。いわゆる農民階級闘争、住民闘争でなく、生活防衛のための止むに止まれぬ住民一致の行動であることを、関係者に印象づけるためでもあった。それには大会が整然と行われ、一糸乱れぬ統制の下に、参加者が行動する必要があった」。「自由党、民主党、社会党、共産党まで、全政党の代表が勢揃いした。当初この運動を『一党一派に偏らず、全住民の純粋な運動にしよう』と性格づけた対策委員会の方針は、紆余曲折を経ながらも、ここに見事に結実していた」(堀込藤一前掲書、169〜171頁)。

ここに示されている運動体の組織運営論は、看過しえない要因を含んでいる。運動体が特定の政党、特定の階級のそれと見なされれば、「生活防衛のための止むに止まれぬ住民一致の行動」であることが薄められ、市民運動が階級闘争に取って替わられ、広範な層の結集が削がれてしまう可能性が高い。そうではなく、この「鉱毒」反対運動は、憲法第25条に規定された生存権、生活権を守る流域住民による「止むに止まれぬ」運動なのだ、というのである。勝利後の記者会見の席上で、委員長堀込は次のように応えているが、その発言こそこの運動の性格をよく物語っているように思われる。

「いかなる政治勢力、いかなるイデオロギーにもとらわれず、対策委員会の統率と緊密な連絡のもとに、全住民一致の思想にもとづいて行動した、ということが中央を動かしたと思います」(同前掲書、229〜30頁)。

このように見てくれば、これら戦後の堀込の思想と行動の原点を、若き日の青年団活動や自由大学の学習

活動に求めることは、あながち的外れとは言えないであろう。自由大学研究史の中でかつて問われたことは、自由大学での学びを通して身につけた「社会的教養」を、その後「どう発展させ、どのような人間像をうみだしたか」を明らかにするという課題であったが、これまで垣間見てきた堀込の思想と行動は、その問いに対する差し当たりの回答の1つと見なしうるものである、と言ってよい。

　自由大学の教育理念の中には、「思想の自由」を前提にした「（特定の）思想からの自由」が含まれていたが（拙稿「自由大学運動の歴史的意義とその限界」『経済志林』第74巻第1・2合併号、2006年8月、180〜188頁参照）、堀込が公害反対の住民運動をはじめ戦後の行動の中で最も重視したもの、それは地域の暮らしと文化に関わる運動が特定の政治団体によって分断されるのをいかにしたら回避できるか、という点であった。個人の「思想の自由」を大前提としながらも、教育機関としての自由大学がさまざまな思想を批判の対象としたように、堀込は、生活者主体の住民運動においても、特定の組織や思想から相対的に独自な立場の堅持を求めたのである。その意味で、戦前の農民組合運動とも、総動員・総協力の「自力更生」運動とも、その思想と行動とを異にしていた。

　言うまでもなく教育は「宣伝」でも「教化」でもない。金井正が指摘しているように、「教育の要諦は、被教育者が将来現実的に遭遇する万般の場合を処理すべき実例を一々枚挙して教え込むことにはなく、少数の一般的知識を基礎として、無限に遭遇する特殊の場合を、その知識内に包摂する能力」、換言すれば「疑問を提起する能力」（とその解決能力）の涵養にある（「教育に関する雑感」1934年12月、大槻宏樹編『金井正選集』148頁）。しかも、教育は「自己教育」が基本であり、教育者は被教育者の潜在的な「疑問を提起する能力」を引き出す支援者でしかない。

　それゆえ、自由大学がさまざまな知識を「教え込む」教育ではなく、「少数の一般的知識を基礎として」「疑問を提起する能力」を涵養する教育を理想としたとしても、その教育理念を受容するも拒否するも受講者の判断に委ねられている。教育者は、あくまで「自己教育」の支援しか行いえないからである。

堀込藤一の著書『神と人々の水』（左）と『清冽なる流れ「神川」と生きて』（右）

なお、鉱毒問題が解決して以来の懸案であった菅平ダム建設とその関連の土地改良事業は、２度目の県会議員時代（１９６３〜67年）の66年に着工し、68年には鉱毒から守った神川の水を活用するダムの本体工事が完成している。菅平ダムの完成によって、神川水系の村々は、水田灌漑による水不足の解消ばかりでなく、畑地灌漑による巨峰、桃などの果樹産地に成長し、飲料水の確保、農業用水路の整備も進んだ。しかも、繰り返し計画断念の危機に見舞われながら、ダム建設資金の捻出を可能にしたのは、その後全国的に有名になった「菅平方式」と呼ばれる手法であった。それは、財産組合が所有している山林の一部を県に無償で提供し、別荘地を造成して売りに出し、その利益を地元負担金に充てるというもので、この「菅平方式」の導入は資金不足を一挙に解決する妙案だった。

土地の古老たちの間で、今でも堀込義雄は「神川の水を守った村長さん」と親しみを込めて話題にされることがあるという。

読者の求めに作家が応えた時に新読者層が生まれる

【再建第２期第１回】１９２９（昭和４）年12月６日（４日間）
高倉輝「日本文学研究」（28人）海野町公会堂

【再建第１期第１回】の項で指摘したように、『自由大学研究通信』第３号には新たに変更された情報が含まれている。２回目の高倉の講義に関しても同様である。１９２９年３月９日付『上田毎日新聞』には、「上田自由大学は来る14日より16日まで三日間海野町集会所に於（い）て高倉文学士の日本文学史（ママ）を開講することに決定」したとある。しかし、３月14日付の同紙には「14日より三日間の予定であったが講師の高倉氏及会場の都合により一先ず延期に決定」とある。そして九ヵ月後の12月５日付の同紙には、テーマが「日本文学研究」に、日程は「12月６日より８日迄」と通知されている（『自由大学研究通信』６頁）。

また、本書でお馴染みの中沢鎌太は、高倉の講義を、次のように好意的に評価している。

「（12月６日）海野町の公会堂ニ自由大学が開かれこれニ参る。高倉輝先生の日本文学史（ママ）である。参るときは年老いた為めか〔辛いヵ〕思いであったが、参って見れば中々愉快であった。高倉先生の話は実ニ面白く且分り易い。（12月７日）今日は工［具］合もよからず午前は休息していた。午后は堺利彦氏の演説を聞きに参る（公会堂へ三一郎氏と共に）。晩は自由大学ニ参る。９時少し過ぎ帰る（自転車ニて）。（12月8日）晩は自由大学へ参る。今晩迄と云うのであったが明晩迄やる筈だった為め未了であった。（12月9日）今日も自由大学へ参る。終了した。今晩は少し遅れて参った。茶話会があった。９時過ぎニ帰る」（前掲「中沢鎌太日記」前掲『自由大学研究』48頁）。

しかしながら、前回の講義と同様に、講師を務めた高倉の回想や中沢以外の受講者の評価は入手できなかったため、ここでは高倉の『思想』連載論文の後半部分の主張を、以下に再現しておきたい。というのは、多田の「真に独創の名に価する発想」を含んでいたという高倉への評価は、連載論文の前半部分しか対象にされていないからである。後半では主として「国語・国字の問題」が検討されているが、現時点ではともかく論文執筆時には一部を除き「独創」的「発想」が含まれていた、と考えられるからでもある。

口語体で書かれた二葉亭四迷の『浮雲』は、高倉によれば、日本の「資本主義的な作品の」および「表現様式の」最初のものであった。「『士族的』なことばや文字」を使いながら、「文学の大衆化を叫ぶ」ことは、滑稽なことだと高倉は考える。したがって、小林多喜二が「画期的な名作『不在地主』」を書く際に、「作品の書き方からして、か〔変〕えて行（ママ）かねばならない」はずだったが、多喜二はその「事実に、気がつかなかった」と指摘する（『新文学入門』51～57頁）。

「文学読者層」は、「編成がえ」されて初めて「新しい読者層として、成立する」。その編成替えを行なうものが、作家の手になる「文学の作品」である。つまり、高倉によれば、作家が読者の「もっとも要求する『書き方』で、表現する」時に初めて、読者層の編成替えが行われる。「それこそが、文学の大衆化であり、文学の発展」である。現代の作家に、「国語・国字の問題にたいする、ただしい見通しと方針が要求されるのも、まったく、このためにほかならない」というのが、高倉にとって独自の判断である。

そこで高倉は、次のように続ける。士族の言葉ではない自分たちの言葉こそが、「もっとも進んだニッポン語」であり、それを基礎としてのみ、「将来の標準ニッポン語お（ママ）確立することができる」。それが「国字」問題を解決する「最大の第一歩」となる。したがって、

「表意文字」である「やばんな漢字」に比べ、「口から耳へと」「音」をベースに伝わる「生産者大衆のことば」は、「表音文字」として「もっとも進んだ、ローマ字で書きあらわすのに、もっとも適したものである」(『新文学入門』59～62頁)。

最後のローマ字を日本の「大衆の文字」とする主張に至ると、多田道太郎が意識的に高倉の連載論文の前半だけを評価の対象にしたことも解らぬわけではない。しかし、そのローマ字国字論の主張を除けば、妥当な指摘からなる主張と見做しうるため、多田とは異なり後半部分の見解にも敢えて言及した次第である。

なお、泉田村の初代青年団長を務め、再建自由大学の運営に尽力した石井清司（１８９７年生まれ）は、１９７９年に戦後の後日譚を次のように記している。

「すでに60年も昔のこと、しかもその間軍閥、財閥の盲動‐敗戦とあまりにも大きな衝撃に自由大学どころではなくなったのでした。(平和と学びは一体。しかし平和の有難味を忘れ、自己教育・協同学習を怠りがち。)」「冬の最中往復三里（12㎞、片道６㎞）の道を自転車でよくも通ったと思います。……山越、猪坂の両氏が昭和に入って諸事情から手を引かれ、止むなく高倉さんの支えで堀込（義雄）君が主任、山浦（国久、神川村出身）君が庶務会計を引き受け、私も時たま相談相手になって何とか続けましたが、時代が大きく変り経営も困難になり、しまいには講師への謝礼もおぼつかなくなりました。そうかと云って殆んどただでやって下さって居る高倉さんだけに頼るわけにも行かず、又高倉さん自身も講師の斡旋には随分頭が痛かったようです。……その後昭和27（１９５２）年夏頃、山浦君から自由大学当時の借金が残って居るが、と相談をかけられ、堀込君と三人で借金払いをして何もかも終りにした訳です」(『自由大学研究』別冊２、11～12頁)。

石井の言う「自由大学当時の借金」は、『会計簿』に記載されている「佐藤嘉三郎氏より借入１００円」の一部を指すのであろう。佐藤嘉三郎は、塩尻村にある藤本蚕業㈱社長の長男で、『塩尻時報』の編輯人として同『時報』に数多くの記事を書き、猪坂直一の『小山邦太郎の足跡』(小山邦太郎先生伝刊行会、１９７９年）にもその名が頻繁に登場する人物である。自由大学を受講した記録は、残された『会計簿』には記載されていないが、佐藤は『自由大学雑誌』は定期購読している。また、１９２７～29年には、塩尻村長の役職にも就いている。

佐藤から借入れた１００円の一部、【再建第２期第２回】の収支差引不足分の14円53銭を借入金で当てて、残金85円47銭のうち80円を「神川組合へ貯金」して、端数の５円47銭を「手元へ」残した、という経過を辿ったようである。石井は山浦から「相談」を受けているので、神川村の山浦が「貯金」と残金管理をしていたのではないかと思われる。

なお、石井清司は、泉田村青年会長、小県郡連合青年団副団長、団長を務めた教員で、２年間の中断後の再建自由大学の発起人の１人。『泉田時報』創刊号の巻頭言を執筆している。また山浦も、石井、堀込とともに、再建自由大学の発起人の１人である。山浦については、拙稿「上田自由大学受講者群像（２）――山浦国久、石井泉の軌跡」『自由大学運動の遺産と継承――90周年記念集会の報告』（前野書店、２０１２年）を、また堀込については、拙稿「上田自由大学受講者群像（１）――宮下周、堀込義雄の軌跡」『長野大学紀要』第33巻第２・３合併号（２０１２年２月）を参照されたい。

聴講者たちは「面白い」と感じ「感激」もしたようだ

【再建第２期第２回】１９３０年１月24日（３日間）
安田徳太郎「精神分析学」（44人）海野町公会堂

安田徳太郎と山本宣治と高倉輝、３者は縁戚の関係にある。――徳太郎の父（徳次郎）と宣治の母（多年）は姉弟、輝の妻（津宇）と徳太郎は兄妹である。したがって宣治は徳太郎の従兄、輝は徳太郎の義弟にあたる。輝の妻つうは、宣治を幼い頃から「兄さん」と呼んで育ち、何かと頼りにしていたという。なお、昨年、安田徳太郎の子息一郎が書き残した徳太郎の伝記を、孫（宏）が出版した（安田一郎『ゾルゲを助けた医者――安田徳太郎と〈悪人〉たち』青土社、２０２０年）。

また、安田徳太郎には、山本宣治に関して以下の２論考がある。「山本宣治」『思い出す人びと』（青土社、１９７６年）８～25頁。「山本宣治と私」『二十世紀を生きた人びと』（青土社、２００１年）37～89頁。

安田の講義を受講した深町（旧姓三井）広子（１９

泉田時報
泉田時報發刊に就いて　石井清司

『泉田時報』創刊号

０５～１９８７）は、

「大学教師という偉い人の話を初めて聞いたのですが、精神分析という言葉自体を知らなかった。それがこの講義を聞いて非常に感激したのです。その講義のお話の中で、夢の解釈というときに、夢に色がないと先生がおっしゃったのに、私はぼたん〔牡丹〕が好きだからぼたんの色なんかはっきりみちゃうんです。……どういうわけなんでしょうと先生に聞いたら、『それは願望の成就だ』と、おっしゃいましたこともおぼえています」（『自由大学運動と現代』信州白樺、１９８３年、29頁）。

また深町広子は、『自由大学研究』別冊２（自由大学運動60周年記念誌、12～13頁）の中で、次のように述べている。

「自由大学へ行ったことは、私にとって一生を左右することになりました。私は生きて行く世の中で何が正しいか勉強して知る必要を覚えたのです。……知識のない自分はどう勉強して行けばいいのか考えてみた。そこで高倉先生を訪ねたのです。『人生って長いものだ、勉強しましょ』と言って下さいました。先生からすすめられた本は何度も読み返してわかるまで手間どったものです。複雑な世の中の見方その立場をわからせてもらったのです。自分の生き方も自分なりにわかりました。

深町広子〔上下とも〕

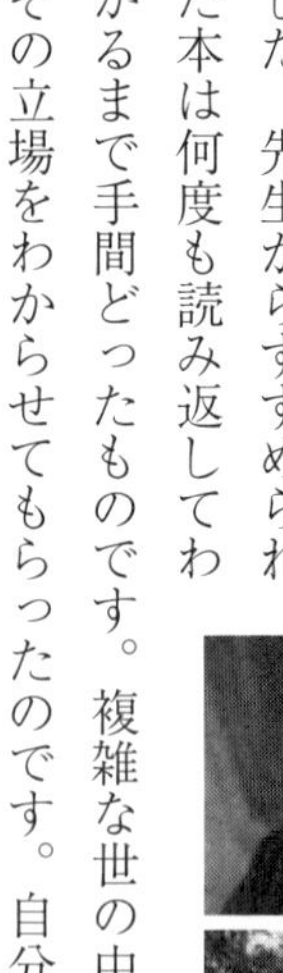

先生から文学を通してその時代を見ること考えることも教えて頂きました。

ろくなものも書けない私は書くことより、まずよい読者になろうと考えたのです。素晴らしい読物はいくらでもあって実に心ゆたかになりました。

高倉先生に教えて頂くようになったはじめは、私が自由大学へ行ったことにあるのです。

デモクラシーの時代、進歩的だと思ったことが現在ではごく普通のあたりまえのこととなっています。そのころ苦心してわかった先生方の講義は、現在では常識のようになっていることです。デモクラシーの時代があって現在あってと、いろいろ思い返へしているところです」

また、中沢鎌太は、初日の講義の感想を次のように記している。

「二時半頃集会所の区長の引継ぎに立ち会う。日暮れ二いち早く帰り、晩餐后自由大学へ参る。京大の講師安田徳太郎氏の「精神分析学」の講演である。診〔珍ヵ〕らしい学問だと面白く聞いた。……」（前掲「中沢鎌太日記」49頁）。

（補論2）金井正の「教育」に関する思索

［一］　金井が、農村の副業としての農民美術運動に心身ともに精力を傾けていた時期は、彼が信濃（上田）自由大学の参画に関わり、既成の教育観や学校教育の現状や教師の実態などに対して歯に衣着せぬ批判の矢を放っていた時期とも重なっている。1921年に公表された論稿「二つの催青」において、金井は「〔農民美術〕練習所は産業美術の練習所であると共に、自分達にとっては一種の教育研究所である」（『芸術自由教育』第1巻第6号、1921年6月、53頁）と述べている。つまり農民美術運動は、金井にとって「一種の」教育運動であり、それは手工芸教育を含む学校教育とも、また主として農村青年や教師を対象とする自由大学運動とも共通点をもつ「教育」運動であった、と考えることができる。

それでは、「教育」と「教育者」とに対して金井はいかなる考えを有していたのか。その検討を進めるに当たって、まずは「教育」に対する基本的な考え方を確認しておきたい。

一般に教育といわれている行為を、金井は次のように説明している。

「人は誰でもいいものをもっている。ただそのいいものを導き出す緒口が誰でも（共通）には与えられていない。またすべての人が自分のいいものに気づいているとは言えない。教育ということはこのいいものを導き出す機会を与えることと、銘々のもっているいいものに気づかせることだ」（前掲誌、同頁）。

金井は、「教育」を一方向的な既成の知識の伝達、外部からの知識の注入とは考えて

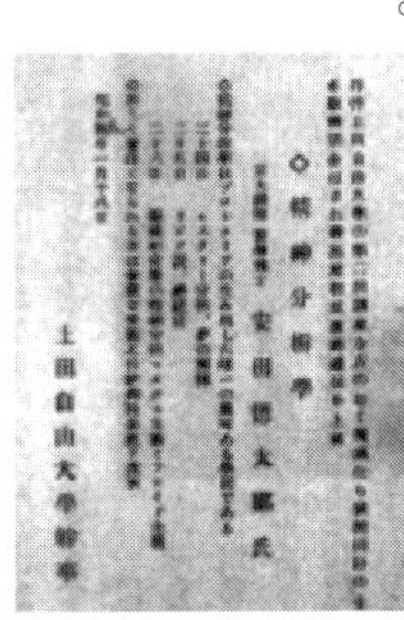

安田徳太郎（左）、講座案内（右）

いない。むしろ、「（各）人は誰でもいいものをもっている」という判断を前提として、その「銘々のもっているいいもの」を「導き出す」行為、あるいはその「いいもの」に「気づかせる」行為、それが教育だとみなしている。重要なことは、各人の「いいもの」を引き出し「気づかせる」のは教育者であるが、それに気づく主体は学習者であるから、教育とは本来は自己教育のことだ、と金井が認識している点である。

　また、別の論考において、「初等教育の第一の任務」として、「児童の意識に将来に適応する力ある種子を播くこと」を挙げている。将来への適応力を涵養するためには「言語の意味内容を厳密に規定することによってのみ理解しえられる理論的文章の理解を授くること」、それが「児童の思想力を発達させる有力な方法である」とも指摘している。ここでも、教育の「任務」は、「将来に適応する力」の養成、換言すれば「言語の意味内容を厳密に規定する」力の涵養を通じて「思想力を発達させる」ことにある。単に「知識を授くる」にとどまらず、知識を活用して「思想力」や「思惟の力」を培うことだ、と認識されている点が特徴である。その上で、児童が「精緻なる思惟」を身につけるための、「理論的文章の理解を授くる」ことの必要性が強調されているわけである（「教育に関する雑感」（木曜会談話の草稿）１９３４年12月。大槻宏樹編、前掲『金井正選集』１４１～１４２頁）。

（木曜会は、金井が、洋画家で農民美術の講師であった倉田白羊や渡辺進らと１９３４年に設立した社会問題研究会の名称。戸坂潤が渡辺進の学友であることから、１９３６年に戸坂を招いて研究会を開催している。時報『神川』第１０５号には戸坂の「科学、文学、道徳」が掲載されている。）

　金井は「知識を授くる」ことそれ自体を、否定しているわけではない。しかし、知識を「百科全書的に網羅して」教えることはそもそも不可能であるから、「一事を確把して、その基礎の上に万般の特殊を解決する能力」を養うことの方が重要だと考える。具体的には「鍵の型が千差万別であり、又絶えず新しい型が出て来るのに対し、その型の個々を洩れなく知悉（ちしつ）すること」は「不可能」であるから、「むしろ二、三の型を知ることによって鍵の原理を会得する」ことが「先決の問題」である、と判断しているのである（前掲『選集』、同頁）。

〔二〕　教育を、単に「知識を授くる」行為とみなす

ならば、教育者と被教育者の主客が転倒することはない。教える人と教わる人は常に固定され、両者の立場が逆転することはないからである。しかし、金井は、眼の前に存在している生徒から「教えられる」教師こそが、本物の教師だと考える。「いい教師は『教える』という言葉を忌む」。なぜなら、いい教師は、「人の中から出てくるいいものによって絶えず教えられるからだ。生徒から教えられる教師にして初めて真に生徒を教えることができる」（前掲「二つの催青」53頁）。

眼前の児童から教えられるためには、しかし、よき観察者にならなければならない、と金井は考える。何のために観察するのか。教育効果を自ら測定し、授業案を改善するために、である。「教えられるということは、それ自身一つの大切な教養」であり、教師は「児童の現実を知悉し、児童に導かれ、児童に教えられつつ、教授の具体案をあむ謙虚な精神」をもたなければならない。

「教育効果の検討なくして、日々の教授を過すのは、自分の卵から何が孵化するかを顧みない鵞鳥主義」である（前掲「教育に関する雑感」『選集』144～145頁）。

要するに、金井によれば、教師の教育力とは、生徒の理解度を観察し、自らの授業の教育効果のあるなしを「児童に教えられつつ」的確に把握し、授業内容と授業方法の具体的な改善案を不断にひねり出す能力、ということになる。

しかしながら、当時は「教育効果の検討」に潤沢な時間を費やす教師など、現実にはそれほど多くはなかった。「農村子弟の大多数にとっては、小学教育が教育および教養の最後の」機会であるにもかかわらず、ひたすら「知識の断片」が一方的に、しかも「無連絡に」与えられるに過ぎなかった。本来ならば、将来の「生活に真に役立つ理論」が提供されなければならないはずである。教師は脈絡のない断片的な知識の伝達者に止まり、児童の理解度の観察に手間暇をかけることなど、殆どないというのが実態であった（「農村における技術と教育」（初出『唯物論研究』第

農民美術練習風景（左上端に金井正）

35号、１９３５年9月)、宮坂広作編『社会的形成論』国土社、１９６９年、２０７頁)。

なぜ、そうなるのであろうか。

そもそも「生活に真に役立つ理論」が提供されるためには、知識と労働や産業とが緊密に結びついていなければならない。ところが、一方で、教師の多くは「産業的経験を欠き、特恵的生活に馴らされて」いる。そのため「知識が産業によって験証せられず、又産業が知識によって指導せられずして、両者が分離して対立」したままに放置されている。その結果、農村には「知能的勤労が尊敬され、肉体的労役が軽蔑される風潮が醸成されて、猫も杓子も俸給生活を夢みて、農村の苦役生活を回避せんとする」由々しき事態が生じている(「子弟の教育に就て父兄の反省を促す」『神川』第87号、１９３４年12月１日)。

金井は、知識と産業・労働・生活とを結びつける努力を、教師たちが回避している点を根拠に、彼らの教授法に磨きをかける職業的プロ意識の希薄さと、充分な時間を割く努力を怠り、易きに流れる風潮とを、両面批判しているわけである。

また、教師たちの殆どは「農村の実生活の指導にまで足を踏み入れる」ことはなく、したがって「物の生産に関連して生じてくる各種の社会関係に関する知識を吸収する機会をもつ」こともない。そのため、「形式的な知識に具体的な内容を与える」ことができない(「主婦会処女会にお願いがある」『神川』第98号、１９３５年11月１日)。本来、教師は、教科書に書かれている「形式的な知識」を、生活や労働や産業などと結びつけ「具体的な内容」を盛り込んだ実質的な知識に加工して、それを児童に提供しなければならないはずである。しかし、金井によれば、教師たちは「実生活の指導にまで足を踏み入れる」努力を怠り、結局は「生活に真に役立つ理論」として提供されることはない。

その結果、学校で学んだ知識は往々にして「死蔵」され、「身体に定着した知識」にはならない。教科書に記されている「形式的な知識」は、教師が生活や労働などと結びつける工夫をすれば、「応用の範囲の狭いものではない」。例えば「家畜の栄養は人間の栄養と極めて類似の点があり、飼料配合の計算は、我々の実生活に必要となってくる算術の範囲である」(「学校に於ける勤労奉仕の意義」１９３９年7月、『選集』２３７頁)。また、「加減乗除」や「比例」などを一通り学べば、「日常普通の生活事象の数的処理に於いて余り困惑しないで済む筈である」。しかしながら、現実は必ずしもそうなってはいない。

なぜか。その理由は、「算術の問題が教授に便宜なる抽象的形態に於いてのみ与えられて、実践的具象的形態に於いて与えられて」いないからである。もう1つの理由は、「現在の教育方針が実践との連結が希薄である」からである。そのために、「授けられたる知識が生徒に定着しない」。学んだことが「死蔵」されるのは、いわば当然のことだ、と言うのである。

「教師が……自己の教育の効果に細心の注意を払うならば、授業を実践と連結させる方法は、次々と発見される」はずである。しかし教育現場は、そうなってはいない。「教育効果を実践によって検証する」ことと、「教科を実践と連結させる」こととは「表裏の関係をなす」にもかかわらず、両者の関係を認識している教師は圧倒的に少ない。それが、学校で学んだ知識が「生活に真に役立つ」「身体に定着した知識」にならない最大の理由である、と金井は考える（「科学的教育に就て（ロ稿）」1940年、『選集』255頁）。

ところで、一方で「肉体的労役が軽蔑される風潮が醸成」され、他方で「物」を重視して「人」を軽視する風潮が蔓延した責任は、一体どこにあるのであろうか。あるいは、1927（昭和2）年に勃発した恐慌以来、農村は窮乏に陥っているが、その原因と農民の〝もの〟や〝かね〟を重視する風潮とは、関係があるやなしや。また、農村の窮乏を救済し村の財政状態を改善するために、教員給与の減額や学級の整理を求める声が挙がっているが、教育費の削減に繋がるその要求は、妥当な要求と言えるであろうか。

これらに対して、当時、信濃教育会の専任幹事であった岩下一徳（1888～1948）は、『信濃教育』に寄稿した論考の中で、以下のように述べている。

農村を「今日の窮乏に陥れた重大な一因」は、「経済生活が精神生活と切り離され」、「経済活動が道義信念を基調として運営」されてこなかったことにある。農業政策は、明治以来「生産中心から経営本位へと推移」したが、「それは物品から貨幣へ」変ったに過ぎない。「両者とも『物』を本位とすることに変りはなかった。農民という『人』が、

書斎でくつろぐ金井正

社会生活の裡にあって、物質を基調とする態度を改めない限り、その生活が安定すべき筈がない」(「農村経済更生運動と教育との関係」『信濃教育』第５８９号、１９３５年、３頁)。

岩下によれば、農村の窮乏の原因は、物や貨幣を重視して「精神生活」や「道義信念」を軽視する「農民」の「態度」にある。その点を改めない限り、農村経済更生の効果を上げることはできない。にもかかわらず、現在の農村では、農民の「精神生活」を改める主張よりも、むしろ「教員の平均給を減らしたり、学級の整理を行ったり、……教育施設を後回しにしたりする」「見当違い」の主張が行われている(同前、４頁)。

こうした岩下の見解に対して、金井は真っ向から批判を展開する。「今日の窮乏状態」の原因は、「経済生活」が「精神生活」と分離している点にある。しかし、そうした事態をこれまで放置してきた責任は一体どこにあるのか。「教育の具体的方法の無力」こそが、そもそもの問題である。その責任の一端は、農民だけではなく、教育界も負うべきである。

「農村人の立場からいえば、『物』を重んじて『人』を軽しとする農業生活によって動くのもまた『人』であり、この『人』の犯す過誤を修正することこそ、『人』を対象とする精神的教化の立場にあるものの主要任務である」はずだ。教育者が「人」の犯す誤りを正すという任務を怠ったがゆえに、物質偏重の悪弊が蔓延したわけであるから、農民が「教育者の所謂精神教育の無力、無能」をあげつらうのも、充分に理由のあることではないか。「過去の教育に不信頼の念」を農民が抱き、また「教育費を節約しようというような不了見」を抱かせた「罪の一半は、教化者の側にもある」(「経済更生と教育――岩下一徳氏の所説に関して(上・下)」『信濃毎日新聞』１９３５年12月16～17日、「学藝」欄)。

金井は、この反論を寄稿した当時、神川村の助役であった。理事者としての金井にしてみれば、教育者が「過去の教育方法の過誤」を真摯に「清算」することなしに、村民に向かって「教育費の増額を提案」することはできない。提案する以上は、教育費の「増額が失費として消え去るものでないことを村民に信念を以って説明」しなければならない。そこで、岩下に対しては「如何なる新具体策を以って、過去の教育方法の過誤を清算されんとするかを傾聴したい」と真正面から迫ったのである（同前）。もちろん金井は、信濃教育会の重責にある岩下から、新しい「教育方法」の具体策が出てくるとは、恐らく考えてはいなかったはずである。しかし、教育内容および教育方法の改善策をもたない「無責任体制」は、現場の教員だけに止まらず、長野県の教育界を束ねる組織にも蔓延していると確信したが故に、敢えて信濃教育会の実力者に対して、期待した回答の殆ど望みえない鋭い批判の矢を放ったのではないかと思われる。

〔三〕児童教育の要点が、「開智」すなわち「智恵を開く」ことである限り、それは自学自習を前提とする自由大学のような社会教育の学習論にも共通する。金井によれば、教育とは自己教育のことであり、自己教育とは、学習者一人ひとりの探究心に基づいた「分かろうとする努力」のことであり、判断を中断しない積極的な生活のことである。「分からない」ことと「価値がない」こととの間には雲泥の差があるとして、金井は次のように述べている。

「分からない」ということは、対象に対する「価値判断を中止」して「断定することができない状態」を指す。それに対して「価値がない」ということは、「積極的な態度をとり、それらを無価値なものと断定する」ことである。「わからないことをわからないこととして放置しない探究心」、「現在は分からないが、これから分かるようになろうとする努力を包んだ心境」、それが「判断生活に於ける暗黒時代」から「光明」を導く大切なことである、と（『わからない』と言うことと『価値がない』と言うことと」『選集』１０３～１０４頁）。

「判断生活」という表現は、いかにも金井らしい。確かに我々の生活は、折に触れてさまざまな判断を迫られる。肯定・否定を問わず、また明確に意識する／しないにかかわらず、「価値判断を中止」していたら生活は成り立たない。創刊直後の時報『神川』の企画「神川村に望む」の中で、金井は編集部の求めに応じて、次のように回答している。

「正しく判断し、不義に憤慨し、悪意なき誤まりを恕(じょ)しうる人々の輩出する事を望む」と（『神川』

第2号、1925年）。

確かに「判断生活に於ける暗黒時代」にあっては、「不義に憤慨」することも、「悪意なき誤まり」をそれと判断し赦(ゆる)すこともできないであろう。

ところで、児童教育にも自由大学のような社会教育にも通ずる「教育の要諦」とは何か。金井によれば、それは課題解決能力、疑問提起能力、思考力・思惟力などの涵養にある。

金井はまず、「教育の要諦は、被教育者が将来現実的に遭遇する万般の場合を処理すべき実例を一々枚挙して教え込む」ことではない。むしろ「少数の一般的知識を基礎として、無限に遭遇する特殊の場合を、その知識内に包摂する能力を養う」ことだ、と述べている。注目すべきは、金井が「少数の一般的知識」は必要だが、「万般の場合」を「教え込む」必要はないし、それはできないと考えている点である。教育とは「少数の一般的知識」の内に「無限に遭遇する特殊の場合」を「包摂する能力」を養成することだからだ。

その上で、その能力を「疑問を提起する能力」とも言い換えている。しかも、この「疑問を提起する能力」さえ備わっていれば「特殊の場合を解決すべき個々の知識内容を獲得する途は自然に啓(ひら)かれて」くるというのが金井の判断である（前掲「教育に関する雑感」『選集』148頁）。先に紹介した鍵の例、つまり「二、三の型を知ることによって鍵の原理を会得する」ことができれば、「特殊の」課題に遭遇しても、それを「解決」するための「知識」を自力で「獲得する途」を拓くことができるし、「少数の一般的知識」を介して、将来「無限に遭遇する」課題を「処理」する能力、つまり課題解決能力や疑問提起能力を自ら開拓することができると言うのである。

したがって、例えば哲学を学ぶ場合に、「先人の思惟方法を絶えず自己の課題に応用し、それを解決することによって、その方法の成否を験証する」という学び方、それが大切だ。時代とともに課題は移り、「新しき時代には新しき課題が」登場するが、「先人の原理、方法を受け継いで、この新しき課題を解決する所に」、学問を学ぶ「真の効用がある」（同前、『選集』156～157頁）。

（左から）山越脩蔵、金井正、西田幾太郎

自学自習の学習方法として、正鵠を射た指摘と言えようが、金井が「享楽用、装飾用」にしか役に立たない学び方にわざわざ言及している点には留意すべきであろう。それというのも、この時期の農村において、自己教育の機会を充分にもっていたグループこそが小中学校の教師たちであったが、彼らの多くは「定義病、結論病患者」に過ぎず、「一つの概念の内容が、長い理論の展開の経路によって初めて明瞭に規定されるのを、忍耐強く思考する」といった訓練を忌避するような社会層とも見られていたからである（「農村における技術と教育」前掲『社会的形成論』206頁）。

ここで教師たちに欠如しているとされる「忍耐強く思考する」力、すなわち論理的な思考力とか思惟力といわれる能力の養成も、学校教育や社会教育に共通の教育の目的である。「教育の要諦は個々の内容的知識を与えるよりは、むしろ知識そのものの本質を把握させることにある」（「教育に関する雑感」『金井正選集』149頁）と考える金井にとって、教師自身が「知識そのものの本質」を「忍耐強く思考する」力をもたない限り、生徒にその能力を涵養することはできない。つまり「教師自ら思惟することを学ばずして、生徒をして思惟することを学ばせ得ないのは当然である」ということになる（「科学的教育に就て（イ稿）」1940年、『選集』247頁）。

したがって、学校教育にも自由大学のような社会教育にも通ずる「教育の要諦」とは、新しい問題に直面しても自らの判断で切り抜けられる課題解決能力、疑問提起能力、思考力・思惟力を、自らの力で、あるいは教師や講師の支援を受けながら自らのものとして骨肉化すること、つまり自己教育力を高めること、ということになる。

「単なる博識は科学的ではない。それは記憶力の問題にすぎない」と金井は考える。じっさい、自由大学の講座に参加した農村青年や若き教師たちの殆どは、「単なる博識」を身につけるために集まったわけではない。むしろ「享楽用、装飾用」ではない社会的な能力、例えば「新しき課題を解決する」力、「疑問を提起する能力」、「将来起るべき事象を正しく予見する有用性」などの力能を自ら積極的に身につけるために、彼らは、身銭を切り時間を割いて自己教育の訓練（レッスン）の場を主体的、意識的に作ったのである（同前、

村長時代の金井正

246頁)。

[四] 金井の判断、すなわち「単なる博識は科学的ではない。それは記憶力の問題にすぎない」という判断には、世間一般の考える〈教養のある状態〉に対する批判的な立場が表明されている。一般には〈教養のある状態〉とは、「博識」つまり広く知識を蓄えた状態を指す場合が少なからずあり、常識的には〈教養人〉とは、物知り(物識り)のことと考えられているからである。

しかし、金井にとって〈教養のある状態〉とは、知識を〝もの〟として所有するレベルとは異質の状態を指している。後に見るように、〈教養のある状態〉とは、科学的、実験的、批判的立場を貫くことによって「思惟する」力を身につけ、「思惟の多方面」「多面的判断力」を身体に備えつけた状態を指している。そこで、その点をめぐる金井の言説を跡づけることにしよう。

すでに指摘したように、金井によれば、教育の要点は、教育者が「個々の内容的知識」を一方的に与えることではなく、むしろ学習者が「知識そのものの本質を把握」するところにあった。教育者は、被教育者(生徒・学生)に知識を記憶させるのではなく、知識の「本質」を生徒が把握できるように支援する必要がある。そのためには、教育者自らが「思惟すること」を学ぶ主体になる必要がある、と主張していた。

金井の眼に映じていた教師像は、「教育を社会から切り離し」、また「実習を実践から切り離し」て行われており、教育本来のあり方からは逸脱したものであった。つまり「故意に政治経済から目を覆い、教養をその根源に於いて培うことを避け、実行の難きを避けて易きに就く」、それが金井の眼に映じた教師の実像であった。したがって教育が「思惟の多面性をかち得ないのは当然である」(同前、251頁)。

ここで「教養をその根源に於いて培う」とは、どのようなことを意味するのか。すでに指摘しておいた点を改めて確認すれば、その内容は明らかになる。それは例えば、児童生徒に数多くの知識を与えるよりは、むしろ「知識そのものの本質」を「忍耐強く思考する」力が身につくように支援することを指していた。また、次々に登場する「新しき課題」に直面しても、その「解決」に必要な既存の「知識」を自らの力で「獲得する途」を開拓して、「万般の特殊を解決する能力」を培うことを指していた。さらには、「理論的文章の理解」を深めて「精緻なる思惟」の力、「将来に適応する力」を培うことを指していた。

繰り返しの「忍耐強（い）思考」や「精緻なる思惟」を通して得られるものはさまざまあるが、金井は、例えば「思惟の多方面」、すなわち多角的なものの見方・考え方もその一つであると考える。彼は「教師は自己の教養を豊かにして、自らの判断の一面性を克服し、之を生徒の教育に及ぼすべき」であると述べているが、「判断力の一面性」を克服した「多面的判断力」も、教養の一構成要素であるとみなしている（「科学的教育に就て（ロ稿）」１９４０年、『選集』２５５〜２５７頁）。したがって、さまざまな角度からの「精緻な」思考回路が備わっており、それらに基づいて自らの課題を思惟し続け、独自の判断を下せるような状態、それを金井は〈教養のある状態〉とみなしているのである。

ところで、金井には「理詰の人情」というユニークなタイトルをもつエッセイがある。「理屈では世間は通らない」という考え方があるが、理屈は「無用の長物」とは言えない。だから、実際には「理屈では世間は通らない」は「理屈だけでは世間は通らない」と言い換えるべきだ、とまずはその冒頭で指摘し、金井はそのエッセイを次のように続けている。

「理屈だけでは世間は通らない」とは、理屈に「何物かが加味されなければならぬ」ということを意味する。そこで、それを仮に「人情」としよう。人情を加味して初めて理屈が通用するならば、その理屈はそもそも通用性を欠いていることを意味するはずだ。したがって「世間的通用性は〈理屈の側ではなく〉人情の側にあった」ということになる。人情によって補わなければならない理屈も、かつては恐らく万人を頷かせる力量をもっていたはずである。ところが、世間の考え方や「情感」が変化したにもかかわらず、「世態人情の変遷から超越」していたために、世間に通用しなくなったのである。「常に正しく世間の状態を反映」している理屈は、万人を頷かせ「万人の行為の規範たる機能」をもつはずである。そこで、「理屈では世間は通らない」は、まずは「理屈だけでは世間は通らない」という表現に、さらに「理屈でなければ世間は通らない」という表現に、言い換えられなければならない、と（『神川』第１１２号、１９３７年、第２面）。

金井は言葉遊びをしているわけではない。じつは金井には次の2つの事実を確認しておく必要があった。1つは、「理屈が人情を包括しないのは、理屈そのものの本性からではなく、その理屈が既に過去のもので」「現在の人情に叶は（わ）ないからに過ぎない」という事実。もう1つは、「理屈でなければ世間は通らない」という厳然たる事実の確認、がそれである。

なぜそれが必要だったのか。当時、神川村助役であった金井は、屁理屈ではない、「現在の人情に叶」った「理詰の」理屈を、「実験的」態度を通じて獲得し、「変遷の激しい世間」で「多人数の共鳴を勝ちうることの必要を痛感」していたからである。このエッセイの中で、金井はその「実験的」態度を、「正確に〔現象〕を観察し、観察の結果から一つの結論を抽き出し、それによって将来の現象を予見し、その予見を事実的行為によって検証しようとする態度」と説明している（同前、第3面）。

この「理詰の」「実験的」態度と並んで、金井が重視するのが、「科学的」態度である。「今日の農村は経済的重圧のために喘いでいると謂われている。この重圧をとり除くために、如何なる槓桿（梃子）を、何を支点とし重圧物の如何なる部分を重点として選ぶことが必要であるか」。この「研究」に対して、「我々が空想的態度を脱するには」どうすればよいか（「偶感」『神川』第100号、1936年1月1日、第9面）と、提起する。農村の経済的問題を解決するには、「空想的態度」から「理詰の」「科学的」態度に転じて、現在行われている状況を的確に「観察」し、物事の核心を正確に掴んで行動を起こす必要がある、と金井は言う。

1935年9月から1年5か月の間、金井は神川村の助役を経験したのち、周囲から推されて37年2月から敗戦半年前の45年2月までの2期8年にわたって神川村の村長を務めている。助役になる直前に執筆した論考「農村における技術と教育」には、第一次世界大戦後の神川村の産業組合の経過が、以下のように述べられている。

村の産業組合では、「大正7（1918）-8年の好況時代に」行った「放漫な貸付金、売掛金」の「回収」の見込みが立たず、4―5年前（1930年頃）には「預金の支払停止」をせざるを得なくなった。そこで組合の理事たちは、金融機関から「資金の融通を受ける」ために、二代目組合長として「村一番の資産家」を選んだ。しかし、その資産家は、一代で「高利金融業で資産を残すような」人物であった故に、「自分に危険を及ぼすような保証責務を、そう易々と引受ける」人物とは思えなかった。その組合長は在任1年程で亡くなったが、案の定「自分から組合に融通した6―7千円を」「奇麗に回収」し、現在は村長が組合長を兼務しているが、それでも産業組合は、相変わらず「瀕死の状態」が続いている。

その歴史的経過を受けて、金井は、組合に対する批判的なコメントを次のように続けている。産業組合は「組合員の」組合というお題目を唱えるが、実際にはそれは「債務者」たる組合員のではなく、ごく一部の債権者たる「理事者の」組合に過ぎない。なぜなら、「債務者たる大多数の組合員」と「保証責務をもち且つ預金者の利害を代表する理事」とは、明らかに「対立せる利害」をもたざるを得ないからである。理事たちの関心の一つは、「自分達が保証責務を担っている、信用組合連合会や中央金庫等から（の）借入金を償却すること」、もう一つは「組合員の預金を幾分なりとも払（い）戻すこと」である。理事の大部分は「預金者階級」に属するから、理事のもつ二つの関心は「組合のためよりも、むしろ、彼等自身のため」でしかない（前掲「農村における技術と教育」、『社会的形成論』201~203頁）。

［五］以上のような手厳しい自身の産業組合批判を、金井は、村長に就任し産業組合長を兼任することになってから、どのように受け止めたのであろうか。

いわば外野席からグラウンドに向けて批判の矢を放っていた限りでは、自らの身に被害が及ぶことはない。しかし、産業組合長としてグラウンドに立った金井は、かつて自らが放った批判の矢を、どのように真正面から受け止め、いかなる手腕を発揮して産業組合に内在する課題の解決に立ち向かったのであろうか。世間に通用するような理詰めの判断力や課題解決能力が求められるはずであるが、果してそれは発揮されたのであろうか。

結論を先に指摘しておけば、金井はこの理詰めの論理

農民美術練習所　中列左端、堀込義雄。4人目から山越脩蔵、山本鼎、金井正（神川小玄関前）

的な課題の解決を、徹底的な情報の公開を通して果そうとした。しかも、この情報公開を通じて初めて、村民による「組合の内容に対する正確な認識」と、「組合の存続が村の産業に対してもつ重要な役割」についての「深い理解」とを、ようやく得ることができると考えた。つまり、情報公開なしには村民を説得することは不可能である、と判断したうえで、事実に対する「正確な認識」と「理解」をすべての組合員に求め、その説得に乗り出したのである（「神川産業組合の現在と将来――就任の挨拶に代へ（え）て」『神川』第116号、1937年4月15日）。

その説得の経過を辿ることは、金井正の教育論を紹介するこの補論のテーマからは逸脱することになるため、ここで閉じることにしたい。なお、この補論は、拙稿「金井正の思想と行動（1）」「同（2）」「同（3）」（『長野大学紀要』通巻126、129、130号、2012年11月、13年11月、14年3月）のうち（2）の一部を再録したものである。なお、先行研究として、柳沢昌一「自由大学運動と〈自己教育〉の思想」（大槻宏樹編『自己教育論の系譜と構造』早稲田大学出版部、1981年、所収）がある。参照されたい。

1930（昭和5）年3月　前年10月24日のニューヨーク株式市場の株価大暴落の影響を受け、3月1日から横浜生糸相場は大暴落。日本の生糸は、生産の8割が輸出で、そのうち95%をアメリカに輸出していたから世界恐慌の大波をまともに被ることになった。とりわけ蚕糸王国といわれた長野県の打撃は大きく、繭価は生産費の半値以下に落ち込み、争議が頻発し、失業者があふれた。前掲『信州の百年』235～257頁および『長野県の百年』205～207頁参照。

1930年4月　長野県連合青年団（県連青）の電灯料値下げ運動（『長野県の百年』212～216頁および拙稿「上田自由大学受講者群像（2）―山浦国久、石井泉の軌跡」『自由大学運動の遺産と継承』前野書店、2012年、90～104頁参照）。

1931年8月　日本プロレタリア文化連盟（通称コップ）結成。「新興芸術運動と青服劇場」『長野県の百年』221～224頁および保阪正康『農村青年社事件』（筑摩選書、2011年）参照。

1931年9月18日　満州事変勃発。山浦国久は『更生村浦里を語る』で「『われらの祖国ソビエットロシアを守れ』と称する如き、不届者たちを一朝にして愛国者に返らせた日だ」と書いているが、むしろ当時はまだ軍部の無軌道に反発する空気が強かった。『信州の百年』261頁。「満州事変から日華事変（1937年）へ」『長野県の百年』234〜261頁参照。

史跡　安楽寺の境内に建立された三つの記念碑

(1)「山本宣治／高倉・テル／齋藤房雄　記念碑について

昭和初期の大恐慌の中、上小（上田市・小県郡）農民組合連合会が結成され、小作料値下げ、土地取り上げ反対などの運動に立ち上がった。

これよりまえ、上田自由大学の講師として別所に在住していたタカクラ・テル（高知県出身、文学者、日本共産党衆・参議院議員）は農民運動・民主主義と社会進歩の運動に指導的役割を果たした。

一九二九年三月一日、上小農民組合連合会は第二回総会にタカクラの義兄にあたる山本宣治（京都府出身、生物学者、労農党代議士『山宣』）を招く。

この記念講演は一千名を超える聴衆に深い感動を与えた。

この講演から四日後の三月五日、山宣は治安維持法改悪承認の議会にただ一人反対演説をすべく上京したが、その夜右翼によって暗殺された。

上小農民組合連合会は山宣の死を悼み、追悼大会の決議により抗議の記念碑を翌年五月一日（メーデー）にタカクラの借家の庭に建立した。

一九三三年二月治安維持法による県下最大の弾圧事件であった『二・四事件』でタカクラ・テルは逮捕、家族は県外追放となった。警察は家主の齋藤房雄に、碑の取り壊しを命じてきたが、氏は碑を密かに自宅（旅館柏屋別荘）の庭に埋め、三十八年間守り通した。

戦後、この碑の再建委員会を結成、多くの協力者を得て一九七一年十月、碑はこの地に再建された。

碑の全面（ママ）に彫られたラテン語は、山宣の座右の銘『生命は短し科学は長し』の意である。なお、碑面の文字はタカクラの筆である。

タカクラ・テルは一九八六年四月に亡くなり、記念碑は一九八八年十月山宣の碑に並べて建立された。

齋藤房雄記念碑は二〇〇六年山宣碑再建三十五周年記念事業で建立した。

長野山宣会」

(2)「山本宣治講演記念碑の再建について

上田市周辺の貧農小作人の組織だった上小農民組

合連合会は、一九二九年（昭和四年）三月一日、労働農民党の代議士山本宣治を迎えて上田市公会堂で講演会を開きました。当時労働者農民が選出した代議士までが軍部に屈服して「山宣ひとり孤塁を守っていた」時でしたので、不況と戦争による極度の社会不安の中に生きていた多くの労働者農民が、この講演会に集まりました。

　山宣は革命的な代議士の議会活動について具体的に話しましたが、臨席警官の「中止」によって中途で打ち切られました。しかしこの時は、山宣が第五六回帝国議会で、極反動の弾圧法「治安維持法」を死刑にまで改悪する「緊急勅令」の「事後承諾案」に対する反対演説の草稿を決死の覚悟で準備していた時でしたので、その講演はこの地方の労働者農民に大きな感動を与えました。

　山宣は、その「事後承諾案」が議会に上程された三月五日の夜、東京神田の旅館で田中軍事内閣の手先に虐殺されました。上田での演説の四日後のことでした。山宣虐殺は、全国勤労者の激しい怒りをまきおこしました。上小農民組合連合会でも、直ちに上田市公会堂で山宣追悼会を開き、東京の労農葬に参加して帰ってきたタカクラ・テルの報告を聞きました。その報告もやはり臨席警官の「中止」で打ち切られましたが、上小農民組合連合会は、その席上山宣の一周忌までに、その講演記念碑を建てることを満場一致で決定し、責任者を選出しました。

　こうして山宣の死は、この地方の農民運動に一層大きな影響を与え、労働者農民の運動の新しい高まりの重要な原因の一つになりました。しかし、記念碑の建設には非常に大きな困難がありました。費用（ママ）の材料（ママ）は同志たちの特別の努力で予定どおり解決できましたが、軍事色一色の当時、建設地の承諾を得られる場所がどこにもなかったからです。最後に別所村のタカクラ・テルの借家の庭の一部に、家主の齋藤房雄氏の承諾をえてやっと建設地を決定できました。そして山宣の一周忌の一九三〇年（昭和五年）五月一日、多数の警官に取り囲まれながら赤旗を林立させて、山本宣治講演記念碑の除幕式を決行しました。

　碑面には山宣の愛誦句で、一生の方針をも示した「人生は短く科学は長い」のラテン語 VITA（ヴィタ） PREVIS（ブレビス） SCIENTIA（スキエンタ） LONGA（ロンガ） を刻みました。一九三三年（昭和八年）長野県全域にわたる大弾圧があり、この地方でも多くの労働者農民が逮捕投獄されました。タカクラ・テルも投獄され、山宣記念碑も警察がこなごなに取り壊すよう、家主の齋藤房雄氏に命じました。しかしさいわいにも齋藤氏は、警察へは碑は完全に壊したと始末書をだして、碑と台石はひそかに自宅（柏屋別荘旅館）へ運んで、庭の一隅に埋め、今日まで保存しました。

　今日ここで再建できた山本宣治講演記念碑は、こうして造られ、こうしてこわされ、こうして保存されてきたものです。明らかにこの山宣記念碑は、東信地方の民主主義運動の歴史の重要な役わりをも果たしており、また今日これが再建できた事実は、日本民主主義運動の偉大な発展をも具体的に示しています。この記念碑の再建に協力してくださり、さまざまの援助を与えてくださった方方に、心からお礼を申しあげます。同時に、日本民主主義運動のためにいっそう献身することを、ここにあらためて誓います。

一九七一年一〇月八日

　山本宣治講演記念碑再建実行委員会

　撰文　タカクラ・テル」

（適宜句読点を挿入改行を施した）

(3)「斎藤（ママ）房雄氏を顕彰する碑の建立について

　全国唯一つ戦前に建立された山本宣治追悼記念碑（講演記念碑）が一九三〇年五月一日に建立されて今年で七六年、戦後再建（一九七一年一〇月）されてから三五年目を迎えました。この碑の存在は、はかり知れない多くの人びとに「山宣」の業績の偉大さを示し、遺志を継ぐ決意を高めてきました。

　この日本の宝ともいえる碑が今日ここに存在する上で忘れてならないのは斉藤房雄氏であります。斉藤房雄氏は一八九八年（明治三一）年一一月一一日、北佐久郡春日村（旧）桜井家に生まれ、上田中学、早稲田大学を卒業し、親戚の旅館、柏屋別荘に養子として迎えられ、二七才にして村会議員となり、町村合併時には村長を務めていました。三等郵便局長のとき叙勲の話しを断っていたなど多くの人に尊敬され、また凛とした気骨も持ち合わせておりました。氏は一九八一年七月一六日逝去（享年八四才）されて二五年が過ぎました。

斎藤房雄（左）、山本宣治（中）、高倉輝各記念碑（右）

長野山宣会は二〇〇六年三月の第三四回総会に於いて、山本宣治追悼記念碑再建三五周年記念事業として三つの課題を掲げ、その重要な一つとして斉藤房雄氏を顕彰する碑の建立を決議しました。

山本宣治は追悼記念碑の碑文にも明彫されていますように、世界戦争の撲滅、治安維持法の改悪に反対し、凶暴な弾圧を糾弾し、勤労者の生活を守るために、心の底から大衆を信頼し、必ず労働者、農民が決起することを信じて奮闘し、権力の手先、右翼の凶刃（きょうじん）によって尊い生命を奪われました。

「山宣」倒るの報は全国多くの人びとを暗澹（あんたん）とさせ深い悲しみに陥れました。しかしこの悲しみは心の底からの激しい怒りとなり、全国各地で一斉に行われた労農葬に示されたように「山宣」の遺志を継ぐ決意を示したものでした。

碑は戦闘的農民組合の力でつくられましたが、建立するうえで最初の難問は建立する場所が権力の妨害で許可されません。村議会でも議員の斉藤房雄氏が別所への建立のため尽力されましたが反対され「自分の土地へ建てる」と言ったら、「それは勝手だ」ということになり、タカクラ・テル氏の借家の庭の一部に建てられることになり五月一日、メーデーの朝除幕式が行われました。

それから三年後一九三三年（昭和八年）治安維持法にもとづく全国的大弾圧が行われ、三・一五、四・一六弾圧の数倍にあたる検挙者一八三九七人を数え、特に長野県は二・四事件中心に他の年に比べ十倍にも及ぶ七四三人が検挙されました。

そのような情勢のなかで斎藤房雄氏は上田警察署に呼び出されて、碑を壊し始末書を出せと言い渡されました。このときタカクラ・テル氏は逮捕投獄され、労働者、農民の活動家も殆ど検挙され、タカクラ・テル氏の家族も県外追放という処分をされ、碑を守れるものはおりませんでした。この困難な事態のなかで斎藤房雄氏はどうしても碑を守らなければと決意し、夜密かに旅館の柏屋別荘の庭に運び池の縁に埋め込み、警察署には完全に壊したと始末書を出し守ってくれました。当時の情勢はこの事実が明らかになれば検挙、拷問、死をも招きかねないことも覚悟しなければ出来ないことでした。この斎藤房雄氏の勇気と機知により、碑は破壊から守られ三八年後に再建することが出来たのであります。

さらに碑の再建を機に長野山宣会が結成され、今日まで活動が継続していることも斎藤房雄氏あってのことであります。

ここに業績の一端を記し顕彰の辞とします。

二〇〇六年一〇月二二日

記念碑再建三五周年記念実行委員会

長野山宣会　会長　荒井俊信」

1933年8月9日　関東防空大演習実施。桐生悠々「関東防空大演習を嗤う」信濃毎日新聞（井出孫六『抵抗の新聞人桐生悠々』岩波新書、１９９１年）。

1937年7月7日　日中戦争勃発。

1941年12月8日　アジア太平洋戦争勃発。

1945年8月15日　敗戦。

戦後の再建と短期間での終焉

酒井武史は、50余年前の論稿「『反大学』の源流」の中で、以下のように述べている。

「戦後の上田自由大学がいつ消滅したか時期ははっきりしないが、共産党はこの大学が指向した文化活動を評価せず、むしろ党の政治路線の中に組入れようとし、これが崩壊の原因になったことが、当時の在学者の言葉からうかがえる。つまり、自由大学の中心メンバーたちの、一部は党活動に傾斜し、一部は党にソッポを向くという具合で、自由大学独自の活動は行えなくなったのである」（『朝日ジャーナル』１９６９年10月19日号、96～１０２頁）。

「当時の在学者」が誰を指すのか酒井は明らかにしていないが、私は上田駅前の「エディターズ・ミュージアム」で、小宮山量平（１９１６～２０１２）の生前に、戦後の上田自由大学が短命に終わった理由を尋ねたことがある。当時は関係者がまだ健在であった。そのため小宮山は具体的な経過には深入りせずに、抽象的な表現で言葉を選びながら説明してくれたが、その内容は酒井の指摘とおおよそ重なるものであった。

つまり、教育と宣伝との区別を明確にしたうえで、特定の思想や政治的なプロパガンダに傾斜しない精神の涵養、「自律的」な「自己教育」を貫徹できるか否かが、自由大学「独自の活動」を行えるか否かの岐路になるが、それが行なえなくなったと言うのであった。継続できるか否かは、宣伝・広告・プロパガンダを排除した「大学（アカデミー）」という名に相応しい「教育」が担保できるか否かに係っているが、それができなかったと言うのである。詳しくは、拙稿「社会認識と自立的精神」『長野大学紀要』第37巻第3号（２０１６年３月、27～40頁）を参照されたい。

酒井は、「戦後の上田自由大学がいつ消滅したか時期ははっきりしない」と記しているが、現在では後に見るように、明らかになっている。

「上田自由大学再建の趣旨」

「曩に『学問の中央集権的傾向を打破し、地方一般の民衆がその産業に従事しつつ、自由に大学教育を受くる機会を得んがため』の趣旨の下に上田自由大学を創出し、大正十年以後約十ヶ年に亘り哲学を基礎として文化科学一般の開講を致しましたが、一時中絶して今日に到りました。時あたかも我国は敗戦の恐慌に際会して、国民生活は破局に当面し民心の動向には深憂すべきものが認められます。よって吾々はここに郷土の先輩の創設による自由大学を復興し、科学的社会人教育の機関をつくることに致しました。

この度の敗戦によって吾々は日本人の国民としての民度が如何に低いかをはっきりと知り、愈々自由大学の使命の大かつ重なる事を知りました。今後の我国は戦前と対蹠的な組織となるべく各個人の自由が強調せられることとなります。上田自由大学は、その地方一般人の道徳と知識の向上とを目的とするは勿論この教育趣旨を国内各地に及し、以て民度の向上を期するものであります」（大槻宏樹編『山越脩蔵選集』前野書店、２００２年）１１２頁）。

（補論３）小宮山量平の社会認識と「自立的精神」

戦後に小宮山量平が創刊した季刊『理論』の拠って立つ基盤は、懐疑精神（skepticism）を武器にして史的一元論と発展段階説とを「内在批判」し、青年マルクスのヘーゲルとの格闘の跡を「追体験」するところにあった。ところが、マルクス主義の無謬性を信じて疑わない「正統派」陣営からは、「修正主義」のレッテルが貼られることになる。

ところで敗戦は、小宮山によれば「自立的精神」と「危機意識」の欠如が原因だった。その点を糺さなければ、いずれ敗戦以上の大打撃を味わうことになる――これが小宮山の判断だった。にもかかわらず、敗戦の5年後から我が国は、朝鮮特需に浮かれて戦争の論理に巻き込まれ、あたかも危機そのものが存在しないかのような錯覚と不感症に陥ってしまった。この状況を打開するには、危機に直面してもたじろがない新世代の誕生を願って、子どものうちから「自立的精神」を育むような書籍の出版に舵を切る必要がある。

　こうして、危険な綱渡りではあったが、小宮山は思い切って創作児童文学という新分野に漕ぎ出すことになる。その船出は理論社に出版文化賞や文学賞を齎すことになった。もちろんそれは、向こう見ずで冒険的な航海に挑んだその結果に過ぎない。それでも、その結果は、今江祥智、灰谷健次郎、倉本聰、椋鳩十などの豊饒な作品群を生み出すことになった。

　なお、小宮山を論ずるにあたって、本来であれば理論社を創業したあと社会・人文科学の分野から創作児童文学の分野へと転進を遂げたその経過を詳細に辿る必要があるが、ここでの関心は小宮山という出版人の「原体験」と戦後自由大学に対する彼自身の評価にある。そのため、ここでは彼の社会認識と〈自由大学の精神〉を軸に検討を進める。

大学での学びと戦時体験が齎した思考

　東京商科大学（現一橋大学）への入学後に小宮山が確信したこと、それは杉村廣蔵の「総合的」認識と杉本栄一の「微視的」認識、この二つの認識を組み合わせて「複眼」で社会を視る立場を確立しなければならない、ということであった。唯物史観を無謬の公式と考えれば、進歩史観に基づく発展段階説が生まれるが、歴史はそもそも公式に導かれて説かれるものでも、完璧な社会に向かって一直線に進歩・発展するものでもない。抽象的な公式論から脱却すること（上原専禄）――これが大学での学びの出発点であった。

「総合的で活力のある360度の視野」を身につけ、唯一絶対の基準で社会を見るのではなく、「注目すべき諸潮流」を見渡せる「一番高い波頭の上」に立って、社会を診ること（『千曲川第2部』158～159頁）。また、「自分の頭と足とで自分の行き場を探し求め」ること。これが悩み多き若き「転向世代」の生き方である。したがって、「誠実さ（fidelity）」と「自立的精神」、これが太田可夫（よしお）との対話から得られた二つのキーワードであった（小宮山量平・鈴木正・渡辺雅男『戦後精神の行くえ』こぶし書房、1996年、60～66頁）。

　ところで、戦前日本の徴兵制は、当初は「生きて帰ることを前提」にした制度だった。戦争中にたとえ捕虜になった

『戦後精神の行くえ』の表紙写真

としても、「戦時国際法にもとづき相手国の保護を受け」「故国へ無事に帰れる」ことになっていた。ところが「戦陣訓」以降の動員は、日本の軍隊を「傭兵化」することになった。なぜなら、「徴兵に名を借りて」赤紙一枚で「いつでも、どこへでも」動員が可能になったからだ（『千曲川第4部』理論社、２００２年、32～33頁）。その結果、この国では将来の日本を「深く耕す」ことのできる若者を粗末に扱うことになってしまった。その結果が、「世界の戦略物資一六品目の保有量の比較で、アメリカの72％に対する日本の2％という比率」（小宮山「五味川純平作品の活力」『人間の条件』下、岩波現代文庫、５９７頁）であったにも拘わらず、無謀な戦争に駆りたてられ、敗戦という苦汁を飲まざるを得なくなった。

小宮山は、終戦ではなく敗戦という言葉にこだわる。なぜ「敗戦」にこだわるのか。終戦という言葉からは、戦争の「歴史を反省する」ことも、戦争を止められなかった「責任を果たそう」という行動も生まれにくい。失敗の歴史を反省し、自らの責任を果たさない限り、「戦争の呪縛」に取り憑かれ、悪しき歴史は繰り返される。「敗戦」の理由を検証することなしには、二度と戦争はしないという固い決意は得られない。したがって、揺らぐことなく「敗戦」にこだわり続ける。同じ過ちを繰り返さないために、である。

戦争を阻止できなかった理由は、一人一人が「自立的精神」を喪失したことにある。「世界的な視野」が求められていたにもかかわらず、一人一人が視野狭窄に陥ったからである。世界の思想・学問の趨勢に背を向けて「教条主義」へとのめり込み、「独善的な歴史認識」から脱却できなかったからである（前掲『自立的精神を求めて』13～14頁）。

それでは、自立的精神を涵養するにはどうすればよいのか。出版人・編集者としての小宮山は、読書が自立的精神、「自分の頭で考える」人間を育てると考える。「時代に対してしっかりと反逆できる」日本人を育てるためには、できれば子どもの時から読書の習慣を身につける必要がある（『やさしさの行くえ』週刊上田新聞社、１９９７年、２１３～２１４頁）。

自立的精神は、読書の習慣がそうであるように、主体的な努力なしに自然に身につくような代物ではない。アコヤ貝が、苦しみながら粘液を出してその異物を包み込み、その結果、体内に見事な「真珠」を宿すように、「粘り強く苦しみに耐え」ながら「自分の足で立ち自分の頭で考える」習慣を積み重ねた末に、初めて手に入れることができる。考えるという自主的・主体的な行為を放棄すれば、「自立的精神」というこの至宝を自らのものにすることは絶対にできない（同前、238〜239頁）。

読書のすゝめと研究会の継続

敗戦後、上田に戻った小宮山は、「旭川の将校生活の収入」を注ぎ込んで手に入れた蔵書を元手に、〈ちくま文化クラブ〉という名の「貸本屋」を始めた。「人びとは本に飢えていた。……毎夜のように研究会は開かれるのだった」（『昭和時代落穂拾い』222〜223頁）。研究会は年に100回程開かれたという。クラブを勧めてくれたのは高倉輝だった。

敗戦直後の日本共産党は、この小宮山の試みを快く思わなかった。「今日本が必要とするのはボリシェビィキであってインテリゲンチャではありません」というのが、その理由だった（前掲『自立的精神を求めて』122頁）。当時の共産党は人民を指導する前衛政党と自らを規定していたから、読書と研究会を続ける教養人・知識人よりも社会変革をめざす革命家を必要としていた。しかし、当時も今も地域で必要なのは、外部からの指導ではなく、「自発的な精神の高揚」である。「成り行きの価値観から解放」され、自らの価値観を掴み取ることでなければならない（前掲『20世紀人のこころ』週刊上田新聞社、161頁）。

「この度の敗戦によって吾々は日本人の国民としての民度が如何に低いかをはっきりと知り、愈々自由大学の使命の重かつ大なる事を知りました」（「上田自由大学趣意書」）。「民度」つまり国民精神の成熟度の低さを知ったという認識は、小宮山の「自分の頭で考える」「自立的精神」が涵養されてこなかったという認識と重なる。（なお、戦後の自由大学の再建とその経過については、小平千文「あらためて上田自由大学をみつめる」（『上田自由大学と地域の青年たち』上小近現代史研究会、2004年）および山野晴雄「戦後上田自由大学の再建と展開」（『長野県近現代史論集』龍鳳書房、2020年）を参照）。

しかし、戦後の自由大学も、戦前の再建自由大学と同様に、長くは続かなかった。自由大学は、学びへの情熱をもった地域の住民が講師を招いて開講した「民衆的アカデミズム」（前掲『自立的精神を求めて』120頁）、

小宮山量平

あるいは民衆のアカデミーであった。戦後の自由大学も、大正期に五年間開講された信濃（上田）自由大学と同様に、「もっと勉強したいのに、地域に埋もれるしかない」状況を脱却したいと考える民衆が再建したものであったが、アカデミズムに相応しくない要素がそこに持ち込まれ、継続が難しくなり終焉している。

本来、自由大学は「無限に人々の中に広げてゆくべき〔教育〕運動」という性格をもっていた。ところが、戦後の自由大学では、「今時、階級性も出てこない話をしてどうなるか！」と共産党から「突っ込まれ」、講座に参加していた「仲間を刈り取られていく」ことになってしまった。経営面とは別の新たな問題が生まれ、「その前に立ちはだかって闘う」という時間的余裕が〔季刊『理論』の創刊準備と重なったために〕充分に取れないままに「看過しているうちに、自由大学はすっかり左翼・共産党系に乗っ取られた運動になって」「当然のこと、自滅して」しまった（『戦後精神の行くえ』87～90頁）。

小宮山は、既に見たように、東京商大時代に特定の思想（史的一元論と発展段階説）だけを学ぶのでは不充分で、特定の思想から自由にならなければならない、という多元主義（pluralism）の立場に立っていた。その路線に対して、「ボリシェビィキ」や「階級性」の立場からの一元的な批判が生まれて路線対立が深まれば、誰にでも門戸が開かれていた「民衆的アカデミズム」（民衆のアカデミー）が機能停止に陥り、自壊してしまうのはいわば当然のことであった（同前）。路線の溝が深まっても、小宮山には手の施しようがなかった。戦争中に友人たちと発行していた雑誌『統制経済』の後継誌を、自らの編集方針の下で出版する魅力の虜になっていたからである。

理論社の創業と季刊『理論』の創刊

理論社が創業されたのは戦後二年目の１９４７年であった。季刊『理論』創刊号の発行はその年の５月。最初の著作の出版は、１９４８年の堀江邑一・都留重人・杉本栄一『近代理論経済学とマルクス主義経済学』であった。当時の左翼路線には、「どこかで誰かが指導して、どこかで誰かが救われる」という構図がつきものであった。「一方にすべてを知りすべてを裁く者がいて、他方に、何事も知らず裁きに任せる者がいる」という構図では、「危機の深さに対する主体的な認識」は育たない（「季刊理論のはじめのころ」『編集者とは何か』日本エディタースクール出版部、１２３

～124頁）。小宮山のこの確信は、揺らぐことなく一貫している。特定の路線・イデオロギーからの自由、これは譲れない一線だった。

敗戦は、ともすれば「どんでん返し」と受け止められがちであった。戦前の「学問・思想・体験の大部分に対して最大限の断絶を宣告し、新しい時代の到来を告げる」こと、それが出版界の主流であった。むしろ逆の見立てが必要ではないか、と小宮山は考える。

昭和戦前期は、「日本の精神史の上で稀な蓄積過程を歩んだ」。戦前の20年間は、彼によれば「近代的な懐疑精神が日本に定着しかけた」時期であり、「実証的な経験主義的な精神過程を形成しかけた」時期でもあった。「昭和が築いた精神過程」は、「天皇制の抑圧体制」によって見えにくくなってはいるが、敗戦と民主化とを「結節点」として、戦前と戦後との継続性・一貫性を究明すること、それが季刊『理論』に課された課題であった（同前、124～127頁）。

ところで、創刊号に掲載された杉本栄一の論考「近代理論経済学とマルクス経済学」は、この雑誌が求めていた「内在批判という方法」を決定づけるほどの重みをもっていた。小宮山は、マルクスの思想の「出来上がった成果」だけを利用したり解釈したりするだけでは不充分で、「思想の形成過程に即して」、その思想を成立史的に研究する必要性を感じていた。上原専禄は、それを「追体験」という言葉で表現した。この追体験的な研究を通して、季刊『理論』の「創造的マルクス主義」の学風が導き出せる、という小宮山の確信が生まれた（同前、129～131頁）。

小宮山は言う。「どんな学問があろうとね、その『形成過程』に学問の値打ちを置くならば、やがてそこに統一的なものが生まれる。しかし結果だけを味わってお互いにその解釈を並べ合ったら対決しかない」（『戦後精神の行くえ』160頁）。鶴見俊輔は、この文章を引用して「この本の名言」と述べているが、完成された学問の訓詁学を毛嫌いした「統一体質」の鶴見らしい評価と言える（鶴見「舞台転換」『自立的精神を求めて』218頁）。

GHQの検閲から学んだこと

創刊号に小宮山はペンネーム（荒井民平）で「楯に乗って」を活字にしたが、検閲に遭い掲載できなかった。スパルタの母

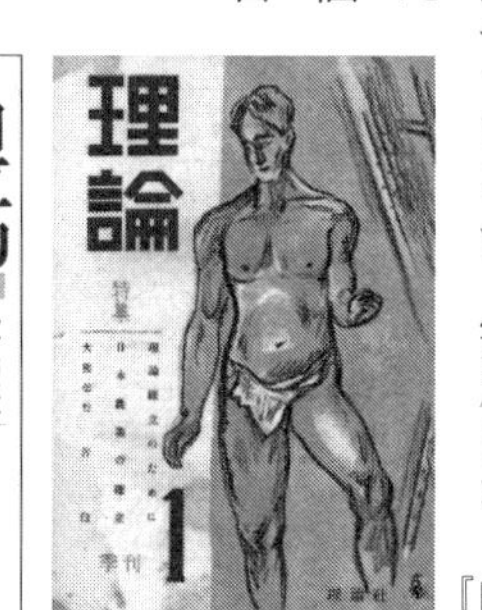

『自立的精神を求めて』(左)、『理論』創刊号(右)

親たちが息子を戦場に送り出す際に、敵国の兵を倒すか、さもなければ死んで楯に乗って帰れと告げたという故事になぞらえ、日本のために出征した兵士たちの思いを描いたものであった（同前、77～84頁）。

義務としての徴兵制の時代には務めを終えれば「生きて帰る」ことが前提であったが、戦陣訓世代は「死ぬ気で」「楯に乗って帰るつもりで」入隊してきた。そういう状況と重ね合わせて、小宮山は「真の敗戦はやがて統一体質を失った時にくるだろう」という問題意識のもとで、この作品を書いたという。小説の背後に隠されていたメッセージは、「だから今こそ統一体質を思想的に深く探求していこう」というものだった。

進駐軍は、「分裂させて支配せよ」を統治の手法としていたので、それとは逆をいくこの作品を見逃すはずがなかった（『戦後精神の行くえ』90～93頁および『昭和時代の落穂拾い』237頁）。GHQの検閲は徹底しており、巧妙でもあった。「段落ごと」に削って、「痕跡を残さないようにする検閲」（『自立的精神を求めて』56～57頁）は珍しくなかったが、「楯に乗って」は全面削除であった。日本共産党の機関誌『前衛』などは検閲の対象にはならなかった。読者は関係者に限られ、その影響は大きくないと判断されたためだ。ところが、『前衛』に書いている筆者が大衆誌に書くとなれば話は別で、その影響を考慮して厳しいチェックが入った（『戦後精神の行くえ』91頁）。

GHQの占領政策の背後には、H・ノーマンやK・ウィットフォーゲルなど「大変見識の高い東洋学の大家」が控えていた。戦後の民主化構想は、彼ら「極めつきの左派の論客」が練っていたことを想えば、巧妙な検閲はお手のものであった（『やさしさの行くえ』58～59頁）。「とりわけシリアスな国民的統一への悲願にみちた労作」に対しては、「検閲のメスが容赦なく執刀」された（『昭和時代の落穂拾い』241頁）。言い換えれば、「真にパトリオティックな、右翼的な意味でなく愛国的な、祖国愛に燃えた要素があると判断された場合、かなり敏感に検閲に引っかかった」のである（『戦後精神の行くえ』93頁）。

ここには、「祖国愛に燃えた要素」と、「右翼的な意味でなく愛国的な」要素とが等置されており、それらと「右翼的な意味で」の「愛国的な」要素とは異なると理解されている。つまり、小宮山は、真の祖国愛（patriotism）と悪しき愛国心（nationalism）とは異質のものだ、と理解している。その限りで、小宮山の考え方は、ナショナリズムには批判的だがパトリオティズムは肯定するG・オーウェルの考えに近いと判断できよう（G・オーウェル「ナショナリズム覚え書き」『水晶の精神』平凡社ライブラリー、1995年、35～74頁および鶴見俊輔・上野千鶴子・小熊英二『戦争が遺したもの』新曜社、2004年、185～188頁。但し、オーウェルの訳書では patriotism に愛国心の訳語を当てている）。

ところが、GHQにとっては逆であった。国家や国境や領土を問題とする愛国心 nationalism はさした る懸念材料にはならない。しかし、「くに（故郷、祖国）」に住む「ひと（人間）」としての「Aさん」「Bさん」を想定し、彼らの内側に日本があり外に外国があるという考えを採らない祖国愛 patriotism に対しては、GHQは「敏感に」反応せざるを得なかった。GHQにとってパトリオティズムは、警戒すべき考え方であったわけである。

そのことは、小宮山が80歳を過ぎてから書き始めた400字詰め原稿用紙2500枚の大作『千曲川』（全4部）の中に、検閲官の発言として記されている。

「あなたのこの作品は、私たちが最も好まない内容のものです。共産主義的な左翼でもなく、軍国主義的な右翼でもありません。今度の戦争を否定するのでもなく、肯定するのでもありません。ただ、人間による人間に対する加害の状況が、深く追求されているようです。

この作品を読むと、単に日本の軍国主義者ばかりでなく、連合国軍というデモクラシイの勢力までもが、人間に対する加害者として書かれているようです。

今回提出された長い原稿まで読んでみて、そのことを一層強く感じさせられました。やがてあなた方は、あの原爆をも含めて、人間の人間に対する犯罪を非難せずにはいられなくなるでしょう。今や私たちがいちばん警戒しているのは、そのようなテエマなのです」（『千曲川第4部』8頁、なお引用のひらがなとカタカ

告白（一）……大熊信行
作労同協上誌　立確の業農本日
農村民主化への道……小池基之
日本の農家……小川一
農業技術の變革……吉岡金市
日本農業の技術的進化過程…櫻井武雄
諸政黨の協同組合論批判……平瀬巳之吉
★新人推薦★　評論　技術は赤旗と共に進む…内山弘正

「検閲中の目次」（左）と「出版後の目次」（右）
（菅間正朔と荒井民平の論稿がdelete（削除）対象に）

ナは原文では逆になっている)。

おわりに(追記)

敗戦は、小宮山にとっては素通りを許されぬ転機になった。時代に流されないために、自立的精神を確立する訓練の重要性を再確認する機会になった。世界的な視野の欠落と独善的な歴史認識が、開戦から敗戦へ至る道であるとの認識を深めた。

そのために何をなすべきか。自立的精神と地球規模の視野と学問の裏付けをもつ歴史認識とを手に入れるためには、個人の営みと協同的な営みとを撚り合わせる必要がある。小宮山が自らに課し、地域に拓いた試みは、読書習慣を身につけるための貸本屋の店開きと、求めに応じて地域の各地に出向いた研究会と、民衆のアカデミー自由大学への関わりであった。言うまでもなく、自由大学では特定の思想を学ぶためではなく、自らの思想を形成するための複眼的な学びの深化が彼の求める学びであった。従って、権力・権威からの自由(解放)liberalism、多元主義 pluralism および折衷主義 eclecticism(複数の体系から正しいと思われる要素を抜き出してきて1つの体系にまとめる立場)をめざしたが、権力・権威の信奉者との間に路線対立が生まれ、長く続けることはできなかった。

敗戦は、世間では「どんでん返し」と受け止められ、戦前と戦後を「断絶」と考える風潮が蔓延(はびこ)った。小宮山はしかし逆の判断を下す。1930年代は「懐疑と実証のシンフォニイ」(前掲「五味川純平作品の魅力」『人間の條件』(下)、595頁)が奏でられた精神史上豊かな一時期であった。敗戦は過去の歴史を放棄した新たな出発を意味するのではない。敗戦を契機に戦前の成果を戦後に引き継ぐことを考えねばならない。この戦前・戦後の一貫性・継続性の主張は、同業の出版人安江良介によって評価を受けることになる(『同時代を見る眼』岩波書店、1998年、223頁)。

敗戦二年後、小宮山は理論社を創業し季刊『理論』の刊行を始めたが、革新勢力の間には「分裂体質」が芽生え始めていた。執筆陣には、上原専禄、杉本栄一らに加え、都留重人、武谷三男、大熊信行、梯明秀ら「統一体質」の研究者を選んだことが、小宮山の編集方針をよく示している。この季刊雑誌の発行は、GHQの検閲を介して小宮山に、愛国心と祖国愛の違いを気づかせるきっかけを与えることになった。

創作「楯に乗って」には、国家を愛することと「くに＝故郷＝邦」を愛することは異なるというメッセージが含まれていた。国境を外に拡大する愛国心（植民地主義）は、戦前の二の舞になるが、外に向かわない祖国愛（隣人との結びつきを大切にする考え方）を互いに認め合うならば、隣国人との間でも戦争が引き起こされることはない。外に向かわない代わりに、外からも向かってこない関係を、いかに創るかという問題である。それには、同じ考えをもつ統一体質の人間を世の中に増やしていく必要がある。

しかし、アメリカは戦争を早期に終わらせるためと称して、東京大空襲をはじめ戦闘員ではない都市住民への空爆と広島・長崎への原爆投下を行った。これは隣人との結びつきを大切にする祖国愛にもとる排外愛国主義的な行為である。小宮山が小説に込めた想いは、GHQからすれば、そのような脈絡で受け止めざるをえない。検閲官の発言は、〈統一体質を失えば日本に二度目の、真の敗戦がやってくる〉という小宮山の警告を、偽りなき警告ではあるが断じて認めるわけにはいかない危険な警告と受け止めた上で、それに対しては全面削除で臨むという毅然たる態度表明だったのである。

この（補論3）は、長野大学における最終講義を基に書き下ろした論稿「社会認識と自立的精神――小宮山量平をめぐる旅」（『長野大学紀要』第37巻第3号、2016年）を要約したものである。その『紀要』論文は公開されている）。

なお、教育を介して統一体質の人格を地域に・世の中に増やしていくこと――それも、「自立的精神」の涵養をめざす「自由大学の精神」と言えるのではないか、と私は考えている。

戦後開設された3つの民間教育機関

酒井武史は、前掲の「『反大学』の源流」（『朝日ジャーナル』1969年）の中で、戦後再建された上田自由大学の他に、戦後開設された3つの民間教育機関についても触れている。自由大学と関連する箇所を中心に、ごく簡単に触れておきたい。

1．鎌倉アカデミア――在学していた後の作家山口瞳と、東宝撮影所を休職して参加した後の脚本家廣澤榮の回顧録がある。山口瞳『小説・吉野秀雄先生』文藝春秋、1969年。廣澤榮『わが青春の鎌倉アカデミア』岩波同時代ライブラリー、1996年。

教員の側に焦点を絞って鎌倉アカデミアの全体像に迫った著作として、以下のものがある。前川清治『鎌倉アカデミア――三枝博音と若きかもめたち』サイマル出版会、1994年。同『三枝博音と鎌倉アカデミア』中公新書、1996年。高瀬善夫『鎌倉アカデミア断章』毎日新聞社、1980年。同「鎌倉アカデミアとともに」（久野収編『回想の林達夫』日本エディタースクール出版部、1992年）。高瀬の後者の論稿は、既に述べたように、自由大学の講師を務めた谷川徹三および三木清と京都帝大で同期だった林達夫の鎌倉アカデミア時代を、学芸部記者の立場から回想したもの。

2．庶民大学三島教室――自由大学に関するユニークな論考を含む『民衆教育思想史論』（私家版、1980年）の著者久田邦明は、『教える思想』（現代書館、1989年）の中で、庶民大学三島教室と京都人文学園を検討の俎上に載せている。また、川口和正「庶民大学三島教室の成立」（一）（二）『静岡県近代史研究』16～17、1990・1991年などがある。

3．京都人文学園――久田邦明の『教える思想』所収の論稿のほか、駒尺喜美「京都人文学園」（『思想の科学研究会編『共同研究 集団』（平凡社、1976年）および田中秀臣『沈黙と抵抗――ある知識人の生涯』（藤原書店、2001年）第九章を参照。なお、京都人文学園の顧問は高倉輝の指導教授・新村出、初代園長は新村出の子息の新村猛である。講師の1人に、魚沼自由大学に出講した住谷悦治がいる。田中の著作はその住谷の伝記である。

なお、かわさき市民アカデミー市民トークの会編、篠原一監修『デモクラシーの展開と市民大学』（2010年）が「大正時代の自由大学」、敗戦直後の「京都人文学園」と「庶民大学三島教室」にも言及している。

2章　新潟県の2つの自由大学

――魚沼・八海

1 魚沼自由大学

開講当初の名称は「魚沼夏季大学」であったが、のちに土田杏村の「会の名称も夏季大学では平凡だが『魚沼自由大学』としてはどうか」（渡辺泰亮宛1923（大正12）年6月26日付書簡）という提案を受け入れ、最初の夏季大学を自由大学の第1回とカウントするようになった。したがって、名称変更後の1923年8月に開催された魚沼自由大学は、【第2回】の魚沼自由大学とされている。

当初の講座案は杏村の体調により大幅に変更された

【魚沼夏季大学】1922年8月25日（1日）
土田杏村「教育の基礎としての哲学」（約300名）
堀之内小学校

　小出町教育委員会編『小出町歴史資料集』（1981年、169〜174頁）には、魚沼夏季大学は8月25日から27日までの3日間の予定とある。7月14日付の『魚沼新報』、7月23日付『越後タイムズ』、7月27日付『新潟毎日新聞』、さらに「聴講券」も8月25日〜27日の3日間、聴講料は1円となっている。

　しかし、杏村の体調が思わしくなかったために、実際には3日間ではなく1日だけの開講に変更されたようである。開講日当日の『十日町新聞』では、「本25日を以て開講する筈なるが、受講申込者は約300名に達せり」とあるだけで、終了後の講義内容に関する報道は、各紙とも記事として取り上げてはいない模様である。

　魚沼夏季大学に土田杏村を招くことを提案したのは、伊米ヶ崎小訓導兼校長の渡辺泰亮（1891〜1962）である。その渡辺宛の杏村の8月3日付書簡に、四論にわたる講義内容が記されている。

　「今回ノ講義ニ於テ（ママ）ハ右要綱ノ中ノ第一論（教育ノ意義）ヲ主トシテ講義シ他ヲ簡略トシ、第二回以降ニソノ第二論以下（教育ノ目的、個人ト社会、教育者及ビ被教育者」ヲ順次詳論ス、即チ第二回ニハ一般ノ哲学概論ヲ講ズ、第三回ニハ社会問題ノ綱領ヲ講ズ」（前掲『小出町歴史資料集』（第一集、77〜78頁）。

文面から判断するかぎり、当時の杏村は、この年の夏季大学の続きを翌年・翌々年と継続して行う予定にしていたが、体調が思わしくなかったため実現できなかった。そればかりか、当初は三日間連続での「第一論（教育の意義）」の講義を予定していたが、それも結果としては一日に短縮せざるを得なかった、と考えるのが自然であろう。

なお、7月23日付の『越後タイムズ』は、渡辺泰亮による長文の土田杏村の講座紹介文を掲載している。その要旨は以下のとおりである。

商工業グループ「響倶楽部主催の」魚沼夏季大学は、ゆくゆくは範囲を「中越」（南北に長い新潟県の中央。京都に近い方から上越、中越、下越という）に拡げて開催する予定である。この企ては私（渡辺）の「多年の宿望」であったが、「上越鉄道堀之内駅開通の機会に」「現代哲学者として最も畏敬する文学士」土田杏村を招いて、第一回講座が開催されることは「魚沼文化のために」喜ばしい。氏は本県出身の少壮哲学者である。

氏は東京高等師範在学中に、『文明思潮と哲学』と『生物哲学』の二著を出版しておられる。前著は、田中王堂が、杏村を「文明批評家としての第一人者と激賞」した作品である。杏村はすでに『象徴の哲学』をはじめ『文化主義原論』『マルクス思想と現代文化』など旺盛な著述を重ねている。今回の氏の講座は、近著『自由教育論』の内容を紹介しながら、「魚沼文化の向上に貢献」し得るような広義の教育論を講ずる予定になっている。そのため、広く「一般人士の御聴講を」お奨めしたい。（前掲『小出町歴史資料集』１７０〜１７２頁）。

魚沼夏季大学を主催した商工業グループ・響倶楽部の会員で、運送業を営む中林昌平は、後に回想文の中で、「魚沼自由大学は、私のためには事業運営上にも人間生活の上にも勉

渡辺泰亮（左）、田中王堂（右）

強の基礎をなして、人生は如何に生く可きか等、其後益々勉強を励み、85歳の今日迄社会のため出来得る限り尽したつもりで自己満足して居る」（「（回想）魚沼自由大学の開講」『自由大学研究』第6号、1979年、18頁）と記している。また、アンケートに対しては、「この講義が基本となって種々の本により勉強したので一生の幸福の基礎となった」（安達朋子「新潟県における自由大学運動」（下）『自由大学研究』第9号、1986年1月、55頁）と回答している。魚沼夏季〔自由〕大学での学びが契機になって、読書による自己教育の継続が生まれ、社会貢献を果たすこともでき、結果として充足感を手にする土台が形成された、と自己評価していることが確認できる。

同じく響倶楽部の会員で、食料品小売商の長尾喜三郎（1895年生まれ）は、アンケートに「土田の哲学・〔次回に登壇する〕山本〔宣治〕の産児制限〔論〕は先見の明あり」、「自由大学は根本理念を教えるので良かった」（前掲安達論文（下）、64〜67および55頁）と回答している。なお、杏村自身の回想文や講義に対する自己評価などを見つけることはできなかった。

1922年8月25日　安宅秀恵（西蒲原郡黒崎村黒島小学校の教員）は、魚沼夏季大学の受講後に開催された響倶楽部の集まりに参加し、土田杏村に面談でき、種々の質問までできたことに感謝の手紙を寄せている（前掲『資料集』79頁）。その末尾に、「新潟市に於ける文化団隊を挙げるなら、私の関係して居るのは思想問題研究会（前掲『資料集』70頁参照）、〝創生会〟アカシヤ詩社（芸術上の集まり）、真宗求道会（市の若き青年の親鸞研究の集まり）等ですが、尚其の他アダム社や路人詩社や等があります」と記したうえで、「之等の会合は唯名義のみに堕して行きつつあるのもある」と指摘している。これらの団体のうち「真宗求道会」が、「親鸞教学の近代的再現に尽くした」金子大榮（上田および松本自由大学の講師）と関係のある団体だとすれば、「思想問題研究会」とともに「唯名義のみに堕して行きつつある」文化団体ではないようにも考えられる。

1923年3月1日　魚沼夏季大学の終了からほぼ半年後に、杏村は渡辺に次のような手紙を認めている。

「八月の会のこと、あれは二度にやるのは運動として不利益だ。八海と魚沼と合併するなり、八月だけ魚沼主催、八海後援とするなりで、一度に一箇所でやる方がよいと思う。これは高倉君も君の方から帰って頼りにいって居た。もっと具体的の君の腹案をきかせてくれたまえ」（渡辺泰亮宛杏村書簡、前掲『資料集』79頁）。

1923年4月13日　2年目の「八月の会」を、杏村の「哲学概論」と高倉「文学概論」の組み合わせにしたらどうか、と杏村が渡辺に提案している。その後杏村の病気が悪化したため、6月に山本宣治（以下山宣と記す）に講師交替の依頼状を送る。この段階では、夏季大学をそのまま継続するつもりであったようだ。

1923年6月20日　山宣宛杏村書簡。

「夏休み中に講習を一つお願いしたいのですが、是非御承諾を願います。越後の長岡からもう少し山手へはいったところで、官僚に反抗する青年の一団が県主催の講習会に反対して自由な気分の講習をやろうというのです。私は昨年参りましたが、本当に気持ちのよい連中です。高倉君にいって貰う筈で、これは承諾を得ました。三日間だけです。（全体では六日ですが）併しもっと長ければなお結構ですが。

高倉君は承諾として、もう一人恒藤君、山口正太郎のうち一人にいって貰います。結局三人で極く気楽に六日間をやっていただきたいのです。自然も非常に美しいところです。連中のいいことは、（聴講生でなく、発起者の）これは保証します。

日も八月中いつでもよいのですから、三人で妥協（協議、意見調整）していただきたいのです。いづれ先方の幹事がその辺のことをいろいろとお願いする筈です。出来ましたら至急に御返事を願います。恐縮ですが。

私も参る筈でしたが、のどがわるくっちゃ話が出来ないから止めにしました。二十日」（上木敏郎「土田杏村と山本宣治――往復書翰を中心に」『成蹊論叢』第16号、1977年12月、18頁。前掲『歴史資料集』86頁）。

「自由大学」に名称を替え杏村の講師紹介が披露された

【第2回①】1923年8月6日〜8日（3日間）
高倉輝「近代思潮論」（約150人）堀之内小学校

山宣は、上掲の杏村の手紙に加えて、高倉からの依頼も受けて、出講を快諾した。すでに触れたように（本書101頁参照）、高倉の妻（津宇、安田徳太郎の妹）は、山本を幼い頃から〝兄さん〟と

高倉輝

呼んでいた間柄だったから、久しぶりの再会に期待もあったようだ。山宣は、これを契機に、伊那自由大学にも出講することになる。

当初予定されていた恒藤、山口の都合がつかず、沖野岩三郎と中山晋平が講師陣に加わった。２人は佐渡出身のジャーナリスト中川杏果（渡辺泰亮の先輩）の知人として推薦された。山宣と沖野の選考に関しては、後述するように、新潟県から「注意書」が出され、杏村はそれに対する抗議文を公表することになる。

開講当日は、杏村からの祝辞が披露され、講師の高倉と山宣が以下のように紹介された。

「魚沼自由大学の盛会を祝します。自由大学へ高倉、山本両君を講師として御紹介することの出来たのは、私の非常に光栄とするところであります。

高倉君は、非常に長い間外国文学特に露西亜文学を研究して居られた学究であります。

高倉君のように苦しんで、厳格に、露西亜文学を研究した人は少ないと信じます。其事は同君の『蒼空』や『我等いかに生くべきか』をお読みになった人の痛切にお感じになる点であろうと思います。然るに同君は此の数年来は其の下準備を基礎として、全然創作の中へ没頭して了しまわれました。ここにも亦驚嘆すべき高倉君を私は眺めて居ります。

山本君は京大理学部の講師でありますから、本当の意味の学究でありますが、単に学究たるには少し熱血が動き過ぎます。性教育や産児制限問題などに就（い）ては我国の第一人者であり、本年夏の京大の講習会では、此処と同じ題目の性教育を講義し、老大家の河上〔肇〕博士の講義に次ぐ多数聴講者を得ました。今後同君がどういう途を進まれるかは、満目の等しく注意しつつあるところであります。

高倉君、山本君は、共に古い階級を代表せず、まさに生れんとする新時代の先駆者として、文壇、論壇、学界（ママ）の少壮花形となって居られる人達でありますから、必ずや諸君と共鳴し合うものがあることと思います。

我々の自由大学は何等かの主義主張を宣伝する為の機関では無い。我々はただ教育の上に於（い）てのデモクラシイ（ママ）を叫ぶだけである。我々すべてが、春夏秋冬、高い教育を受ける機関を作りたいと希うだけであります。

両君は民衆運動に深い同情を持って居られ、悦んで魚沼自由大学へ出講せられました。私は両君と親しい友誼を持ち、且つ両君への出講を御依頼するお使いをした関係上、ここにいささか両君を御紹介申しました。

最後に私自身のことを申します。先きに確実に出講を承知して置きながら、病気の為、全然其の約を破毀（はき）しなければならぬ事になった罪を、ひとえに幹部諸君並びに聴講者諸君におわび申します。幸にお許しあらんことを希います」（前掲上木稿「土田杏村と山本宣治」20〜21頁。前掲『資料集』97〜98頁）。

なお、「我々の自由大学は何等かの主義主張を宣伝する為の機関では無い」という1923年8月の杏村の立場は、信州飯田で起きた「LYL事件」（1924年3月）を契機に生まれた認識ではないことを、改めてここに確認しておきたい。

また、中林昌平の、1979年の「（回想）魚沼自由大学の開講」には、以下の一文が綴られている。

「土田杏村先生は若くして結核で他界し、山本宣治先生は1929年、私共響倶楽部の旅行中宇治の自宅へお伺いした時、東京で凶刃（きょうじん）に斃れ忌中であった。高倉輝先生は長野で最近まで社会運動に尽酔していると聞いている」（前掲『自由大学研究』第6号18頁）。

なお、杏村の「結核」は「咽頭結核」のことである。

	午前	午後
6日	高倉（講義）	高倉（講演）
7日	高倉（講義）	沖野（講演）
8日	高倉（講義）	山本（講義）
9日	山本（講義）	中山（講演）
10日	山本（講義）	山本（講演）

若い世代にも講義を聞かせたいとの声が上がった

【第2回②】8月8日〜10日（3日間）

山本宣治「性教育論」（約150人）堀之内小学校

山宣の「性教育論」は、高倉の講義「近代思潮論」の後を受けて、8日から3日間行われた。2日間の講義を終え、最終日の講義開始前の早朝、杏村に宛てて次のような感想を書き送っている。

山宣の講義風景

「教壇のわきに立てた雪塊は、大都会の花氷のやうな人工味もなく、豪壮な涼味を覚へます。京大の〔受講者〕は、より集まりの教育者で皆中々威厳を保つのに苦心して居たらしく中々笑ひませんので、私も何かギコチなさを感じたのですが、ここ〔魚沼〕では自然な笑声も湧いて来る。之が何よりも私を涼（し）く思はせる。八日午後、九日午前と既に約五時間話しました。今日は朝ひる共にぶち通し埒をあける考えです。京都のよりもコンデンス〔凝縮、濃縮〕されて内容もより豊かになったと自信して居りますが、殊に目下病〔一種の神経痛〕に悩まされつゝも其を排して忍んで三面六臂の大活動をして居られる渡辺〔泰亮〕君にも感謝しつゝ、私も出来るだけの事をやって居りますから、魚沼自由大学の第二期の結果は悦ばしいものでせう。……

堀之内の町のガンギ〔雁木〕よりも、夜の光に破風に当る所の白壁と梁との交叉三角形長方形の組合はせに単純な美しさに打たれる。へたなセセッションの『文化住宅』よりも、わざとまげた英国式のHold Timber（Half Timber カ）建築よりも、自然にうまれ出た此〔の〕郷土建築、雪の時に此〔の〕町を見たいと思ひます」（上木前掲論文、22頁、および同「土田杏村に宛てた山本宣治の書翰」、合冊『土田杏村とその時代』２１７頁）。

受講生・桑原福治の『伊米ヶ崎の明治百年』（上巻、１９７３年、２７１～２７２頁）には、山本宣治と高倉輝の講義内容について、以下のような指摘がある。

「山本宣治は人も知る有名な生物学者で性科学の大家である。アメリカで論文を提出し、アメリカの博士号を持つ人だけに、日本人よりアメリカで有名であった。都会では講義が進み、性の話がクライマックスになると、その頃の婦人方は聞くに耐〔堪〕えずとして逃げ出す人もあったという。そのために婦人達の間には高等科学Y談師の尊号があったということであった。

高倉テルからは、ロシヤ文学の中でイワンの馬鹿という講義を聞いた。またロシヤの国民性を説明してアボシ・ネボシ・カクネボシである。これを和訳すると『どうにかなるだろう・こうにかなるだろう・どうにかこうにかなるだろう』という至って物事をのんびりと考えているのが特徴であると説明した。それでいて一度事に当たればイワンの馬鹿のようなこともやってのけるのがロシヤの国民性だと話した。しかしこの国民性については、革命後〔1917年以降〕可成り性格が変わったように思われる」。

桑原のこの文章は、「八海自由大学」という小見出しの中で述べられている。しかし、山本宣治は魚沼でしか講義をしていないので、勘違いであろう。また、高倉輝のロシア文学も、魚沼の講義だった可能性もある。いずれにしても、桑原が２つの自由大学を受講して混乱が起きている可能性はあるにしても、回想自体は貴重なものである。

なお、桑原福治の『伊米ヶ崎の明治百年』（上巻：1973（昭和48）年、下巻：1974年、自費出版）については、福治の子息、桑原克司編著『虫野のあゆみ』120〜122頁を参照。また、小学校訓導の山内キセは、山宣の講義に対して、「未婚者である自分としては説明によってよい講演を聞け、性に関する知識を学んだ事は大きい収穫であった」、「多くの青年男女に受講させたらどうか」、とアンケートに回答を寄せている（安達前掲論文（上）『自由大学研究』第8号、1983年10月、24頁）。

（8月6日午後）高倉輝（科外講演）「恋愛と家庭」（8月10日午後）山本宣治（科外講演）「性の問題」

響倶楽部の会員で教員の林広策は、「科外講演は相当人気があったですね。特に山本宣治の講演は人気があったですね」と語っている。（「林広策氏に聞く」『自由大学研究』第6号、1979年、39頁）。

沖野岩三郎を招いたことから県は「注意書」を発した

（8月7日午後）沖野岩三郎（科外講演）「宿命されたる個人は如何にして自由を得べきか」

前述の新潟県から発せられた「注意書」とは、「講師の人選に周到なる注意を欠き……特別の注意を要する人物としてとりあつかわれつつある者たるに拘らずこれを講師として招聘し講演を聴かんとする」ことに対する厳重注意であった。

この「注意書」に対する杏村の対応は、以下のとおりである。県当局のいう「特別の注意を要する人物」は、牧師の沖野岩三郎（1876〜1956）

沖野岩三郎

と山本宣治であろう、と杏村は推量する。その上で、「沖野氏は文学論を為したが、氏の思想に特別の注意が必要だとも思われない」と杏村は反論する（「震災に際しての思想戦（四）」『報知新聞』、１９２３年11月7日、前掲『資料集』１８０頁）。だが、新潟県当局（特に和田内務部長）は、自身が和歌山県の警察部長の時に、沖野が大逆事件で逮捕は免れたが、引っ張られたという事実を重視して「注意書」を発した。そのことは、林の指摘するとおり（前掲『自由大学研究』第6号、46頁）、間違いない事実である。

　ところで、杏村が長い間原稿を書き続けた雑誌は、『第三帝国』とその後継誌『文化運動』である。後者は、１９２２（大正11）年11月発行の第１３０号以降、教員組合「啓明会」の機関誌になっている。その『文化運動』の執筆陣の中に、小川未明、下中弥三郎、田中惣五郎らに交じって沖野岩三郎の名が含まれている。つまり、杏村は沖野に関する上記の事実を承知のうえで、県上層部の過剰反応を受け流している、と判断できる。なお、小川未明は、新潟県高田出身の児童文学者。後に述べる相馬御風は、旧制高田中学時代の小川の友人である。下中弥三郎は平凡社の創業者で、前述の「啓明会」を結成した人物である。また田中惣五郎には、『幸徳秋水』（理論社、１９５５年）、『吉野作造』（未来社、一九五八年）、『北一輝』（未来社、１９５９年）の３部作があり、いずれも魅力的な人物評伝に仕上げられている。

自由大学運動の淵源としての幸徳事件

大逆事件は4件（幸徳事件〔１９１０年〕、虎ノ門事件（23年）、朴烈事件（25年）、桜田門事件（32年））あるが、その中で大逆事件と言えば幸徳事件を指すことが多い。

　まずは林広策（１８９３年生まれ）の証言を確認しておこう。

「沖野岩三郎がきたときには、当時の内務部長が、和田さんとかいったか、大分文句を言ったそうですよ。われわれには聞かせないけれど、陰で。沖野さんは、ご承知の通り、幸徳事件でひっぱられた（の）ですから、ちょうどそのとき和田さんが和歌山県

大石誠之助（左）、幸徳秋水（右）

の警察部長であったときで、それでなくとも新潟県で一緒だから、まあ大分ひどいことを言ったそうです。あの県広報にでた注意書は、そのへんから出たんじゃないでしょうか」（「林広策氏に聞く」（『自由大学研究』第６号、１９７９年10月、46頁）。

つまり、当時の和田警察部長は、事情聴取を受けたが逮捕することはできなかった事実を軽視ないし無視して、「ひっぱられた」（事情聴取を受けた）事実を重視したわけである。

沖野に講師を依頼したジャーナリストの中川杏果（１８９０年生まれ）は、沖野が「朝鮮奥地旅行談などを講演した」（『自由大学研究』第６号、19頁）と述べているが、科外講演のタイトル「宿命されたる個人は如何にして自由を得べきか」からすれば、それは脇道の話であって本筋の話とは考えられない。沖野には『宿命』（１９１９年）という著書がある。１９１７年に『大阪朝日新聞』の懸賞小説募集に応募して２等を受賞した作を出版したもので、大逆事件（幸徳事件）の大石誠之助（和歌山県新宮）ルートをモデルにした作品である。１等との評点差は僅か1点であった。新宮では大石を含む２人が死刑、４人が無期懲役とされている。

１９１０年５月25日　大逆事件の検挙始まる。宮下太吉が、爆発物製造の嫌疑で松本署に逮捕される。６月１日には幸徳秋水が湯河原で逮捕され、以後８月まで和歌山、岡山、熊本、大阪で逮捕が続く。分かりやすい読み物として「大逆事件の発端と周辺」『信州の百年』（１２８～１３７頁）を参照されたい。

沖野は逮捕された６人全員と交流があった。にもかかわらず、逮捕されなかった。警察は逮捕できなかった。逮捕された６人は、刑死や獄中死や自害した。現在では、和歌山の６人を含めて、24人（死刑および無期懲役各12人）のうち、当時の大逆罪の罪状に照らしても、宮下太吉、新村忠雄、管野スガを除く

『宿命』表紙

小川未明（左）、下中弥三郎（中）、田中惣五郎（右）

21人は冤罪であった、と言われている（神崎清『革命伝説 大逆事件』第4巻、子どもの未来社、２０１０年、３３９頁参照）。なお、神崎の『革命伝説』全4巻（芳賀書店）の最初の完成は１９６９年である。

文化学院の創設者西村伊作は、自伝『我に益あり』の中で、沖野岩三郎と幸徳事件に頁を割いている。刑死した大石誠之助が西村の叔父にあたり、当時は和歌山県新宮が事件の一角を占めているように考えられていた。西村も警察で取り調べを受けたが、「すぐ帰宅を許され」ている（『我に益あり』〔初出：１９６０年〕。（財）軽井沢美術文化学院、復刻版、２００７年、２０３頁）。なお、西村伊作については、文化学院史編纂室編『愛と叛逆――文化学院の五十年』文化学院出版部、１９７１年。中野光「脱俗と叛骨の自由主義者」（『教育改革者の群像』国土社、１９９１年）。黒川創『きれいな風貌――西村伊作伝』（新潮社、２０１１年）を参照されたい。

大逆事件は１９１０年12月10日から公判が開廷され、翌1月18日に被告24人全員に死刑判決（翌日12人は恩赦により無期懲役に減刑）。沖野の科外講演は、死刑判決、12人の死刑執行から12年半後、生々しい記憶が社会から未だ消え失せてはいない時期に行われた。沖野の名と講演のタイトルを見て、新潟県は「注意書」を出しているが、県上層部にとって沖野が「特別の注意を要する人物」であったことは否めない。

西村伊作

ところで大逆事件、すなわち明治天皇へのテロ計画は、宮下太吉によって進められた。その理由は、本人の予審調書に、「我が国の人々は皇室に対して迷信をもっているのだから、……天子も我々と同じく血のでる人間であることを示し、国民の迷信を破らねばならぬと覚悟」した、とあるからだ。迷信の打破を、教育つまり物事の真偽・正邪を自力で判断しうる能力の涵養に求めるのではなく、テロに求める判断自体は短絡的なそれでしかない。しかし、宮下がテロに続く革命を期待するためでも、また天皇を憎悪するためでもなく、「天子も我々と同じく血のでる人間であること」を示すことによって、迷信を打破しようとしたことに注目すべきではないだろうか（小林利通前掲書『日本近代史の地下水脈をさぐる』梨の木舎、１２７頁）という指摘は、傾聴に値する。

なぜなら、24人のうち竹内鉄五郎、内山愚童、宮下太吉の３人に共通するものは、天皇を現人神（あらひとがみ）とするフィクションの「打破」にあったからである。つまりそれは、神である「かのように」妥協することができる知識階級とは違って、「単なる神話と伝説によって天皇を現御神（あきつみかみ）とし、日本国民が他民族から優越している」という教学体系を押し付けられた民衆にして、初めて実感しえた課題であったからである（前掲書、246頁）。なお、久野収・鶴見俊輔『現代日本の思想』（岩波新書、1956年、132頁）の「たてまえ」と「申しあわせ」も参照されたい。

自由大学の「自由」の意味を考える場合に、大逆事件を経た長野県という視点から明治の社会主義の形成に注目する必要がある。その際にプロテスタンティズムの重みを軽視するわけにはいかない。したがって片山潜の12年に亘る滞米体験に焦点をあてる必要が生れてくる。片山は、若いアメリカのプロテスタンティズム復帰運動に触れて、巨大化する産業資本の犠牲となる労働者階級を救おうという使命感を抱いた。内村鑑三や村井知至（ともよし）や安部磯雄も同じであったが、片山との決定的違いは、士族的（あるいは学歴から生ずる）エリート意識が片山にはなかった、という点である。

明治の書生気質とは無縁の片山の出自は、内村や村井のように信仰を深めた結果としての社会主義ではなく、生きる現実から知った社会主義であり、それを支えるためのキリスト教倫理であった。したがって、両者の方向は逆である。以上を踏まえたうえで、小林利通は、片山潜と高野房太郎とを比較して、次のように片山のキリスト教倫理を評価している。２人が同じく労働運動を進めるといっても、片山の根底にあるキリスト教ヒューマニズムが、高野房太郎のリアルな計算を超えてゆく動因となったように思われる、と（前掲書、219頁）。帰国後の片山が、リベラリズムの牙城・東洋経済新報社で石橋湛山や高橋亀吉（後述）などと机を並べていたことも、ここで想起しておきたい。

なお、大逆事件と長野県における新聞報道や、図書の取締り強化や、各町村・県警察部の対応等については、松本衛士『長野県初期社会主義運動史』（弘隆社、1987年）の第六章「『大逆事件』と新村忠雄」、第七章「『大逆』事件と長野県」、第八章「『大逆』事件後の社会主義者」、さらに『治安維持法と長野県』（治安維持法犠牲者国家賠償要求同盟長野県本部編、1988年）を参照されたい。

片山潜

（8月7日午後）中山晋平（科外

講演）音楽実施指導

中山の音楽実施指導に関する新聞記事や、これに参加した受講者の感想が残されていないか探したが、残念ながら入手できなかった。しかし、10年程前に、児童文学作家の和田登（１９３６年生まれ）が『唄の旅人 中山晋平』（岩波書店、２０１０年）を出版している。その中で和田は、中山（１８８７～１９５２）が音楽志望の学生でありながら異色たりえたのは、島村抱月の書生として『早稲田文学』編集の手伝いをしながら、文学方面の素養を身につけていったためだと指摘している。また和田は、晋平が島村抱月宅でしばしば顔を合せていた文学者の中に、相馬御風がいたことに注目する。なぜか。御風は、後に抱月が手掛けた「カチューシャの唄」の二番以降の歌詞を仕上げた詩人だからである。さらに御風は、作曲者を誰にするかと抱月が思案していた際に、晋平を推した恩人でもあった、と指摘している（同書、57～58頁）。

ところで和田は、次の様にも記している。「ぼくは大衆とは不特定多数だが、『民衆』はペアをさらに超えて、人々との幅広い絆を意識した社会の底辺から醸成されてきた言葉だと考える。近代に入って『民衆』が意識されてから、自由主義運動やそれに基づく白樺派の運動、そして社会主義運動はもちろん、信州は上田発の、土田杏村の進歩的な思想に共鳴した人々が起こした自由大学運動なども展開された」と。妥当な指摘だと考える。

中山晋平

その上で和田は、さらに「新潟においては、魚沼・八海自由大学が誕生し、大正12（１９２３）年には晋平が、翌年には晋平・雨情あいたずさえて講師となって出向いている」とその後の経過を辿っている（同書、１１８～１１９頁）。

１９２３年８月10日

第２回の講座（８月６日～10日）が終了したその日の夜に、渡辺泰亮は響倶楽部のメンバー宛に書簡を認めている。

「私は此の自由大学から一切の手を引かせていただきます。……第２回の凡ての失敗が私の全責任なのです。……私がどうでも解決をせにゃならぬことは経費問題です。……私の至って剛〔傲〕慢であった不行届であったすべてを御詫（おわび）いたします。……私は何も申さずに引きたいのでした。けれど諸君の気分が物言わずに承知なさる方々でない様な気もしますので遂長く申上げました。最後に私自身の文化運動に対する自由だけは将来共おたすけ下さい。此の事も誤解され易い気持ちがします。私は決して諸君と不自然の競争などはいたしません。……私は私自身たった一人でこれから私の思う事を素直に成し上げたいと存じます」（前掲『小出町歴史資料集』98～100頁）。

但し、この響倶楽部宛の書簡は、「消印、切手なし」と注記されており、封書裏に日付は記されているが、投函されないまま林広作が「所蔵」していたもので、林以外に読んだメンバーが何人いたかも不明である。当然のことながら、杏村や高倉なども、魚沼自由大学から渡辺が手を引いたことは知らなかったはずである。

その後の経過（下記の高倉、杏村の手紙）から判断すると、「此の自由大学」つまり魚沼自由大学からは手を引くが、魚野川の対岸、渡辺が校長を務める伊米ヶ崎小学校を拠点に八海自由大学を開設することを予定した上での行動だった、と考えられる。恐らく渡辺は、杏村にも高倉にも、魚沼自由大学から手を引くという自身の考えを伝えてはいないはずである。

１９２３年12月20日　「山田〔勝治〕君も〔越後〕川口に前から同じ計画をして居りまして約百人近く会員を作りかけています。将来合して一つになり『魚沼自由大学』を完く〔完全なものに〕したいものです」（渡辺泰亮宛高倉輝書簡、前掲『資料集』114頁）。

高倉は、次の手紙も考慮すれば、名称は「魚沼」として川口での開催を望ましいものと考えているようである。

１９２４年２月12日（ヵ）

「丁度今朝中条〔登志雄〕君から手紙が来たところですが、夏季大学の方も出来るなら一緒にして秋から春にかけての連続式にしてそして、八海、魚沼、河口〔川口〕を一緒にしてどこか河口〔川口〕あたりの比較的便利な場所へ永久の会場地を極めてそして魚沼自由大学という名にして……一つ堅実にやった方がよくは有りませんか」（渡辺泰亮宛高倉輝書簡、前掲『資料集』119頁）。――以上二つの高倉の提案は、投函されなかった渡辺の手紙を読んでいる我々としては、渡辺には到底〝飲めない〟提案だったことが了解できよう。

１９２４年３月11日

「講習の件、魚沼と八海と2箇所でやるのは、どうしても不利の様に思うがどうか。若し八海でバッとしたものをやり、魚沼でじみのものをやれば、八海の方ばかり聴講者多くなり、魚沼は非常にさびれることと思う。冬は八海の方でやれば夏は魚沼の方でやるとか、そこに何とか妥協の方法はないか。……もう一度よく魚沼の方と相談して見られてはどうか。どうかして二箇所とも生かしたいものだ」（渡辺宛杏村書簡、『資料集』121～122頁）。

1924年3月14日

「いま上田（市内に住む猪坂）から手紙が来てそちらの自由大学の件を相談して来ましたがどうしても二つあっては駄目だと思います。今度いよいよ自由大学聯めい（連盟）を作って組織化しますが、そうなるとますます一つでないと講師が得られなくなります。……この際断じて合同しないと経営が出来なくなるだろうと思いますが、いかがでしょう。合同のために或る種の会員はへるでしょうが、へるならへっても好いでは有りませんか。右貴見を聞かして呉れませんか」（渡辺宛高倉書簡、『資料集』123頁）。

渡辺が返信をしたか否かは確認できない。

ところが、1か月経たぬうちに事態は急転する。杏村が渡辺泰亮からの手紙による提案内容を納得したというのである。

1924年4月11日

「お手紙、只今拝見した。自由大学のことは万事承知した。二つの自由大学の連盟については、唯君の全努力に依頼するばかりだ。その講師についてはすっかりと同じ考えを持っていた。中川（山内）得立（とくりゅう）を哲学に、山口（正太郎）を経済にたのむことにしよう（原文はタイプ打ちローマ字）」（渡辺泰亮宛土田杏村書簡、前掲『資料集』124頁）。

渡辺泰亮が魚沼と八海の「連盟」案を提案し、杏村がそれを「承知」した、ということのようだが、「連盟」の具体的な内容は判らない。魚沼のメンバーは了解済みのことなのか、また高倉や猪坂が「連盟」案に納得したのかどうか、も不明である。

渡辺の杏村宛書簡が公表されていないため、杏村が「承知」した理由は判らないが、新潟の自由大学への講師派遣は、その後も杏村・高倉の悩みの種であり続けることになる。山内からは、「講習会等には一向経験なき上性来〔生来〕の訥弁にて到底御所期に副い難かるべく且此程より健康を害し此夏は精〔静〕養の要を医師より勧告いたされ候故」との断り状が届いた（渡辺宛山内書簡、前掲『資料集』133頁）。

好評の高倉の講座に不満が出て主催者が分裂した

【第３回①】１９２４年８月18日（３日間）

高倉輝「文学論（ダンテ）」（約１００人）堀之内小学校

８月19日付の『北越新報』には、以下の記事が掲載されている。

「魚沼自由大学は既報の如く十八日から堀之内小学校で開催された。同大学は上越線堀之内駅開通の年から響〔倶楽部〕会員が主催となって土田杏村氏を聘して毎年開催する仕組であったが、本年も杏村氏が出講の筈の處病気の為、同氏斡旋の下に由良講師の来場となった。聴講者も人数多数とは云い難いが……中魚〔沼郡〕、北魚、南魚、古志、長岡方面の教員、学生を最多として農商業家、僧侶の各階級を網羅して女子も加はり、約百名近く一堂に会した十八日は初日のこととて、午前九時開会して直〔ち〕に高倉講師の講義に移ったが、熱心なる講師に引きつけられ……約二時間の聴講後更に質問に応じて十一時半〔午前の部を終え〕休憩した。

午後二時から由良講師〔に〕代って「現代の哲学、特にナトルプに就て」の題下に各要項を挙げ、これ亦懇切な講義をなし、午後四時頃第一日目を終了した。同大学を賛し同地出身の洋画家で文展、大正博等に入選した宮芳平〔１８９３～１９７１〕氏は、自作品五十余点を一般休憩室に陳列するあり、小千谷町小船井時計店主は正午休憩時を利用し、レコードコンサートの催しもあり盛会であった。なお十九、二十日の両日の講義は、午前七時半から開始して、午前は高倉氏、午後二時から由良氏夫々前日に引続き講義される筈である。然して十九日は同地の有志者で昨年十一月から本木彦作氏を師として練習中なる瓢会員は、此〔の〕開催を賛し正午の休憩時中一時頃から川本氏の田村、松風、小袖、曽我等の仕舞等もありと」（前掲『小出町歴史資料集』１８４頁）。

林広策は教員の講習があって出席していなかったが、彼によれば、響倶楽部のメンバーのうち商工業に携わる会員の中から、「高倉の話は分かりやすいんですが、しかしダンテはわからん」という意見が出ているようであった。そのため高倉と由良の講座終了後に、教員と商工業者とのグループ間で意見の不一致が生まれた。教員の林は、商工業に携わる会員の考えを次のように類推する。

「長尾（喜三郎）君あたりの気持が一番ですが、話がわからなかったことから見当がちがったんでしょう。真理の追究というようなことは、あの人たちは希望がなかった」。「商業問題とか当時の現代政治というようなことには関心をもつけれども。哲学とか……には関心をもたなかった……それで期待がはずれたんだと思います」。

「金が意外にかかる」わりに、テーマに関心をもつ「人が思ったほど集まらなかった」こと、つまり「お金がかかることと講義があの人たちの要求にはずれた」ことから、響倶楽部の主だったメンバーが手を引くことになった。「森山君と中条君と私（林広策）」の三人が中心になり、「残ったのはほとんど教員」中心になった（前掲「林広策氏に聞く」前掲誌40～41頁）。

森山君は森山新三、中条君は中条登志雄（１８９８～１９６６）のこと。上田と下伊那の自由大学では高倉の評価は極めて高かったが、魚沼の実業メンバーの評価は、文学や哲学への関心が薄かったためか、上田・下伊那とはかなり異なる評価であったようだ。

ところで、高倉の講義には、もう一人の講師、由良哲次（１８９７～１９７９）が聴講していた。由良は、後に次のような受講後の感想を書き残している。

「講師のもう一人は高倉輝氏であった。高倉氏の講義は、たしかダンテの神曲についてであったと思う――それらをラテン語の原典を引用しつつ話されるので、先回に続く講義らしく地方の農商の実務に従って（携わって）いる人々にとって直ちに生活に接続するものではなかったが、何となく人間的な親しみがあって、聴講の人々と相通うものがあった。それに比しては私の書生っぽい生硬な哲学の講義は聴者にとって余り身につく所の多いものではなかった」（「魚沼自由大学の思い出」１９６８年3月、前掲『土田杏村とその時代』１９８頁）。

傍点部分の由良の指摘は重要である。なぜなら、響倶楽部の実業メンバーと、一般受講生及び聴講した由良との評価に、ズレのある可能性を予想することができる、と考えられるからである。また、高倉の講義を聴講した由良の、受講生に対する観察は、自らの講義内容や方法にいずれは反映できるものだから、たとえ今回は「書生っぽい生硬な」講義に終わっても、次回へ繋がる経験であった、と考えて間違いではなかろう。一般論として、初めから受講生が満足できるような講義は、そう易々とは行えるものではないから、若き由良としては参考になりうる高倉の講義を聴けたことに満足して、それを次回以降に反映させることで良しとすべきではないかと思われる。

なお、高倉のダンテ『神曲』の講義は、伊那自由大学ではとりわけ好評であった。本書の２１２〜２１３頁及び２２０〜２２１頁を参照されたい。

絵画展を催した画家に講師の由良は謝意を表した

由良哲次「現代の哲学、特にナトルプに就て」【第３回②】１９２４年８月18日（３日間）

由良は、後年、魚沼自由大学に登壇することになった経緯と、最初の社会人向け講義を終えた後の自己評価や、その報酬等について、次のように記している。

「大正十三年の夏のことと記憶する。私が京都大学の哲学科一年生……といっても、土田杏村氏の後輩として東京高師を出、更にその専攻科を卒業してから京大に入ったので、卅〔30〕歳を過ぎていた。突然新町頭〔住所〕の杏村氏から『自分が行くべきところ病気で行けないから自由大学へ行って代講をしてほしい……』という手紙に――困ったとは思ったが、取るものも取りあえず行くことにした。……会場は小学校で、集まった会員は農業などの実務についている熱心な青年を中心として、その地方のインテリ層の人々であった。……人の前に立って講演とか講習をしたのは、この堀之内の自由大学が最初であった。……

何しろ学生の最初の講義であって拙劣さを慙愧（ざんき）していたので、私は固より報酬は考えていなかった。ところが帰宅して戴いた包を開いて驚いた。それは書生に贈られたものとしては、まことに多額なものであった。私はとまどって半額を杏村氏に返した。杏村氏は、例の先の太い万年筆の手紙で労と好意を謝して、その額は堀之内へ送って来年の予備にしようとの事であった」（前掲「魚沼自由大学の思い出」１９８〜１９９頁）。

しかしこれには後日談がある。渡辺泰亮宛の由良哲次の手紙には、以下のような心理的な煩悶と提案とが綴られている。

「錦地滞在中ハ誠に一方ならぬ御芳誼を受け有り難く茲に深謝し奉ります。折角の学を愛する熱誠なる青年諸彦の御招きニよりたるニかかはら(ママ)ず全く小生の未熟と不才の為毫も御期待にそふ能(ママ)わず徒らに諸彦の時間を空費したるの罪は実に慙愧ニたへ(ママ)ません。

今少し時間もありたらバと思ひ(ママ)、あの所をかくも言へ(ママ)バよかりしなど後悔のみ致されます。さなきだに〔そうでなくてさえ〕謝礼とて小生如きものニかかる過大の贈與をうけてハ全く小生の苦痛この上なく、せめてその半額なりと返送せんと決心致し居りましたが、それも又戻されたりなどして複雑なるのみですから、とにかく拝受いたしおき、小生の責務としてかの講演の結末だけハつけるの義務ある為来春三月以降（三月までハ試験と論文ニて全く閉口です）開講の期ニ番外として附加下され、かゝるものは重ねて受けぬこととして、有志の人々にのみかの続き西南学派とマルブルヒ学派の大要を語って結末だけはつけたいとの責任感にうたれて居ります。いつでもよろしいから必ずもう一度参ります。

ここに金十五円券封入しておきました。これハ些少乍ら御地への御礼の意味で宮さんの絵具代ニさし上げて下さい」（1924年8月23日付、前掲『資料集』137頁）。

最後の文中にある「宮さんの絵具代」は、当日に開催された宮芳平の作品展示を労う由良の志しであった。なお、宮芳平は、堀之内町の丸末書店（中条登志雄の当時の職場）の主人（宮保治）の末弟である。また歌人の宮柊二(しゅうじ)は、保治の長男（前掲『増補私の過去帖』177頁）。柊二は、旧制長岡中学に在学中から、中山晋平の項（本書146頁）で触れた相馬御風の主宰する歌誌に投稿していた。

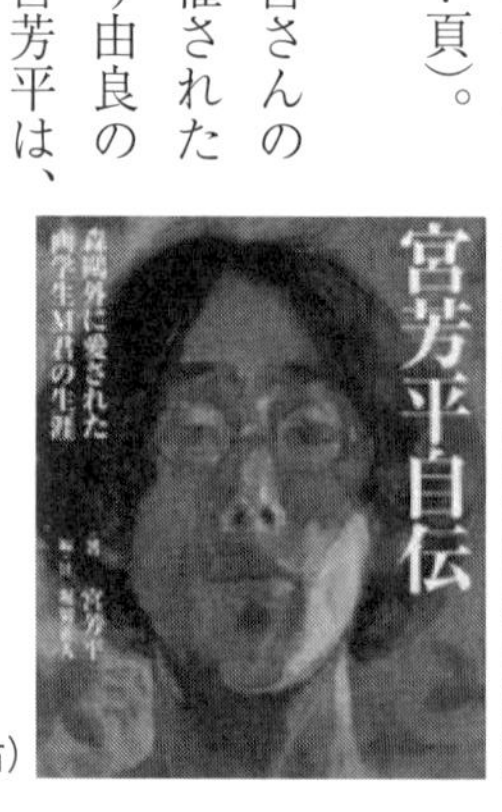

『宮芳平自伝』表紙（左）、宮芳平（右）

『象徴の哲学』をめぐる由良哲次と務台理作

なお、由良哲次は杏村死後、杏村全集編纂の企画に深く関わった。その企画は、『教育学術界』の編集長とモナス社社長にアルス社も加わって進められた。しかし由良が、杏村と関係が深かった第一書房の長谷川巳之吉の意見を聞くと、長谷川から自社で引き受けたい旨の熱心な働きかけがあった。そこで晩年の杏村との深い関係なども考慮して、当初の企画グループの了解を得て、由良がそれまでに集めた杏村の資料一切を第一書房に託すことになった。

「第一書房での編集は、哲学関係は務台理作氏、社会思想関係は恒藤恭氏が選定編集に当った。……全集の哲学の部が出来た時、何よりも私を驚かせたことは『象徴の哲学』を含んでいないことであった」。

由良によれば、「『象徴の哲学』は、杏村思想の要め(ママ)石」、つまり代表作であるにも拘(かかわ)らず、『全集』はこの「要石」を除外していることであった。

なぜ『象徴の哲学』は全集から外されたのか。由良によれば、それは杏村と務台との研究に係わる「体質の相違」に起因する。「両者の視角」の違いが、何を「要石」と見なすかの違いとして現われ、相交わることはなかった、と言うのである。

「土田氏が包含させたプラグマテイズム(ママ)と西南学派、独墺学派の意味と華厳の象徴との結合など、務台氏では百篇の論文を以てしても結びつきは得られないであろう。……相違する二者の交錯しない死角の下に、『象徴の哲学』はあったのである」（前掲『土田杏村とその時代』538頁）。

務台は『象徴の哲学』を杏村の仕事の「要石」とは考えなかった。それは務台の仕事から判断すれば明らかで、『全集』から省いた理由も多言を要しない。それが由良の判断であった。

ところで、杏村の『象徴の哲学』を、由良と同様に高く評価していた上木敏郎は、『全集』全15巻のうち計7巻の編輯に携

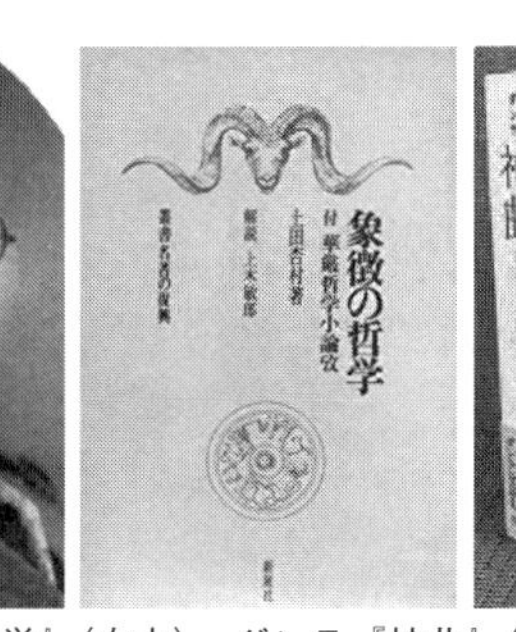

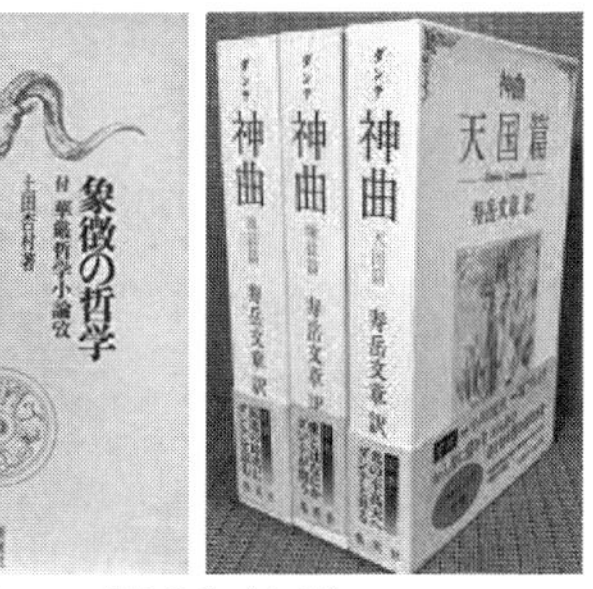

土田杏村全集広告（左）、務台理作（左中）、『象徴の哲学』（右中）、ダンテ『神曲』（右端）

わった恒藤恭の方針に対して、以下のような苦言を呈している。

「〔杏村の〕論文のなかには、なまなましい論戦のあとをしのばせるポレーミッシュな〔論争的な〕ものが多いのであるが、これらの文章の大部分が、この全集には収録されていない。それは恒藤が担当した巻について、一番気付くことである。私など、最も遺憾に思われるのは、……福本イズムの批判、河上肇や三木清のマルキシズム理解を批判した多くの論文が割愛されていることである」（前掲、上木「土田杏村と恒藤恭」93頁）。

なお、『象徴の哲学』は、最初に〈土田杏村著作集 文化学的研究 第一巻〉として、佐藤出版部から1919年に出版された。戦後の1948年に全国書房から再刊され、さらに50年前の1971年に『象徴の哲学 付 華厳哲学小論攷』（新泉社、叢書名著の復興13）として、上木敏郎の重厚な解説〔「土田杏村の生涯（『華厳哲学小論攷』の頃までを中心に）」〕を付して再刊されている。

1924年10月末頃

「魚沼の方がちと内部で革命を起してしまって二三ヶ月弱らせられました。も（う）大丈夫です。くだらない奴ははねてしまってきっしりと固めました」（杏村宛渡辺泰亮書簡草稿――つまりこれも投函せず自宅に残されていた手紙、前掲『資料集』140頁）。

4月11日の渡辺宛杏村の書簡で、杏村は決着がついたと判断したであろうが、「二つの自由大学の連盟については、唯君の全努力に依頼するばかりだ」という杏村の希望は、「二三ヶ月」続いた「革命」（混乱）つまり「くだらない奴」（響倶楽部のメンバー）を「はねて」（役員から外して）、残ったメンバー（林広策ら教員グループと中条登志雄ら）で「きっしりと固め」ることによって、ようやく実現した。ただし、混乱を治めたのは、魚沼自由大学から手を引いた渡辺ではなく、林たち教員グループと中条であった。その後、渡辺は魚沼・八海を代表する形で自由大学連盟の役員になるが、魚沼自由大学から手を引いた渡辺が――その事実を知る人は僅かであるが――どのような心境で役員の席を占めていたのか、それは判らない。

1924年12月　魚沼自由大学会創立総会開催。会則決定。

1925年1月　魚沼自由大学会設立　専務理事：林広策、理事：加藤金治、会計理事：宮貞一を選出。会員は3人の役員の他に、次の17名であった。林栄策、林秀二郎、吉田幸太郎、小川賢太郎、下村正作、野沢知重、森山亀吉、吉田芳松、保科□（ママ）、星野三九郎、宮均、星野一之、井上善一、森山善平、近藤教伝、伊師清吉、五十嵐東吾。

会員には、宮貞一や下村正作らの響倶楽部の有志、林広策や加藤金治や吉田芳松や近藤教伝らの教員、伊師清吉や五十嵐東吾らの堀之内村役場職員が含まれている。星野三九郎について、林広策は「身体が弱くて早く亡くな」ったが、長生きしていれば自由大学の運営に好ましい「要求ができるような」「立場の人」だった、と評価している。また。堀之内農商補習学校教員の吉田芳松に対しても、「山崎延吉（のぶよし）の学校〔愛知県立農林学校〕を出た人」で、1925年2月3日に堀之内校で開催された「魚沼自由大学会」第2回例会で「たしか小作争議か何かについて発表したと思う」と記憶を辿り、彼も「若かったけれども、東京へ移住」してしまい、元気な若い青年たちの世代交代が順調には進まなかった、と振り返っている（「林広策氏に聞く」『自由大学研究』第6号、42、45頁）。

魚沼で培われた人脈は首都圏で豊かな交流を続けた

なお、『自由大学研究』第6号の73頁で、山野晴雄は戸田達雄の交友録『私の過去帖』（私家版、1972年）に触れて、魚沼自由大学に関わりの深い「中条登志雄、近藤教伝、下村正作」の三人に対する回想が含まれていると伝えている。また、『小出町歴史資料集』所収の佐藤泰治論文にも、同書が使われている。読んでみたいと思い調べてみると、上掲の増補版が出ていることが判ったため、取寄せて読んでみた。

情報提供者の山野には深謝したい。中条登志雄は、北原白秋の弟鉄雄の経営する出版社アルスを経て、「新潟県教育関係の人たちを糾合し『ロゴス書院』を創立して出版業をはじめた。その出版した本は、主として魚沼夏季（ママ）自由大学の講師諸氏の著作であった」（178頁、増補版〔文生書院、2016年〕も本体の頁数は旧版と同じ）と同書にある。

山崎延吉の研究書

調べてみると、ロゴス書院からは『山本宣治全集』（高倉輝・安田徳太郎編、全8巻）をはじめ、高倉輝『高瀬川』、今中次麿『政治学に於ける方法二元論』、同『政治学要論』などが出版されていることが確認できた。さらに、魚沼以外の自由大学に登壇した新明正道の『群衆社会学』、山口正太郎『重農派経済学の人々』、西村真次『文化移動論』、『日本古代社会』、安田徳太郎『芸術と精神分析』（翻訳）、群馬自由大学に出講したジャーナリスト、後に横浜市立大の学長を務めた関口泰『普選から婦選へ』、八海自由大学を開設した渡辺亮村（泰亮）の『佐渡おけさ』などの出版も手掛けていることが判った。

また、北原鉄雄に関して「義弟（実妹家子さんの夫君）山本鼎画伯の、北原社長がゴルフの途中小憩している『たばこ一服』という名画があったがどうなったろうか」（前掲書172頁）という指摘に出会った時、その絵に記憶があったので併せて調べてみた。タイトルは『たばこ一服』ではなく『K氏肖像』となっているが、小崎軍司『山本鼎評伝』（信濃路、1979年）の口絵㊶に「北原鉄雄像 油彩 1940年」とあり、本文236頁には「紀元二千六百年奉祝美術展には『時化の朝』と『K氏肖像』を出品した。……主要美術団体の殆どと、文展系や無所属の画家が力作を持ちこんだ大規模の展覧会のなかで山本鼎の作品は目立ったにちがいない。『K氏肖像』はアルス社長北原鉄雄の肖像画である」と記されている。

ところで、既述のように、1924（大正13）年12月、魚沼自由大学会の設立総会が開かれた際に、林広策は専務理事に、加藤金治は理事に選出された。共に小学校の教員であった二人は、自由主義教育の影響を受けて、その前年に連れ立って千葉師範に見学に行ったこともあった。林が1927（昭和2）年に新潟師範の専攻科に入学し、加藤も翌年に堀之内小から南蒲原郡内の小学校に転出して魚沼自由大学は自然消滅したが、しかし、堀之内周辺で創られた人脈はその後も場所を首都圏に移して豊かな交流を続けた。

それを明らかにしているのが戸田達男の『私の過去帖』なのである。ただし記述は断片的で纏めるのは容易ではない。そこでここでは、自由大学と関係が深い二つのエピソードを紹介するに留めておきたい。一つは、高倉輝と中条登志雄（1898～1966）に係わる話である。

「戦局がいよいよ苛烈になってきたころ、高倉輝氏が、留置されていた警視庁から脱走して、浦和の中条さんの家に寄り、衣服を借りて着替え、またどこかへ姿を消すという事件があって、警視庁は中条さんを逮捕し『中条登志雄という黒幕的大もの？』と色めき立った。けれどもいくら調べても高倉氏と旧知でいろいろと恩顧を受けたことはあるが、共産主義的大ものではないことがわかり、約二週間の後釈放された」（同書183頁）。

中条は警視庁にとって大物ではなかった。しかし三木清の場合はそうではなかった。どちらの場合も、脱獄中の知人への立ち寄りは、類を及ぼす可能性があるため避けるべきだと私は考えるが、とりわけ三木の場合には、立ち寄られたことから〝匿った〟との嫌疑を掛けられ、結果として三木の獄死を招いたことを考え合わせると、立ち寄ること自体を遠慮すべきだったと言わざるをえない。

もう一つは、1966（昭和41）年5月5日に、著者の戸田達雄が中条の自宅へ見舞いに出かけた時の話。門の前まで出てきた中条の娘から「癌が方々に転移してどうにもならない」と告げられた後に部屋に案内されると、中条は「一通の手紙」を取り出してきた。それは土田杏村研究者の上木敏郎からの「杏村氏と中条さんとの、またロゴス書院との関係を問い合わせてきた」手紙であった。中条の「もうこれに答える気力がないので」という言葉を聞いた戸田は、関係者にも確認して早急に返事をする、と約して手紙を預かったと記している。

翌日の昼ごろ、子息から電話があった。「さきほど少しも苦しまずに」息を引き取ったという訃報だった。その夜の通夜の席には、関係者が顔を揃え、上木への回答はあらまし出来あがったという（同書186～187頁）。それにしても、中条の最後の力を振り絞った戸田への律儀な依頼には感服するし、研究者としての上木の執念が、個人雑誌『土田杏村とその時代』の息の長い継続を齎した原動力であったことも戸田の本書との出会いによって改めて確認することができた。

上木敏郎（左）、中条登志雄（中）、山本鼎「Ｋ氏の肖像」（右）

どの時代の作品を採り上げたのか情報は掴めていない

【第4回】1925年3月17日（3日間）

富田砕花「土の文学（アイルランド文学を中心としたる）」（聴講者数不明）堀之内小学校

大正14年3月14日付『新潟毎日新聞』は、「堀之内〔魚沼〕自由大学　17日開講」と題して、以下の予告記事を掲げた。

「北魚沼郡堀之内村自由大学にては、来る十七日から三日間堀之内小学校に於〔い〕て第四回講演を開くこととなった。講師は関西学院（大学）教授富田砕花氏で、英文学殊にアイルランド文学の権威として夙に知らるる大家である。演題は「土の文学（アイルランド文学を中心にしたる）」で、今回はあたらしい試みとして毎夜六時から開講の筈である。因〔み〕に同自由大学は、従来響倶楽部の主催として既に三ヶ年間継続し来ったものであるが、本年から離れ、同村青年附近学校青年教育者とで魚沼自由大学会を組織し、陣容をあらたにして臨むことゝなったが、堀之内村に於〔い〕ては毎年多額の補助金を出して此の事業を援助して来たが、緊縮を主とした今年度予算に於〔い〕ても、尚従来の補助を継続してその発達を期する〔との〕ことである」（前掲『小出町歴史資料集』194頁）。

講師の富田砕花（1890～1984、本名戒治郎）は、石川啄木の影響を受け、はじめ歌人として出発したが、やがて民衆詩の詩人として活躍し、大正期にはアメリカの詩人W・ホイットマンの『草の葉』やイギリスの詩人で社会主義者のE・カーペンターの『カアペンタア詩集』を翻訳して日本に紹介した。金子光晴は、『詩人金子光晴自伝』（平凡社、初版1957年、第二版1973年）の中で次のように語っている。

「すでに（北原）白秋、（三木）露風、（萩原）朔太郎などのにおいのついた日本の象徴派の詩から脱却していた僕は、社会主義思想の先乗りのように、当時奔流の勢いで日本の思想界に流れこんできたアメリカ・デモクラシーにとびついていったものだった。……ホイットマンにつづいて、僕は（英国人）エドワード・カーペンターの『民主主義の方へ』を耽読し、世界の広さを取戻した欣びを味わった。カーペンターの詩を紹介していたのは富田砕花だった。どういうきっかけで、富田と直接交際するようになったか、いまはどうしてもおもい出せない。……ホイットマンは、大統領と波止場人足とが本来おない（おなじ）価値であることを、やや天降（あまくだり）風なのびのびした立場から、情熱をこめてうたっていたが、カーペンターは、その情熱をうけつぎながら、さらに精緻に論理づけ一般常識にまで定着させて、会得させようとするところがあった」（79～81頁）。

富田は岩手県盛岡の出身であるが、兵庫県の芦屋に長く住んでいたため、生誕100年、芦屋市制施行50周年を記念して、31年前の1990年に、優れた現代詩の詩集を対象にして「富田砕花賞」が創設された。

富田の講座から50年以上を経たインタビューで、受講者の林広策は講義の感想を聞かれ「なかなか面白かった」と述べている。アイルランドの文学のどの作品がどのように採り挙げられ、富田の講義のどの点が興味深かったのか。新たな質問でもう一押しすれば、新潟の自由大学だけに登壇した富田に対する受講者林の評価が残ることになったはずで、それを逸した点が惜しまれる（前掲「林広策氏に聞く」『自由大学研究』第6号、44頁）。

なお、林広策に関して佐藤泰治は、「大正デモクラシー時代の青春を最も誠実に歩んだ地方の代表的インテリ」であり、その資質は「若き日の膨大な読書量」によって培われたと記述している。読書対象は「吉野作造、福田徳三」から「土田杏村、山本宣治と挙がるが…その最たるものは河上肇」であって、「河上への傾倒は渡欧先からの論考にはじまり、帰国後の『貧乏物語』さらに大正8年1月刊、河上個人雑誌『社会問題研究』購読へと発展した」。他方でまた「森山新三、星野三九郎ら（有志）と『貧乏物語』『資本論』を読みあった」と記している（佐藤泰治「越後の自由大学をめぐる二・三の問題」『自由大学研究』第6号、11～12頁。『小出町歴史資料集』72～73頁）。

林広策を中心とする『資本論』研究会の実態が掘り起こされていれば、魚沼自由大学の鉱

富田砕花（左）、W. ホイットマン（中）、E. カーペンター（右）

脈発掘に繋がるはずであったが、今となっては、それは〝叶わぬ夢〟なのであろう。

1925年5月　『文化』終刊号（第8巻第5号）、同年1月号は休刊。24年12月13日付の渡辺泰亮宛葉書に「気候がだんだん寒くなってくるので警戒して一切面会謝絶、引き籠もって居る。『文化』も無理をするのはばからしいから一月号だけ休んだ」（『資料集』142頁）とある。

1925年8月10日「君達の熱心さには感謝いたします。経済的にもなるべく無理のないようにやってくれたまえ。講師の謝礼などもよく諒解して貰えば少しも気ばる必要はないですから。……九月早々に上田で全部の自由大学の打ち合せ会を開きたいと思ひ(ママ)ます。それへ代表者の御出席を願ひ(ママ)ます」（林広策宛土田杏村書簡、前掲『資料集』147頁）。

エンゲルスの『空想から科学へ』に沿って進められた

【第5回】　1925年12月12日（5日間）

住谷悦治「社会思想史」（約40人）堀之内小学校

「北魚沼郡堀之内村なる魚沼自由大学は、去る大正十一年本社〔北越新報〕の後援により創始せられてより既に四年、常に学界の新人を聘して毎年連続開講し来り、地方文化の為め多大の貢献をなしつつあるが、……本年度〔1925年度〕第二回講座として左記の通り開講を決定した。

一、十二月十二日より五日間（十二日は午後二時より、十三日は午前午後、其他は夜間二時間宛）

二、講座及び講師　社会思想史　同志社大学教授(ママ)住谷悦治氏

三、会場　堀之内小学校　四、聴講料　一円」

（大正14年12月4日付『北越新報』、前掲『小出町歴史資料集』196～197頁）。

講師を務めた住谷悦治は、50年程前の経験を回想して以下のように書き残している。

「1925年には土田〔杏村〕・新明〔正道〕の紹介でわたくしも堀之内という農村の小学校で開かれた『自由大学』で一週間も社会思想史の講義（相互学習）をしたことがある。みな働く農村の男女や小学校の校長・諸先生50名ほどで熱心な学習が繰返された。……大学を出て四年ばかりのわたくしを汽車の小駅まで送り迎えしてくれたことには恐縮した。講義の内容はエンゲルスの「空想的・科学的社

会主義」の紹介で『新社会の夢と科学』という大阪労働問題研究所発行の自分のパンフレットであったが、発売禁止となって爾来50年余りワシントン国会図書館の地下室の書棚で眠りつづけ最近日本の国会図書館に返って来たとのことである」（１９７６年12月27日付前掲『赤旗』『自由大学研究通信』第３号、１９８０年３月、２頁）。

『自由大学雑誌』第11号には、五日間の講座内容が次のように記されている。

第一講「近代に於ける社会的現実」、第二講「理想社会に対する人間の夢」、第三講「空想的社会主義」、第四講「科学的社会主義」、第五講「社会主義社会の本質」、附「社会主義国家論」（17頁）。同雑誌は、この号が最終号となった。『自由大学雑誌』については、発行責任者猪坂直一の50年後の回想文がある。「自由大学雑誌発行の回想」『自由大学雑誌』復刻版月報、１９７６年８月（『自由大学研究』別冊２、１９８１年11月に抄録がある）。

なお、住谷悦治の長男は経済学者で立教大学名誉教授の住谷一彦（１９２５年生まれ）、次男は社会福祉学者で同志社大学名誉教授の住谷磬（１９２６〜２００９）である。長男の一彦は、父悦治の追悼集の中で、次のように語っている。

「昭和八年の瀧川事件では、新聞に支援の筆をふるって当局に睨まれ、ある日訪れた一青年に旅費を与えたことで共産党シンパとして検挙され、……情勢は厳しく同志社を辞した父は、恒藤恭、菊池寛氏の好意で『文芸春秋』社特派員として難を欧州に避けることを余儀なくさせられた。一年にわたる亡命（？）生活の間、私たちは母の妹一家と神戸市六甲に同居して父の帰国を待った。……

さいわい学友であった田中忠夫氏の好意で、松山高商に就職できた時、私たち一家は、やっと世の普通の家庭の幸福を見出すことができたのであった。松山時代は楽しかった。高商の学生は我が家に入り浸って父母と人生論、映画論、芸術、さらに学問論を闘わしていた。やっと平穏な薄日がさしかけた我が家にとって、歴史の歩みは非情だった。日本の政府と軍部は満州から中国にと帝国主義的侵略を拡げ太平洋戦争に突入した。前年出版した『近

住谷悦治

世社会史』が発禁となったのをきっかけに右翼による父の排斥運動が高まり善通寺師団長の介入もあって、父は遂に高商を退職、私たち一家はふたたび失業の生活に入った。……昭和20年の春、旅順にいた私のところにとどく父の便りには、戦いが終りに近づいていること、生命を大切にすることがつねに書かれており、私は便りのとどくたびに非国民的な父を持ったかど（廉）でなぐられた。だが、それこそは父の変らぬ真情であり、この核があったればこそ、敗戦を迎えたとき、父はあたかも堰を破った奔流のごとく、平和と民主主義の新生日本の夜明けに向って恒藤恭・滝川幸辰（ゆきとき）・末川博各先生らとともに日夜めざましい啓蒙活動に邁進できたのではなかろうか」（住谷一彦「父を語る」『同志社時報』第84号、１９８８年3月、30～31頁）。

既に述べたように、住谷悦治は、土田杏村に対して、世評では「世間並みの化石的哲学者」とか「お上品な文化主義の哲学者」と見なされているが、「実に溌剌たる生気を有している街頭の哲学者である」と評価している（本書87頁参照）。

なお、住谷の評伝として、田中秀臣『沈黙と抵抗』（藤原書店、２００1年）がある。

講師の確保ままならず　１９２５年12月から27年6月までのほぼ一年半、魚沼自由大学は開講されておらず、また25年8月から26年12月までの一年五ヶ月、八海でも開講されていない。この間の手紙の遣り取りからは、講師を得るのが捗々（はかばか）しくない状況が浮かび上がってくる。高倉が特に懸念していた事態が早くも訪れた。

すでにそれ以前から、講師の確保には手を焼いていた。24年7月26日に、「杉森君だめ、同志社の浜田君だめ、実に弱った。佐野勝也君をと思ったが、手紙がおくれていよいよ困るといけないから、とにかく今由良君に依頼を出した。これも休暇中どこへ旅行して居るか分らぬから返事がおくれよう。弱った」（渡辺泰亮宛土田杏村書簡、前掲『資料集』１３４頁）とある。

１９２４年11月28日　杏村の病状

「どうも起きて居るといつまでもせきがやまないので、それから原稿など皆な電報で断り、臥床した。成績は非常によい。

もう殆どせきがなくなった。数日中に起きるつもりだ。といって話をするのはわるいから一切訪客を謝して居る。この冬はやはり訪客を謝する（謝（あやま）る、断る）つもり。

それが万善だから。今は筆談をやってる、家の人とも。さもないと出血の傷の平癒がおそいから。体力その他すべては何等故障なし。声帯もこの前の復活ではない。まだ何にせよ、粘膜が鍛えられて居ないから〔と〕のこと。御安心を乞う」（渡辺泰亮宛、142頁）。

「体の方は、うんとよくなって、愈々十六貫（60kg）の体重を突破し、十六貫五百台になった」（渡辺宛、前掲書149頁）。

「僕は昨年の八月以来臥床しているのだ。今度はどう手をつくしても恢復しない。毎日発熱は七度から八度まで屡々それ以上になる。……僕の過去に於ける最悪の状態なのだ」（渡辺宛、前掲書158頁）。

閑話休題：土田杏村「日本児童文庫の教育的方針に就（い）て」『北越新報』1927（昭和2）年5月17日（前掲『資料集』197～200頁）。

「いやしくも児童読物の責任編輯に携わる位の者なら平素から教育の意見を公表していた人でなければなるまい。教育会にも貢献した人でなければなるまい」。

「この（日本児童）文庫が発表せられるまでに執って来た教育的方針を公表しておきたい。というのは近頃模倣雑駁なる刊行物現れその選択にまよう読者も多かろうと考えるからである」。傍点を付した刊行物は、菊池寛が芥川龍之介を「共同編集」者に巻き込んで、興文社と文芸春秋社との共同で刊行した『小学生全集』を指している。

「アルス主北原鉄雄氏（白秋の弟）の徴（求め）に応じて私の提供した案は、（自学自習教育の必要上何としても立派な児童図書館文庫を拵ひ上げなければならぬと考えていたが、その編輯方法については、既に数年前の『教育研究』誌上に公表して置いたので）、この方針に基き北原氏の意見を合わせて私の作成したものであった」。その後「北原氏は各方面の権威者の参集を乞い原案に就（い）て疑義又疑義を重ね修正案を作られ」て「京都の私を訪問せられた」。

「その結果又数回の会議が重ねられ、……東京と京都に

小学生全集（左）、日本児童文庫（右）

幾回となき往復が行われた」。我々が「決定案を得て、印刷し或は少数者に公表した時には、世に未だ此れと類似の計画を発表したもの無く、況（いわ）（ん）や斯くも綿密なる決定案を得て居たものは断じて無かった。私は今その事を明かに公言してはばからない。換言すればわれわれの決定細案の印刷物は我国に最初の大綜合児童図書館文庫の公表であったのだ」。

「文庫の教育的方針」については、「模倣をおそれて其公表を後に延期したい」。ここでは、「書目選定の方針に就（い）てだけ一言して置きたい」。

第一「島国的精神の打破と土に基く精神の高調」、第二「禅文化の綜合を企画」、第三「児童の興味と知識の平衡」、第四「内容の易解と精確」、第五「家庭永久の知識の友」、第六「文庫の程度は小学二三年」が理解でき「同時に」全員が「面白くて為になる」ような「工夫」が施されている事、第七「廉価で丈夫で美しい事」、最後に「我々の避ける苦心した点」として、「当今の児童よみ物に多い極端に児童の心を刺激する材料をさけた」。

『日本児童文庫』（アルス、北原鉄雄・土田杏村）と『小学生全集』（興文社・文芸春秋、菊池寛・芥川龍之介）との、外部から見れば「泥仕合」の様相については、本書のテーマから外れるため、ここでは深入りしない。差し当たり、上木敏郎「芥川の死と『日本児童文庫』」『土田杏村と自由大学運動』（２４９～２５６頁）、および小宮山量平「児童文学文庫（ママ）と小学生全集」（『タカクラ・テルのすべて』顕彰碑建立15周年・第14回碑前祭 記念講演、長野山宣会、２００３年、13～18頁）を参照されたい。

講義内容と要旨は残るが他の情報は入手できていない

【第６回】１９２７年６月25日（２日間）

今中次麿「政治学」（約50人）堀之内小学校

資料として㈠「下村正作『手帳』（昭和二年日記）」（『自由大学研究』第６号、１９７９年10月、66～68頁）および㈡前野良「（資料）魚沼自由大学における『政治学講義の内容』」（『自由大学研究』第８号、１９８３年10月、66～71頁）がある。

なお、下村正作（１８９６～１９６８）は、一時上京後に家業の酒造業に就き、１９２１（大正10）年に結婚、翌年の長男誕生を機に独立し、堀之内駅前に酒類販売業を営んでいる。戸田達雄、前掲『増補 私の過去帖』（247〜255頁）参照。

「政治学」講義要綱（現代政治学上の諸問題）第一講〜第四講

第一講　政治の時代去れるか、第二講　立憲政治の現代に於ける意義、第三講　法治国家より経済国家へ、第四講　支那（ママ）問題。

前野良「資料・魚沼自由大学に於ける講義『現代政治学上の諸問題』」（同『上田自由大学と今中次麿博士の政治学』私家版（全32頁）、1983年5月、27〜32頁、所収）。なお、ほぼ同じものが前掲「資料　魚沼自由大学における『政治学講義の内容』」として『自由大学研究』に収められているが、引用は私家版から行う。

「現代政治学上の諸問題（要旨）

一、政治の時代去れるや？

〝Passing of Politics〟と云う声が頻［り］に叫ばれるが、これには肯定すべき方面と、肯定し得ない方面がある。かかる声の叫ばれるのは畢竟（ひっきょう）、政治の中心問題が、時勢と共に変化するからである。故に現代に於ける政治の問題は何か。而して政治は果して現代に如何なる使命を有するものであるかと云うことを説きつつ、併せて政治の概念を明にしたいと思う。

二、法治国家より経済国家へ——

自由主義の政治が既にその意義を失い、経済を重んずる政治の様相が、重要になって来た。ここで従来の国家の目的に関する学説を述べつつ、国家の正しい目的と国家の概念を明にして見たい。

三、立憲政治の現代に於ける意義如何？

既にその〔立憲政治の〕意義の失われつつあることを明にしつつ、来るべき国家の組織を予想して見たい。ここで併せて選挙問題と議会論と内閣論とに触れることが出来よう。

四、支那（ママ）は如何にして統一せられるか？

朝野の此（の）問題に対する見解は、全く混沌である。数年来、私の主張し来った国民党支援論の論拠を述べて見たい。併せて近世に於ける外交政策の基調の最も典型的な発達をなせる、列国の対支（ママ）政策を説明して見たい（以上）」

（前掲私家版、29頁）。

なお、今中は上田自由大学の【第4期第2回】（1924

今中次麿

年11月）および群馬自由大学（1926年10月）にも登壇している。また、前野良の「回想」が『今中次麿　生涯と回想』（法律文化社、1982年、168～178頁）に所収されている。

魚沼自由大学の終焉：渡辺泰亮が1926年に伊米ヶ崎小を去り、林広策も妻の死去という不幸に見舞われた上に、27年新潟師範専攻科へ入学のため郷里を離れた。翌28年理事の加藤金治も南蒲原郡内の小学校に転出し（その後埼玉県戸田町の工場経営者に転身。前掲『私の過去帖』183、186頁）、会計理事の宮貞一も村を離れた。魚沼自由大学の消滅を導いたのは、こうした幹部連の相次ぐ転出・離村が主たる原因であった。地元に根を張る青年たちが去り、転勤族である教員主導となった自由大学学会が背負わなければならぬ宿命と言える（『堀之内町史』通史編（近代・現代・民俗）1997年、404～405頁）。

安達朋子の卒業研究の値打ち（「新潟県における自由大学運動」上・下『自由大学研究』第8、9号、1983年10月、1986年1月）佐藤泰治と山野晴雄という二人の師に恵まれ、出身地という「地の利」を存分に生かしながら、ある意味で好対照な師の研究をともに「相対化」している点は、自由大学の精神を貫いた点で優れている。新潟県の自由大学研究は、安達の論稿によって深みが増したことは間違いないが、研究スタイルの異なる二人の師との（恐らくは）率直で自由な討論が重ねられ、それが良き結果を齎すことに繋がった、と考えるのが自然であろう。とりわけ、受講者へのアンケートや聞き取り調査の実施は、新潟県における自由大学研究の厚みを増すことに確実に繋がったと評価できる。

伊那自由大学における竹花佳江の学部ゼミナール論文「伊那自由大学の歴史と思想」（『思想史研究草稿』第5号、1982年10月、本書192～193頁参照）と共に、読み応えのある論稿に仕上がっている点を確認しておきたい。

『今中次麿　生涯と回想』

２　八海自由大学

八海夏季大学は開講されたのか　開講されたと判断しうる根拠は有りや無しや

佐藤泰治「新潟県における自由大学運動の研究」に以下の指摘がある。「森山〔茂樹〕氏が『大正11〔1922〕年8月に、両村には『夏季大学』が開かれ、……名称を八海夏季大学と言い』と書かれた件」。「山野氏は、その存在を否定しておられるが、……しかし、次の書簡を読むとき、その存在を否定できなくなるはずである」として、大正12〔1923〕年3月1日付杏村の葉書を引用する。

「八月の会のこと、あれは二度にやるのは運動として不利益だ。八海と魚沼を合併するなり、八月だけ魚沼主催、八海後援とするなりで一度に一箇所でやる方がよいと思う。これは高倉君も君の方から帰ってしきりにいっていた」（前掲『資料集』、79～80頁）。

その上で佐藤は、「これによれば、八月の会は前年八海でも行われたことがわかり、第二に、『君の方』へは高倉「も」いっていたことがわかる。……尤も次の4月13日付の杏村の手紙では、泰亮と旧知のはずの高倉を初対面風に紹介しているところなど、やや気になるところが若干残るのだが」（前掲書、12～13頁）とも述べている。杏村の4月13日付書簡は左記のとおりである。

「もう一人相棒は『文学概論』とし、文学士、高倉輝君にしたらどうかと思う。高倉君は英文出だが、ロシア語が達者でロシア文学通だ。劇もかき、『改造』に二、三回出した。これは信州の沓掛に居るから君の方へ直ぐいける。自由大学運動の一闘士だし、僕と運動を共にして居る快男子だ」（前掲書81頁）。

「やや気になるところが若干残るのだが」と言って済ませる程度のこととも思えない。しかも、第一回の八海自由大学は、魚沼自由大学とは異なり、カウントを第二回に変更されてはいない。したがって、私としては、八海夏季大学は、以上の経過を踏まえた上で、今後新たな史資料が発見されない限り、それが開催されたと断定するには根拠が不充分である、と判断するのが妥当だと考える。

森山茂樹「魚沼、八海両自由大学の成立と経過——大正期自由大学運動研究への試み」は、次のように書かれている。

（両自由大学に先立って、）「大正11年8月に、両村には『夏季大学』が開かれ、土田杏村、高倉輝等が講師として来村していた。伊米ヶ崎村における夏季大学は、名称を八海夏季大学と言い伊米ヶ崎村小学校校長渡辺泰亮の努力によって開設されたものであった」。

しかし、伊米ヶ崎村の八海夏季大学が開催されたという裏付けは、取られていない。

また、安達朋子前掲論文（上）27頁には、大正11（1922）年8月、杏村と高倉が夏季大学を開講した、同年秋には中山晋平と佐藤千夜子が「音楽講習会」を開催した、と指摘されている。こちらも、断定されているが、その根拠＝裏付けは示されていない。

自由大学の立脚点は自己成長への渇望だと確認された

【第1回】 1923年12月16日（1日）

高倉輝「文学概論」（聴講者数不明）伊米ヶ崎小学校

高倉輝は、八海自由大学の開講にあたり自ら執筆した「発会式に臨みて」と題する式辞を朗読した。

「私はこの自由大学の創立に対する諸君の異常なる『熱』に対して心からの愉快なる愕きを抑えることが出来ない。この熱こそは諸君が諸君自身を教育し成長させんとする所の已むを得ざる熱望であり、またこの熱望こそは、現在あるところの公立大学の制度の徒らに唯だ学生に職業を与えるのみの機関に堕しつつあるに対して、正に確然と自由大学存立の意義を植えつける所のものであり、而してまた同時にこれこそは諸君がやがて来らんとする光栄ある時代の健全なる一単位として、いま確実にその参与の資格を把持しつつある何よりの証左である。……

本来学問芸術とは、かかる純粋に飢えたる者の場合に於（い）てのみこれを豊かにして健全なる滋養を齎すべき性質のものである。即ち諸君の精神がかくの如くに飢えている限り、恐らくはこの自由大学は永久に続くであろう。而して恐らくは永久に諸君を養い、諸君の成長を助ける最も大いなる糧となるであろう。ここに私もこの「八海自由大学」の一員として永久に諸君と同じ道を歩き、永久に自己の成長を計ろうとするの喜びを分とうとする者である」（渡辺泰亮宛の封書に同封、前掲『資料集』１１２頁）。

充たされない「飢えたる」精神が「永久に」続き、また「自己の成長を計ろうとする」精神がいつまでも続く限り、「やがて来らんとする光栄ある時代の健全なる」一員として、自由大学を支えつつ、自己成長を止めることはないであろう。ただし、「自己の成長を計ろうとする」精神をコンスタントに維持し続けること自体は、それが日常の習慣になるまで繰り返されない限り、容易いことではない、という点も押さえておく必要はあるが。

　なお、この「文学概論」講義終了後の高倉自身の評価や感想も、受講者からの授業評価や回想も、残念ながら残されていないようである。『生命律とは何ぞや』（アルス、１９２６年）の「はしがき」に「越後の八海自由大学、信州の松本自由大学、前橋の群馬自由大学その他で行なった講演をまとめて一としたもので、『我等いかに生く可きか』（１９２３年7月刊―引用者）以後、現在に至るまでの、人世社会に対する著者百般の態度は、やはり、この一巻につきているということができる」と記している。全四講のうち、どの部分が八海で話されたのか、松本と前橋の講義内容はどのようなものだったのか、それは今のところ残念ながら特定はできない。

　ところで、山野晴雄は「『我等いかに生く可きか』で述べられている芸術観や社会観は、『生命律とは何ぞや』になると、……認識に深化が見られる」と指摘して次のように述べている。

　高倉の認識の「深化」は、

（左）伊米ヶ崎小学校、（右）『生命律とは何ぞや』はしがき

「『民衆』の存在を認識する」ことから齎された。芸術観は、従来の「芸術家とは『永遠の反逆者』であるとしていた見方から、『芸術とは英雄偉人でないところの我我凡俗がかくして已むを得なくなって皆で一緒に踊る踊だ』という見方」へと「深化」することになった、というのが山野の判断である。また、高倉は「アカデミズムに失望して京大嘱託をやめたが、そのアカデミズムから摂取した合理的精神が、科学文明に対する安易な否定につながらない理解を導」き出し、社会観も「深化」することになった、とも考えている（「タカクラ・テルの一九二〇年代」『長野県近代民衆史の諸問題』龍鳳書房、2008年、104～105頁）。いずれも妥当な判断と言える。

発会式で高倉は、上記の式辞を披露し、続いて「文学概論」の講義を行っている。新聞記事としては、以下のものしか残されていない。「八海自由大学の発会式」（『北越新報』大正12年12月18日）「南魚沼郡伊米ヶ崎小学校に於［い］て、去る16日午前10時より高倉文学士を聘し八海自由大学の発会式兼第一回講演会を開催せるが、聴講者多数ありたりと」（前掲『小出町歴史資料集』181頁）。『北越新報』は明らかに力の抜けた対応を示しているが、それもこの間の事情（本腰を入れて『北越新報』が支援を重ねてきたにも拘わらず、『越佐新報』の中川杏果が後から割り込んできたため、従来のエネルギーが削がれたこと）を勘案すれば、やむを得ない面がある。

また、高倉は杏村に対して、翌24年2月16、17の両日に予定されている第2回講義の講師（出隆）に関する問合せを行っている（上木敏郎前掲書、169頁）。

近隣での開講は当初の懸念が解消されず現実となった

【第2回】1924年2月16日（1日）
出隆「哲学史」（聴講者数不明）伊米ヶ崎小学校

2月16日、17日の講師はなかなか決まらなかった。最終的には杏村が、出隆（1892～1980）に無理を承知で頼み込んで、ようやくその出講が決まった。その経緯は2月10日消印の、渡辺泰亮宛出隆の葉書の文面から明らかになる。

「とても出られない多忙の時ですが、15日（金）の夕方出発することが出来ます。そして、17日午前七時頃には上野に帰っていなくてはなりません。故に、その範囲内（随って、16日午後か夜、17日午前？）のみ二回、数時間の講義が出来ます。土田兄の手紙によって、行く事に決心しました」（前掲『資料集』１１９頁）。

しかし、「17日午前7時」ではなく「午後7時」でなければ「午前」の講義は無理であろう。

つまり、杏村が手紙で出隆に頼み込んで、止むを得ず出は「多忙」の中を掻いくぐって出講を「決心」したのである。結局、当初の2日間の予定は、16日の「一日だけ」開講することになった（前掲、上木敏郎『土田杏村と自由大学運動』１７０頁）。したがって、出隆は上田における三回の講座とこの八海との、都合四回の出講を果たしたことになる。

こうした結果の背景には、魚沼自由大学の会場（堀之内小学校）と八海自由大学の会場（伊米ヶ崎小学校）とが魚野川を挟んで近接しており、既に述べたように、講師の派遣に当たって杏村も高倉も近隣の2か所で開講することに難色を示していたことが挙げられる。

前掲の高倉の23年12月、24年2月、3月の渡辺宛手紙や、杏村の24年3月の渡辺宛手紙が示しているように（本書１４７〜１４８頁参照）、狭い地域内で二つも（川口を含めて）三つも自由大学を開くことは、受講生を集め講師を手配する上で調整に手間がかかりメリットがない、というのが二人の共通認識であった。内部の事情を知らない杏村と高倉には、いわば当然の反応と言える。しかし、魚沼自由大学の１９２３年８月10日夜に書かれ、投函されなかった渡辺泰亮の響倶楽部宛手紙を知る者としては、渡辺が二人の意見を受入れる余地はなかったと考えざるをえない。

なお、講師の回想も受講者の授業評価も、残念ながら入手できていない。

ところで、出隆と夏目漱石の弟子・内田百閒（本名榮造、１８８９〜１９７１）とは、共に岡山県出身で古くからの知り合いであった。出は、「内田百閒先生」と題するエッセイで次のように述べている。

「もともと百閒先生は、先生と呼ばれる程の馬鹿ではないし、また小生も、商売柄論理学の原則は一応心得ているので、それ程の馬鹿でない人間を先生と呼んで馬鹿であることにしたくはない。しかし、考えてみると、百閒先生御自身も、その書かれる物のなかでは、この小生のことを、御丁寧にも小生の姓なる出を上下二つに立ち切って、二山先生と呼んで小生を馬鹿にしておられる。……だから、こうしてお互いに敬意を表して馬鹿にしあえば、差引勘定パーというところで、どちらも腹の立たない中である」（初出：1954年、平山三郎編『回想 内田百閒』津輕書房、1975年、126頁）。

また、『全輯百閒随筆』内容見本の「推薦文」の一編で、出隆は「百閒の人間味」と題する左の一文を寄せている。

「百閒の作品に対して私は公平な批評家でも推薦者でもないであろう。私は百閒を、未だ夢にも百鬼園などと借金臭く号するに至らう（ママ）とは想はれ（ママ）なかった若様の頃から、内田の榮造さんとして知り、永くその知遇を得てゐる（ママ）ので、その随筆や小説を読むとき作者榮造さんのキョトンとした眼などが飛び出して来て、私を公平な読者たらしめないからである。然も彼は最も多く彼自らを語る作者だからである。尤も、彼自らを語るといふ（ママ）は、彼や彼の身の周りに起った実話をといふ（ママ）のではない。然も彼の作には彼を離れた何ものもない。そこには常に彼のみが言ひ得る一流の理屈やあの眼にでなくては映じない物の姿が正直に写されてゐる（ママ）。併し恐らくそれ故に、彼を直接に知らない読者は、彼の作品の総てを通じて或る独特な人物をその知人の一人に加へ得るであらう。更に最も正直に写されてゐる（ママ）だけに、あの人並外れた理屈をその感情に融けこましてゐる（ママ）変哲な人物の奇行と怪説のうちに、読者は、辛辣深酷（ママ）な世間批評をだけでなく、或る最も人間的なものをさへ見出すであらう。敢て推薦する所以である」（前掲『回想 内田百閒』453～454頁）。

（左）内田百閒（右）前列右より出隆、半田孝海、高倉輝、猪坂直一 その後、山越脩蔵

1924年7月10日　土田杏村は、8月に開催される予定の魚沼と八海の自由大学への、声を出して読みたくなるような呼び掛け文を『北越新報』に寄稿している。

「我々の自由大学の季節が来た。友よ、鍬を捨て、鎌を収めて、新しい講義を聞く人となろうではないか。どんな新しい呼び聲が我々の耳に響いて来るか、それを思うのは今から大いなる楽しみだ。我々は人間になるのだ、人間らしい人間になるのだ。からっぽな政治騒ぎや村治改良が何の役に立つか。我々は先ず自分の精神をしっかりと建設しなければならない。……我々の自由大学は毎年連続した講義を以て進められて行く。知識の断片を得て虚栄を大きくす（る）のではない。考える仕方を深めて人間の品位を高くして行くのだ。そして此の自由大学を誰からも強制せられず自分自身の内面の要求からあらゆる犠牲を忍び共同努力で擁護して行くのは何と云う壮快さだ。……友よ、一人でも多くの友を呼び起して我々の新しい講義を聞こうではないか。自由大学の鐘は今しきりに鳴っているのだ。我々（は）所謂夏季大学のように形式ばかり大きく内容の空っぽなものにはあきあきした。あのお祭騒ぎの中から何が生れよう。……友よ、自由大学の鐘は今しきりに鳴っている。川を超え、山を超え、草の畦に木の葉の上に。友よ、さあ鍬を捨て、鎌を収めて、持（待）っていた新しい講義を貪り聞く時が来た」（前掲『資料集』１３１～１３２頁、１８２～１８３頁。）。

７月10日付『北越新報』が初出。７月11日付『新潟時事新聞』および同日付『信濃時事新聞』（後述）にも掲載。すべて同文の八月開催の自由大学への呼びかけ文である。

「知識の断片」を集めて、それで自己満足するのでは、単なる〈物知り・物識り〉にとどまる。大切なことは、所与の「知識」を覚えて虚栄心を満足することではなく、それらの「知識」を活用して、新たに「考える」ことである。「考える仕方を深めて人間の品位を高くして行く」こと、それが自由大学の求めるところだ、と言うのである。

「少壮学者中の最高権威」と童心教育の提唱者が登壇

【第３回】１９２４年８月１日（２日間）／８月３日

山口正太郎「経済学」８月１日、２日の２日間連続の講義、受講者は約１５０人、会場は浦佐村普光寺。

３日　野口雨情「童心芸術、童謡教育」（約２００人）

８月初頭に開催予定の八海自由大学の概要は、４月29日付『魚沼新報』紙上で以下のように予告された。

「昨年開催したる八海自由大学は、堅実なる会員組織として発展し……第一回第二回を伊米ヶ崎村に開講し、高倉文学士の文学論、出文学士の哲学講義ありしが、第三回は……三日間に亙り浦佐村に於〔い〕て開催し一般の聴講を歓迎す〔る〕と。講師は同大学経済学講座担任神戸〔大阪〕高等商業学校教授にして京都帝国大学講師たる山口正太郎氏及び詩人として天下に聞えたる野口雨情氏にして、山口氏は理論経済学、野口氏は民謡童謡につきその蘊蓄を傾くる由、既に両氏の承諾を得たりと」（前掲『資料集』１８１頁）。

また、講座終了後には8月5日付の『北越新報』で、山口正太郎の講義は次のように報じられた。

「去る〔8月〕一日から三日間八海自由大学が開催されたが、初日の一日は午前九時渡辺〔泰亮〕伊米ヶ崎〔小〕校長、開講の辞を述べ、講師京都大学教授（ママ）山口正太郎氏の経済哲学に関する講義あり、聴講者百五十名。二日も同様山口講師の続講あり、午後二時終会し講師の慰労会を開いた」（前掲『資料集』１８３頁）。

記事中の京都大学「教授」は「講師」が正しい（「教授」は大阪高商の肩書である）。山口は、第1回講座の発会式において、八海自由大学の理事に選出されている。

なお、山口正太郎と野口雨情については、杏村の紹介文があるので左に引用する。

「山口君は現に京都大学と大阪高商とに講座を開いて居られる。此れまで老大家がやって来た様な経済学と違い、本当に学問的の経済学を建設しつつある人としては、我国の経済学界（ママ）に人は多いが、実は山口君以外に人無き現状である。山口君は哲学、経済学、社会学等のすべてに精通して居られ、……将来我国の経済学を一人で担って立たれる人である。学界（ママ）人は多いが、今年の自由大学には是非そうした少壮学者中の最高権威者を依頼したいと思って居て、……〔山口君を〕迎える事の出来たのは、実に恵まれた幸運であった」（前掲『資料集』１３２頁）。

「野口氏とは私は不幸にして従来私交を得る機会を持たなかった。併し日本の童謡教育における同君の功績に対しては、日頃密かに敬意を表して居るものである。北原白秋氏、西條八十氏と並んで同君の童謡は現に最も多く児童に歌われて居ると思うが、其中でも野口君の作品は最も多く野趣を帯び、軽佻なる都会趣味から離れて居る。魚沼の地で芸術教育の講義を聞くとすれば、同君ほどの最適者は無い」（前掲『資料集』１３２～１３３頁）。

詩人で作詞家の野口雨情（１８８２～１９４５）の講座は、翌々日に以下のように報じられた。

「野口雨情氏は童心芸術と題し、童心教育の本質より現代教育は偏科学的教育で、一番大切なる自然の儘なる自由な意志を奪い、知らず知らずに暗い深淵に引入るの感がある。此の理知的教育を緩和せしむるには、童心芸術ならざるべからずと述べ、更に童謡とは童心を通じて見たる事物の生活を、音楽的旋律のある今日の言葉で云いあらわされた芸文である、と童謡の標語を示して、童謡と教育の一致点を述べ、童謡は児童の世界になくてはならぬ宗教なりと縷々（るる）講演し、午後四時予定の講演を終り、渡辺泰亮氏の閉会の辞ありて散会せり」（『新潟毎日新聞』大正一三年八月五日付、前掲『資料集』１８３頁）。

除幕式に招かれた野口存彌は沖野研究の大家だった

１９７７（昭和52）年11月6日　第3回八海自由大学の開講から50年以上経ったこの日に、小出町立伊米ヶ崎小学校内庭で、渡辺泰亮顕彰並びに野口雨情魚野川旅情歌碑の除幕式、および屋内での記念行事が執り行われた。魚野川旅情歌碑には「八海自由大学記念」と横書きされたその下に、霊峰八海山を仰ぎ、清流魚野川に臨む山村での旅情を吟じた野口の歌詞「霧は山から日は東から　越後魚沼朝霧や深や」が刻されている（『八海自由大学記念碑建立記録』１９７７年、16頁）。なお、当日の式典には、野口雨情の子息、児童文学および文学研究者の野口存彌（のぶや）が招かれている。

式典の提案者は星野右一郎であった。詳しくは、星野「式典行事の模様」「建碑に至る迄の経緯と趣旨」「八海自由大学の背景となった伊米ヶ崎小学校に就て」「自由大学運動の推移」（『八海自由大学記念碑建立記録』１９７７年、９～26頁、所収）を参照。『虫野のあゆみ』57～58頁にも紹介されている。

野口存彌（１９３１

歌碑の修復原本（左）、野口雨情（右）

～２０１５）には、『野口雨情 詩と人と時代』（未来社、１９８６年）、『文学の遠近法』（武蔵野書房、２００４年）、『太宰治・現代文学の地平線』（踏青社）などの他に、『沖野岩三郎』（踏青社、１９８９年）がある。１９７７年に父雨情の記念碑建立に招待された存彌が、同じ魚沼市内の堀之内小学校で開催された魚沼自由大学に沖野岩三郎が登壇したことを知り、その12年後に雨情と近現代文学研究との傍ら著書『沖野岩三郎』を上梓したのではないか。――大いなる期待を交えながら、５６０頁にのぼる大部な同書を取寄せ一気に読んでみた。自由大学に触れる記述には、残念ながら出会えなかったが、時間をかけた研究の跡がよく伝わってくる作品に巡り合え、爽やかな読後感を味わうことができたのは、当初の予想を超える収穫だった。なお、野口存彌には、佐藤春夫や平出修など幸徳事件ゆかりの人々の論考もある。

ところで、沖野岩三郎の終焉の地は、かつて高倉輝も住んだことのある沓掛（中軽井沢）駅からそれ程遠くない千ヶ滝にある。野口存彌は、「苦難の半生を経た沖野にとって、軽井沢が精神的解放をもたらすこの上ない憩いの地となったのは確かだった」と記した後に、次のように筆を進めている。

「昭和八（１９３３）年夏からは避暑にきた家庭の児童のために夏期学校として千ヶ滝学園を開設した。座談や話術の名手だったと言われる沖野は集ってきた児童たちに熱心に童話講演をおこなった。

昭和十九年夏、東京での生活を打ち切り、軽井沢に疎開した。生活物資が欠乏した極端に不自由な時代だったから、花壇を畑に変えて野菜を栽培し自給自足の日々を送った。

敗戦から間もなく、星野温泉の遊学堂で日曜講演を開始した。糖尿病が悪化し、視力が次第に薄れていくという健康状態をたどっていたが、キリスト教の真理を語っておかなければならぬという使命感に支えられて、日曜講演を欠かすことはなかった。そのすがたは人びとに深い感動を与えた。

昭和三十年に浅間高原教会（現、軽井沢高原教会）が開設され初代牧師となったが、翌三十一年一

「惜秋山荘」の石碑（左）、除幕式の野口存彌（左）と駒形新作（中）

月三十一日に安らかに世を去った。八十歳だった。

沖野は独創的な生き方をつらぬいた作家として膨大な業績をなしとげた。児童文学作品も書いた。女性解放問題に関しても発言した。植民地時代の朝鮮を旅行し、日本の植民地支配にも警告を発している。

賀川豊彦の貧民伝道をジャーナリズムに押し出し、『死線を超えて』が書かれる契機をつくったのも、私淑していた徳冨蘆花の没後、『蘆花全集』を編纂したのもまた沖野である。

千ヶ滝の終焉の家はとりこわされ、その跡には惜秋山荘と刻んだ小さな石碑しか残っていないが、沖野岩三郎の全業績が孕む問題性はいまもって新しいと言わなければならない」（「軽井沢と沖野岩三郎」『文学の遠近法』武蔵野書房、２００４年、86～87頁）。

アイルランドの文学者のどの作品を採り上げたかは不明

【第４回】１９２５年3月14日（３日間）

富田砕花「土の文学（アイルランド文学を中心としたる）」（約80人）佐藤清之丞宅

魚沼自由大学の富田の項で、判る限りの事柄については触れておいたので、ここでは書き残したことと、八海自由大学開催に当たっての混乱ぶりを追記しておく。なお、富田の回想も受講生の授業評価も入手することはできなかった。

山野晴雄の前掲「年譜」（１９８１年）や『自由大学運動と現代』（信州白樺、１９８３年）巻末「講座一覧」の講座タイトル及び「聴講者数」を、左記の佐藤泰治論文に依って前記のとおりに修正・加筆した。

また、第三回に登壇した講師（山口正太郎）と今回の富田砕花（さいか）とについて、新明正道が回想「土田杏村の思い出」の中で言及している箇所があるので、それを紹介しておきたい。

「私は大正十年四月東京大学法学部を卒業するなり、すぐ当時神戸の東端原田村にあった関西学院（大学）文学部で教鞭をとることになり、……最初の一ヵ年は香櫨園の海岸近くにあった友人の別荘に厄介になっていた。当時やはりその近くに櫛田民蔵先生のお宅があり、芦屋には詩人の富田砕花氏が住んでいて、居つくと間もなく私はこうした知識人と接触を生じ、特に富田氏のところには招かれるまま時折訪問して洋楽のレコードを鑑賞させてもらった。そこへ行く阪神の芦屋駅の近所に当時大阪商大〔の前身大阪高商〕の教授をしていた山口正太郎君のお宅があり、私は同君のところへも時に顔を出して、学問談に花をさかせたものであった。この山口君は少壮ながら不幸早死してしまったが、自由大学の話をはじめて私が聞いたのはこの人の口からである」（前掲『信州白樺』第29号、48頁）。

ところで、3月8日付の『北越新報』の短い記述中には、間違いが多く含まれている。取材に応じた側の責任なのか、記者の責任なのか、それ以外の問題があるのかは判らないが、会場は「西幅寺」とあり、開講は「四月上旬」となっている。また、講座は「文学論（特に現代史、童謡、童話等に就て）」とあり、アイルランド文学とは明記されていない。

この間の事情については、佐藤泰治の前掲「新潟県における自由大学運動の研究」に詳しいので、以下に該当箇所を引用する。

「自由大学は（１９２４年の）冬の部を年内に開催できず、雪の収まる三月十四日から八海魚沼を連続して各三日間づつ、十九日まで、関西学院教授富田碎花を招いた。アイルランド文学の権威である氏はいずれも「土の文学（アイルランド文学を中心としたる）」と題し、講演した。

今回から越後では二つの新しい試みがあった。八海では、はじめて個人宅で開講した。自由大学の事務局を湯本英一とともに担ってきた大浦新田の佐藤清之丞宅に八十名の聴講者を集めたのである。八海が魚沼に比して伊米ヶ崎地区の農民層の参加が多い為もあろうが、渡辺が若干、以前程の執着心をもたなくなったせいもあろう。（因みに渡辺在任中、此後伊米ヶ崎小での開催はついぞない。）」（前掲『小出町歴史資料集』28頁）。

以下に安達朋子の実施したアンケートの中から、八海自由大学受講者の回答を再掲する。

八海正次　職業：干溝（ひみぞ）小学校教員。参加動機：勉学のため。聴講料：安い。講義内容：だいたいわかった。講師の希望：出さなかった。越佐夏季大学：参加した。青年団への参加：干溝青年団顧問。自由大学とのつながり：なし。農村教育を知っていたか：知らない。実業補習学校の有無：あった。講師を務めた。購読雑誌：啓明（安達（下）64～67頁）。

八海正次、小池政義、岡村健次（１８９８年生まれ）らは、越佐夏季大学に参加しているが、自由大学との性格の違いを認識したうえで参加している。自由大学の理念からしてその行動は矛盾しない。むしろ性格の異なる教育を受ける機会を、自由大学は歓迎する。判断したり考えたりする機会が拡がるからである。

南雲総吉郎　職業：公務員。参加動機：渡辺泰亮の紹介。聴講料：少々高い。講義内容：だいたいわかった。講師の希望：希望を出した。越佐夏季大学：参加していない。青年団への参加：伊米ヶ崎村青年団長。自由大学とのつながり：全くなし。農村教育を知っていたか：知らない。実業補習学校の有無：記載なし。購読雑誌：中央公論、改造、女性（公論？）。（安達（下）、64〜67頁）。「エリート気分であったたし、今思い出しても楽しかった」（安達（下）、55頁）。

佐藤清之丞　第二回八海自由大学の会場として自宅提供。青年団で活躍した経験あり。

上村富安：職業：農業。参加動機：渡辺泰亮の紹介。聴講料：高いと思った。講義内容：だいたいわかった。講師の希望：北原白秋・西条八十等を希望した。越佐夏季大学：参加していない。青年団への参加：青年団員で、青年思想高陽（高揚？）の雑誌『高陽（高揚？）』を同人５〜６人で年二〜三回発行。自由大学とのつながり：なし。農村教育を知っていたか：知っていたので教養につとめた。購読雑誌：記入なし。実業補習学校の有無：夜間学校があった。

小池政義（１８９５〜１９８７）　職業：伊米ヶ崎小学校正教員。参加動機：渡辺校長の配下で自発的に出席。欠席はほとんどなし。聴講料：当時私の月給が40円であったので、高いとは思わなかったが、一般農民、村民にとって連続聴講することは難しい。その他時間的ゆとりが必要だった。講義内容：文学・音楽・性教育論はよくわかった。その他もだいたいわかった。講師の希望：絵画に興味があったので、山本鼎を呼んで欲しかった。越佐夏季大学：県主催のもので、一般市民というよりも教育者を対象としたもので三度出席。地方の夏季大学とはちょっと趣が異なっていたと思う。青年団への参加：高等科卒業。三年間青年団員だった。年齢18歳で高田師範を卒業。大正11年に奉職。自由大学とのつながり：青年団員や婦人会員の参加があった。農村教育を知っていたか：通俗教育がさかんになったのは事実で、私はこれを成人教育、全人教育と言っていた。実業補習学校の有無：農村では公休日と夜間（年間）、特に農閑期を利用して開校された。購読雑誌：憲政会・政友会パンフレット、家の光、中央公論、婦人公論、早稲田大学。（安達（下）64〜67頁）

「私は小学校教員となった初めで、知識欲も旺盛で、殊に新しいことに接したい時代だから、読書やこの様な講義を進んで受けた。その上名前が自由大学……大学である。自分は学士様になるんだぞという意気込みで受講した。また、えらい珍しい先生方に接しられるという喜びと、自分で学ぶということは〝教える〟という立場の原動力となった」（安達（下）55頁）。「学士」が輝いていた時代。自己教育の経験は、児童を「教える」際の「力」になったという認識が生まれたようだ。

駒形新作（1893～1981）干溝村（現、伊米ヶ崎村干溝）で上位に属する農家の生まれ。『小出町史』下巻（近代・現代・人物）、1998年、1216～1218頁）。

桑原亮太郎（1889～1976）、号は亮川。「桑原亮太郎聴講ノート」（『資料集』220～235頁）。前掲『小出町史』下巻、1214～1216頁。および『虫野のあゆみ』151～152頁。

講習会の模様は桑原福治の記述で十二分に尽されている

【第5回】1925年8月1日（1日）

中山晋平、佐藤千夜子（約150人）六日町小学校

翌日の『北越新報』には、左の記事が掲載された。

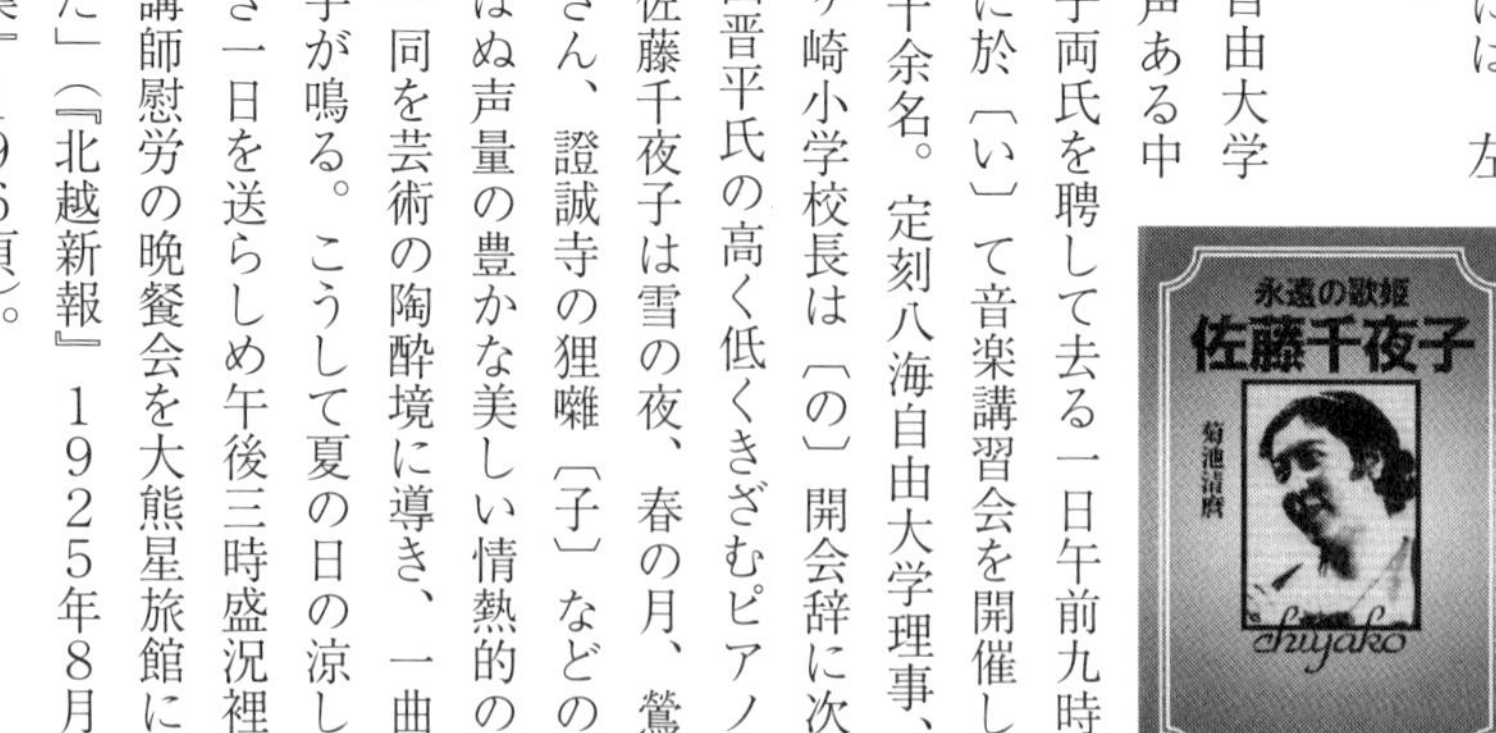

佐藤千夜子

「南魚沼郡八海自由大学では、音楽界に名声ある中山晋平、佐藤千夜子両氏を聘して去る一日午前九時から六日町小学校に於〔い〕て音楽講習会を開催したが、受講者百五十余名。定刻八海自由大学理事、渡辺〔泰亮〕伊米ヶ崎小学校長は〔の〕開会辞に次〔い〕で、講師中山晋平氏の高く低くきざむピアノの旋律につれて、佐藤千夜子は雪の夜、春の月、鶯の夢、雨降りお月さん、證誠寺の狸囃〔子〕などの童謡を、男子の及ばぬ声量の豊かな美しい情熱的の歌〔い〕ぶりは、一同を芸術の陶酔境に導き、一曲毎に万雷の様な拍手が鳴る。こうして夏の日の涼しい感じに楽〔し〕き一日を送らしめ午後三時盛況裡に散会。四時より講師慰労の晩餐会を大熊星旅館に開催し六時散会した」（『北越新報』1925年8月2日、前掲『資料集』196頁）。

中山晋平については、和田登前掲書（本書146頁参照）がその人柄を炙り出すことに成功している。

興味のある方には、一読をお奨めしたい。佐藤千夜子（1897〜1968）は、日本初のレコード歌手。本名は佐藤千代。山形県東村山郡天童村（現：天童市）出身。中山晋平の歌謡曲を世に広め、古賀政男の才能を発見したことで、それ以後の日本大衆音楽史の発展に大いなる功績を残した。華々しくかつ浮き沈みの激しい人生は、1977年にNHK朝の連続テレビ小説「いちばん星」のモデルとなった（ちなみに、この「いちばん星」が放映された年に合わせて、前掲の「八海自由大学記念」碑建立式典が挙行されたようである）。

桑原福治の前掲書『伊米ヶ崎の明治百年』（上巻）には、この日受けた講習の模様がユーモラスに綴られているので、以下に紹介しておきたい。

「わが母校伊米ヶ崎尋常小学校の門先に立看板がたてられ、各地から先生方が、三三、五五と集まって来た。音楽の大学を卒業し今は作曲もやる偉い先生がきたのだそうだ。とにかく、またとない機会だから行って見ようとでかけた。先生方の間にはさまって小さくなっていた。

午前中は佐藤千代子（ママ）のふるえ声の歌を聞いた。この人は洋行帰りで、これから修行して立派な声楽家になるのだというが、さっぱり判らない。外国語でふるえ声で歌うのが判る筈もない。終ると拍手だけは人並におくってやった。中山先生の講義がはじまって、最近の傾向は童心芸術の勃興で童謡が大流行だといい、童謡を教えることになった。同じオルガンでも非常にカン（勘）所がよく、はずみがうまいので歌を聞きながら自分の身体がぞくぞくと浮立ち、思わず身体が動くのである。歌詞を書いて読ませながら一、二回歌って見せて、その後は先生が一口歌い、講習生に一口歌わせる。こうして交互に歌ううちに、知らず知らずに覚え込む実にうまい教え方である。僅かのうちに童謡を七ッか八ッも教えて楽しく、和やかに日程が進む。……この音楽会が大成功で評判が良く、（講習を受けた）先生方も（小学校で生徒たちに）童謡を教えたので大流行になった」（271〜272頁）。

桑原福治（1903〜90）は、菓子店「若松屋」の経営者、八海自由大学の受講者、戦後1950年から村会議員も経験

桑原福治

している。長男（貞明）に家督を譲ってから『伊米ヶ崎の明治百年』（上・下、1973〜1974年）を自費出版したが、長男の手助けも大きかったようである。本書でも度々引用している『小出町歴史資料集』には、この二巻本の記述が貴重な資料として活用されている。

ところで、桑原福治の子息克司は、「父は死ぬまで両親に、自分の力を評価してもらえなかった悔しさを、心の底に秘めていたことに哀れを感じる。（福治の）両親は田畑を増やし、身上が良くなる事だけの価値観しかなかったのである。私は祖父母にかわり、我が父ながらあえて『偉大なる郷土史家』という称号を送りたい」と記し、駒形新作の「良くもここまでやった、非凡と言っても過言ではない」という評価を引用している（桑原克司編著『虫野のあゆみ』（2000年、121〜122頁）。

1925年8月2日　六日町尋常高等小学校、実科高等女学校校長渡邊信は、同日付の『新潟毎日新聞』で次のように述べている。

「私は本（八海自由）大学の施設に対して衷心の喜びを禁じえない」。「世に所謂(いわゆる)目新しいことを大げさに一二回はやるが、後はさっぱり振わないというような、場当たりの施設ではなくて、細く長く真剣味がながれていること、経費の潤沢でない中に善心に善心を重ねて、経営を進めている所を最も喜ぶものである。経営者に望む。あまり多くの金を使って派手にやろうよりも長い間に多くの共鳴者、研究家を得て広告をせず勧誘をせずとも百や二百の会員が集まって真摯な研究が進められるように本大学の基礎を形造っていただきたい」（「八海自由大学開設に就いて」、前掲『小出町歴史資料集』195頁）。

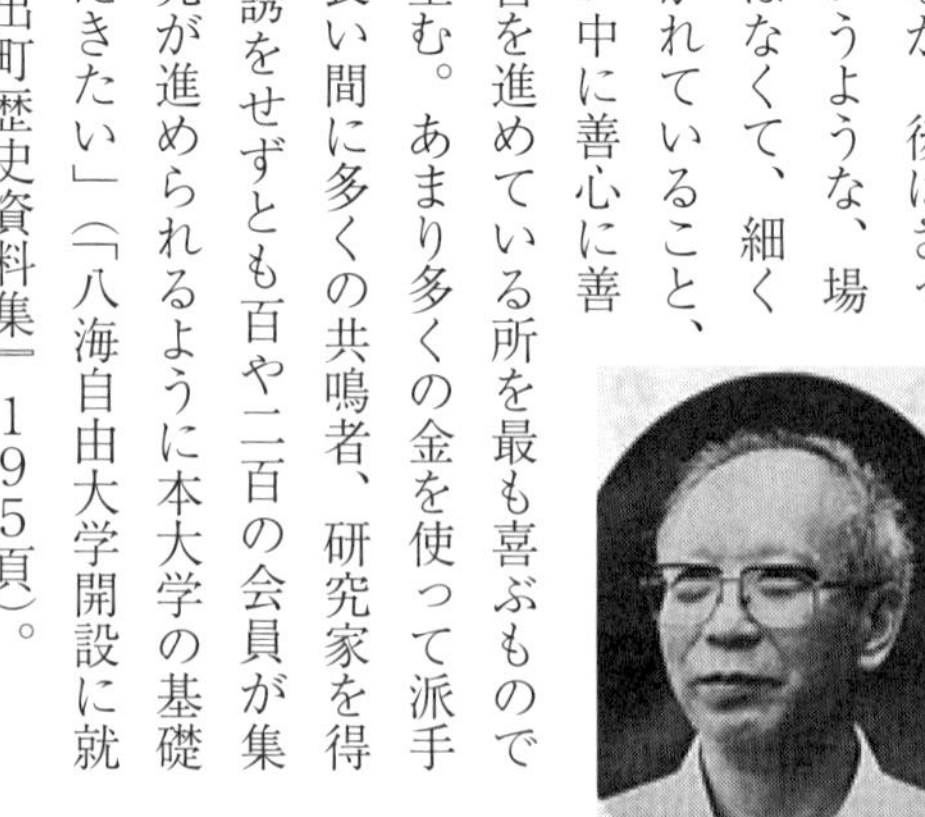
桑原克司

筋の通った、的確な要望と見做すことができる。

リッケルトの『認識の対象』第一〜三章を紹介した講義

【第6回】　1926年12月26日（3日間）

柳田謙十郎「リッカート(ママ)　認識の対象概論」（人数不明）伊米ヶ崎小学校

林広策は、柳田謙十郎（1893〜1983）の土田杏村評を次のように紹介している。

「私は新潟師範で柳田さんの哲学概論を一年間聞いたんですが、よく柳田さん言いましたよ、杏村の攻撃をして、『杏村なんてのは萬屋〔何でも屋―引用者〕で、学者なんていうんじゃない』と。自分では杏村のようになりたいんだけれどなれないんで、あんなことを言っているんだろう、と蔭でわしら言っていましたがね」（前掲「林広策氏に聞く」『自由大学研究』第6号、44〜45頁）。

『小出町歴史資料集』（220〜238頁）には「桑原亮太郎聴講ノート」、柳田「認識の對象概論」（221〜235頁）、「講演後精神講話」が収められている。講座「認識の對象概論」の編別構成は、以下のとおりである。

第一章　認識の対象
第二章　主観と客観
第三章　内在論の立場　第一節　原因としての超越的実在概念、第二節　補充としての超越的概念、第三節　意志に対立するものとしての超越的概念、第四節　意志一般と心的実在との区別
第四章　判断と其の対象　第一節　判断する事と表象する事、第二節　承認としての認識、第三節　判断必然性、第四節　Sein と Sollen（事実と価値）
第五章　認識の対象としての不許不

当時の柳田の研究状況から考えると、上記の章立ては、リッケルト（中川得立訳）『認識の対象』の第一章　認識論の根本問題、第二章　内在論の立場、第三章　判断と及び其の対象、を要約的に説明したものと考えられる。

なお、桑原亮太郎（1889〜1976）は、俳句の指導と俳人の研究に功績が認められる人物である（『小出町史』下巻、2010年、1215頁）。また柳田の「講話」の内容は、京都帝大在学中に大谷派の女学校に非常勤講師として授業を担当した際に、女学校の佐藤校長が「之れ迄に尤も感激した話」として柳田に伝えた「田口職工の美談」を紹介したもので、その美談の内容を要約すると、以下のとおりである。

田口は信州生まれの青年。実家が株に手を染めて破産。父を助けるため鉄道自殺を企て生命保険金で救おうと考えたが、なかなか死ねない。伯父が不審に感じて話を聞く。伯父は田を売って父を助けよう、お

柳田謙十郎

前は何処へでも行って余生を送れ、と言ってくれる。

　大阪の工場の雇職工になった田口青年の道楽（本職以外の楽しみ）は、毎晩、不良少年を捜し廻ることだった。見つけると自分の下宿へ連れてきて、数日間小言も言わずにいると、無言の感化が伝わって、少年は職を探して働くようになるようで、時が経ち、今では人数も40人に増えている。

　田口が佐藤校長に、都合がつくならば講話を願いたいと申し出たため、校長は田口の家を訪ねる。家の内部が汚いことに驚いたが、青少年たちの人情の美しさにも驚いた。校長が工場主にその経験を話すと、工場主は田口に補助金の交付を申し出たが、田口は彼らの為にならないと断る。また、工場を経営する会社でストライキが起きた時に、その工場だけは参加しなかった。理由は田口が加わらなかったからと分かったので、本部役員が説得に来たが、頑として聞き入れず、その工場のストライキは成立しなかった。

　田口は、講話に来てほしいと再三頼まれるが、小学校もろくに卒業していないので、と応じていない。校長は、人間は金銭や学位のみに依って成功不成功を決すべきではない。現今は頭脳明晰な者は都会へ出る傾向があるが、誠に嘆かわしいと述べ、卒業生にはこの地の中堅となって欲しいと付け加えて、話を締め括った。

　この話のどの部分が「美談」で、柳田はどこに「感激」したのか、はっきりしない。田口がストライキに参加しない理由の説明がなく、それに参加しない田口を柳田がどう評価しているのか触れていないことも、話が解りにくい原因かもしれない。

佐藤千夜子（左）、桑原亮川（亮太郎）『村の伝説』表紙（中）桑原亮太郎（右）

3章　伊那（信南）自由大学へ広がる

個別の講義に対する講師や受講生の感想・評価は、その都度の講座紹介の場に譲ることにして、ここではまず、自由大学の学びに受講生がどのような魅力を感じ、その学びによってどのような刺激を受け、どのような変化が現れたか。それが分かるような指摘を初めにまとめて紹介しておきたい。

（1）「一講座終ると私達は目の皮が一皮むけて、人生のこと、世の中のことが一層はっきり見えるような気がした。それは丁度山を五合目六合目と登るにつれて展望がひらけるようなものであった。中央公論や改造の巻頭論文を読んでも自分の理解力がすすんでいることがはっきりわかった」（林源(みなと)、1905年生まれ）「〈回想〉伊那自由大学の思い出」『自由大学研究』第5号、64頁）。

（2）「小生は当時若輩にて只学問の面白さに魅せられて馬車馬的に講義をきいたにすぎず、必死に筆記もしたものです。大学にゆきたいと云うことも考えましたが、七人の兄妹の長男であり当時の農家としては高校〔旧制中学ヵ〕に入る者も稀な時代で之も許されず、幸（い）新聞紙上で自由大学の記事を見て大学で一年かかる講義を五日～七日、然かも夜間二、三時間で聞かれると云うことで誇りに感じて、昼間労働して四里〔16キロ〕の道を自転車で提灯の燈明を頼りに通ったものです」（楯操の山野晴雄宛私信、『伊那自由大学関係書簡』自由大学研究会、1973年、90頁）。

（3）「私として特記しておき度い事は……、1.世の仲(ママ)には此んなに深い研究と主張を持った偉い学者が居る事。2.学校では耳にもしなかった広い学問のあること。殊に社会科学。3.経済学も文学も広くて深い事。4.学校で云われて来た社会の指導者とは何か。ああ何と幼稚で、小っぽけな自分である事かと云ふ驚きと、自分はもっと勉強しなくてはと半少年の私は過去の学校に幻滅すら感じた」「自由大学の驚きの半青年時代の衝撃が私に知識を求める事と読書の必要を教へたと言える」（長尾宗次「伊那自由大学と私」『自由大学研究』別冊2、19頁）。

（4）「吾々は……健康なる百姓として快活に働き得る理想社会を作りあげねばならない。……（吾々には）当然果されなければならなくて果されなかった一つの重要な仕事が残されている……――それは教育の仕事である。自我教育の大業である吾々の生活の底を流れている一つの力――それが教育である。……小学校教育は、補習教育は、概念的なパンフレットはどれだけ吾々を教育したか。吾々が社会を構成して行く為の人格識見をどれだけ作ったか、経済的関係の批判力をいつ与えたか。吾々は科学の時代に生きていると云うが果して吾々はどれだけの科学を掴んでいるか。誠に吾々は昔乍らに無智無恥なる生活者の悲哀を感じずにはいられない、真実の人間を作る為に真実の社会を作る為に吾々は早く忘れられた路標を在(ママ)［立ヵ］てて只管(ひたすら)教育の道を進んで行かねばならない。……吾々の希求を代表する一つの教育運動がこの六 七年前から日本の中央―信州を中心として全国的に拡［が］りつつある。即ちこれが自由大学運動である。伊那地方に於ても……自由大学運動の一角に旗指(ママ)［旗幟(きし)］をなびかせている。……講座の度毎に吾々は吾々の無智に戦慄し新に展開する視野に驚異の眼を開き何とも知れない腹底の力を受けて帰った。この四年(ママ)間の自由大学へ集る人々を見て如何に教育の力が吾々の人間に影響するかと云ふ事実を吾々は思はずにはいられない。いつか知らぬ間に吾々は其れ以前と違った吾々を発見した。自由大学の斯(かく)の如き特質を吾々が理解すればするだけ深い物足りなさが吾々をおそった。それは自由大学がもっと徹底的に普遍化されねばならない事を感じたからである 例えば千代村の青年会員が昼間の労働の傍ら斯の如き自我教育の時間を持たなければ駄目だと云うような考え方が吾々の心を動かしたのである。……真理に忠実な正しき人間の社会生活が新千代村の黎明期を作るであろう。其の不断の鉄の如き意志と火の如き熱情ある同志の来り加（わ）らん事を切望せる所以である。一九二七（年）九（月）」（「伊那自由大学千代村支部設立趣旨書」、前掲『伊那自由大学関係書簡』127〜129頁）。

この「趣旨書」の執筆者は島岡己勝と見られている。なお、自由大学運動の開始は1921年11月、伊那のそれは1924年1月であるから、1927年9月時点で、開始から6年弱、伊那の開始から3年8ヶ月が経過している。

（5）「自由大学では、私は本を読むことを教えていただきま

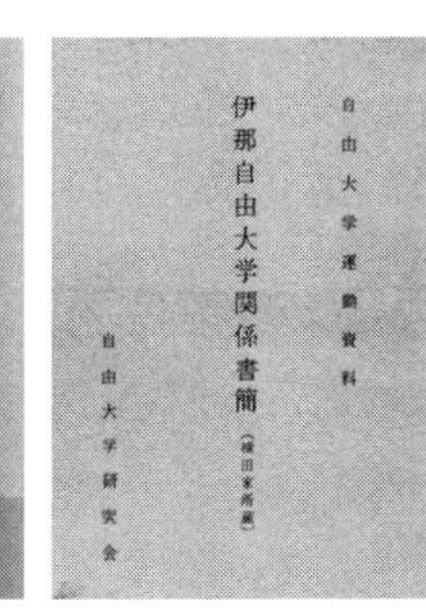

『自由大学研究』（別冊2）、『伊那自由大学関係書簡』（右）

した。……やはりいくらかなり本を読むということを教えていただいたことが、下伊那の自由大学というものは期間は短かったのですが、後々に影響するところが非常にあったのではないかと私は思います」（佐々木忠綱、前掲『自由大学研究』別冊1、24頁）。

「学び」とは、所与の知識の暗記とはその性格を異にするから、何を学んだかを具体的に説明することは、容易ではない。どうしても抽象的な、漠然とした説明になりがちである。しかしながら、ここに集めた発言は、読む側にとって比較的イメージのつかみ易い説明になっているように思われる。

一方、講師の新明正道は、次のように発言している。

「私は本職は学校の教師ですが、案外所謂学校には真の究学の気持のある人の少ないのに悲観しています。自由大学のような自ら進んで学問に近付（ママ）こうとする人々の集って来らるるところへ行って話の出来るのを嬉しくおもっています」（前掲『伊那自由大学関係書簡』2頁）。

一般に、教師は「真の究学」の徒――すなわち、物事の本質をつかむために積極的に学問に近づき、それを極めようとする気持のある人――と、そうでない人とを見分ける嗅覚を備えているものだ。自由大学は「真の究学」の徒の集う場だった、と新明は言うのである。

１９２２年９月24日　自由青年連盟結成。翌23年1月　ＬＹＬ（Liberal Youngmen's League）結成。24年3月「ＬＹＬの大検挙」（『信州の百年』１９４～２０２頁）。『長野県の百年』１６２～１６４頁。

自由青年連盟、ＬＹＬと信南（伊那）自由大学

林源の回想①「自由（青年）連盟とかは特定の政治目的とか、特定の主義で活動したために弾圧をうけたのですが、自由大学の方は一般的な教養をもって、だから佐々木（忠綱）さんのような人（本書２５１頁以下の補論4参照）の人間形成ができたわけです。そしてそういう特殊な立場でなかったから、弾圧もうけずにだんだんと進歩的な教養というものが身体につ（付）いてきて、それがその後に村長になるとか、養蚕組合の組合長になるとかで村にかえっているのですね、世の中に通用する立場につ

（就）いて……村の指導者になったから、下伊那の村の文化的生活というものが形成されたというよりも考えられたのですね、そういう意味で私は自由大学の教養はほんのわずか五・六年ですけれども、こんなに下伊那の生活に影響を与えたものはない、自由大学で勉強をしたのはごく少数の一握りの人達だけれどもそんな感じがします」（『自由大学研究』別冊1、26頁。『自由大学運動と現代』１８５頁）。

林源の回想②「自分達はどうなるのだ。われら如何に生きるべきか。――という青年達の心持が自由青年連盟……事件を生んだり、伊那自由大学を生んだものと思う。

自由青年連盟は実践行動の道を選んだ。自由大学は真理を探究し、理想を求め、教養を高める学問の道を選んだ。……四十人位の青年は熱心な常連であった。…

自由大学で学んだ人達は、その後下伊那の文化や生活をリードした。はじめは青年団の役員、後には県会議員、村長、村会議員、農協の組合長や役員などになってそれぞれ活躍した。…

僅か五、六年の教育でこんなに効果のあった教育運動は珍らしいのではなかろうか。しかも自由大学で学んだ人達は当時の青年団の五パーセント以下の小人数であった。その小人数が中核になって次の時代を動かしたのだから不思議な気がする。

その原因の一つは下伊那という風土と、貧困の中にあった青年達の智的飢餓心がいかに強烈であったかということである。私達は海綿が水を吸うように講義の内容を吸い取り体中に充満させることができた。又、原因の一つは充実した講師陣であったことである。…

自由大学は自由青年連盟とちがい固定した主義とか思想に一方的に偏向することなく、自由な立場で、真理を探究し、教養を高めることが目的で、……農村青年、学校の先生、銀行員、会社員、商店員、新聞記者など、職業や年令にかかわりなく色々な人が集った。

偏向がなかった為に、自由大学の出身者がその后の社会で受入れられ、それぞれの社会の中核的な存在となって周

佐々木忠綱（左）、林源（右）

囲をリードしたのだと思う」（「〈回想〉伊那自由大学の思い出」『自由大学研究』第5号、1978年、64～66頁）。

1921年11月1日　信濃自由大学が上田で開講。「自由大学運動」『長野県の百年』山川出版社、1983年、184～188頁参照。

1922年3月　羽生三七、代田茂、矢沢基司ら、早稲田大学で開かれた社会問題講習会に参加。

1922年8月　下伊那郡青年団の講演会に土田杏村を招待した記念（左頁写真）。「上田と下伊（那）の民主化運動」『信州の百年』信濃毎日新聞社、1967年、178～185頁。「信南自由大学と下伊那政治研究会」『下伊那の百年』信毎書籍出版センター、1982年、110～112頁参照。

補論　信南（伊那）自由大学とプロレットカルト論

本来であれば、杏村の論考の中で最も完成度の高い『文化』連載論文（「プロレタリア文化及びプロレットカルトの問題批判」1923年4～5月。『教育の革命時代』1924年2月、第三編〔225～332頁〕所収）の内容を踏まえて議論を始めるべきであった。しかし、共通の土俵ができる前にポール夫妻（Paul, Eden & Ceder）の見解を巡る議論が始まったため、議論は噛み合わず、深まらないまま、すれ違いに終ってしまった。

1923年4～5月の『文化』の論考は、ポール批判を意図した杏村独自の「半ブルジョア的プロレットカルト論」と見なすことができる。プロレットカルトは、ブルジョアカルトが存在するところで、それに対抗する限りにおいて意味をもつ。したがって、プロレットカルトは「半ブルジョア的プロレットカルト」である――これが杏村の立場である。したがって、杏村とポールのプロレットカルト論には異同がある。

この点に関する無理解の典型は、須山賢逸の山本宣治宛の二通の書簡である。最初の書簡は1923年11月24日付。

「私達の自由大学は、……他の同様な〔自由〕大学とは、其のモットーにおいて大いに違っている事と信じています。それは私達のは、ハッキリした方向を支持していると云う点です。……信州上田にも、丹波あたりにも、形態の同じものはありますが、全然この点に於（い）て違う様に思われます」。

　これは、飯田の自由大学はポールのプロレットカルト論に拠っており、杏村に依拠した上田の自由大学とは一線を画している、という立場の表明と見られる。しかし、二通目のＬＹＬ事件後の須山の書簡では、その違いが消えている。

　「今度の青年検挙事件で、自由大学と自由（青年）連盟とが——教育と宣伝との区別がハッキリされたために、自由大学の方は大へん都合よくなりました。大体基礎が出来たように思います」（１９２４年４月９日付）。

　右の須山の発言は、ポールの考えに依拠していた立場から、ポールを批判する杏村の立場に（恐らく無意識のうちに）移行している、と判断することができる。

　これに対して、横田憲治は杏村の最新の視点に気づいている。彼は杏村の長大な連載論文「プロレタリア文化及びプロレットカルトの問題批判」を充分に踏まえたうえで、「教育の回復方法」について、次のような主張を展開する。

　「今日のブルジョア的教育をプロレタリア化するため（の）……教育形式は純粋にプロレタリア的であらねばならないであろうか。……プロレタリア教育は、革命前期に於（い）ては半ブルジョア的であるより仕方がない。

　然らば革命後期に於（い）ては如何、……労農ロシアを見れば明白であろう。彼等はすでに政治革命は達成したが、実際の施設政策を見れば其の多くは半ブルジョア的である。

　併し教育がＡよりＡをうむことではなくてＡ＋Ｂをうみ出す一の創造的過程である以上、教育方法がたとへ半ブルジョア的であり、亦教育に従う者がブルジョア的教育の中に育ち、ブルジョア的教育の弊害から絶縁しえないものであるとしても、其処より自らプロレタリア的教育への要求は生れ出る。唯たのむ所は、プロレタリア的教育の要求にもえる少数民衆の創意如何である。

　かくして……プロレタリア教育は現制度の下に於（い）

土田杏村前列（右）、須山賢逸（後列左）、平沢桂二（後列右）

ては許される限りの半ブルジョア的のそれである。所詮は他の共産主義的団体の如く現代資本主義社会に対する寄生的存在であるとしても、それに就(い)て何等の恥辱をも感じない。唯其の組織は強権を離れた自由なる民衆自身による民衆自身のために、民衆の中に建設したるものであることである。此の如き小集団の複合的社会的拡充はやがて社会改造の過程に何等かの作用をなしうるであろう」(「教育とその運動」〔『信濃時事』〕(1925年6月)の学藝欄に三回連載〕、前掲『伊那自由大学関係書簡』133~136頁)。

横田のこの「半ブルジョア的」プロレタリア教育という見解は、1923年4~5月に杏村が新たに確立した見解であるが、これに対して竹花佳江は次のように述べている。

「これ〔右に引用した横田の見解――引用者〕は社会主義青年運動の側からのポールの唱えるところの『プロレットカルトであるべきだ』という批判に対する彼〔横田〕の反論と言えるが、……自由大学運動の拡充によって、それが社会の変革を志向する人々を育てていくことであろうと結論づけているのである。

以上のような横田の論説は、土田杏村との出会いが彼の考えに大きな影響を与え、思想的に発展をもたらしたということを見取ることができる。またそれと(と)もに、社会主義運動と関わる中で抱いた社会改造の志向を自由大学運動の中で結合させ、継続させていたと考えられる」(「伊那自由大学の歴史と思想」『思想史研究草稿』〔明治大学後藤総一郎ゼミ〕第5号、1982年10月、76頁)。

竹花の見解のうち、ポール流のプロレットカルト論に対して、横田が「半ブルジョア的プロレットカルト」論を対置して「反論」したことは、確かにそのとおりである。しかし、それは横田の「反論」である前に、杏村のポールへの「反論」、および政治革命後に「新経済政策(ネップ(НЭП))」が必要になるような「時期尚早」のロシア革命に対する批判だったのである。

杏村のプロレットカルト論には、当初はポールのそれとの区別が曖昧である点が含まれていた。それを明確にするために書かれた論稿が、『文化』に連載された杏村の論文「プロレタリア文化及びプロレットカルトの問題批判」であった。横田はこの長大な論文を繰り返し読んだはずである。そうでなければこれほど要領よく杏村の主張の要点を押さえることはできなかったはずだ。読解力と要約力が十二分に備わっていることは、認めなければならない。

しかし困ったことに、横田は『文化』論文（１９２３年４〜５月）にも、それが所収された『教育の革命時代』（１９２４年１月）にも触れていない。その何れかに触れないのは、フェアな態度とは言えない。その点に気づいていないように見える竹花の横田評価についても、それ以外の主張については大いに評価するとしても、杏村の最新の論文に言及していない限りで、その瑕疵を指摘せざるをえない。

なお、杏村のプロレットカルト論に関しては、古市将樹「土田杏村のプロレットカルト論に関する研究――教育観のパラダイム」（『早稲田教育評論』第17巻第1号、２００３年）を参照されたい。日本における「プロレットカルト論争」については、杏村と小牧近江（１８９４〜１９７８）との応酬の、簡にして要を得た上木敏郎の紹介がある（前掲『土田杏村と自由大学運動』１０６〜１１０頁）。また、上木のアンケート「土田杏村の何を読み、杏村のどこに注目するか」に寄せた小川利夫の回答を、以下に紹介しておきたい。

「戦前に第一書房から刊行されていたいわゆる杏村全集所収の諸論稿には一応目をとおしていますが、小生の問題関心から、これまで何度か読んでいますのは、『教育の革命時代』の諸論稿です。その中でとくに興味深く思っていますのは、杏村のいう半ブルジョアカルト論です。いわゆるプロレットカルトでもなく、さりとてブルジョアカルトでもなくまさに半ブルジョアカルトの作風こそ、大衆の教育にとって当面とくに重要であるとする杏村の主張は、ほとんどそのまま今日の教育とくに社会教育にとっても重要な指摘であるように思われるからです。そうした見地から、自由大学の現代的な再構築を夢みています」（前掲合冊版『土田杏村とその時代』６４７頁）。

ところで、マルクスの『ゴータ綱領批判』（一八七五年）は、国家の教育にたいするスタンス（位

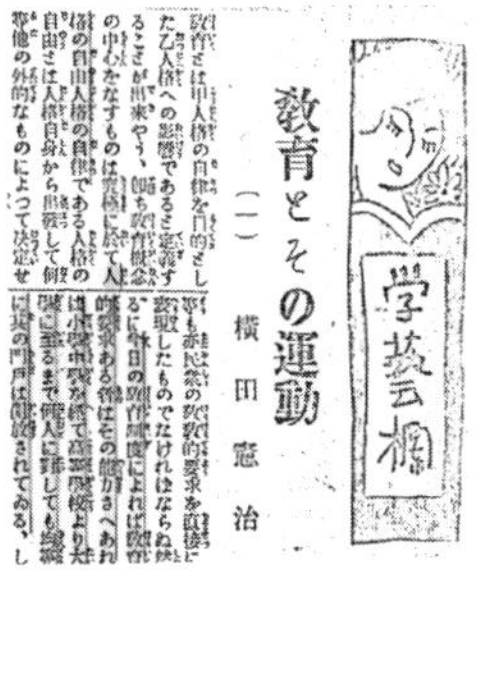

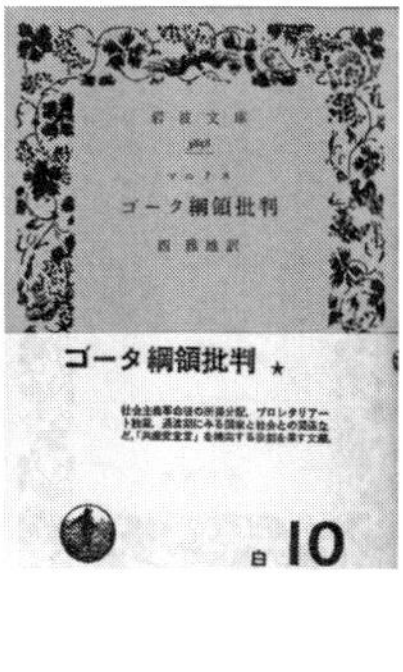

横田憲治「教育とその運動」（左）
マルクス『ゴータ綱領批判』（右）

置〔距離〕の採り方）について、極めて重要な指摘を行なっている。

『国家による国民教育』は全く排斥すべきである。一般的法律によって小学校の方法、教員の資格、教授科目等々を規定し、……国家の監督官によってこれらの法律的規定の実施を監督することは、国家を国民の教育者に任命するのとは全く別である！　むしろ政府と教会とは学校に対するあらゆる影響から等しく排除すべきである。さてプロシャ＝ドイツ帝国においては、反対に、国家は国民による手荒い教育を必要とする」（西雅雄訳、岩波文庫、43頁）。

つまり国家は、たとえ「国民の教育者に任命」されても、「国民教育」に係わってはならない。言い換えれば、「法律」によって教育方法や教員資格や授業科目を決定し強制してはならない。国は教育の監督官を定めて、規定通りに教育が実施されているか否かを「監督」してはならない。国（政府）は国民の教育に口出ししてはならない。むしろ全く逆に、国家はその誤った考え方に対して、国民から「手荒い教育」を受ける必要がある、と言うのである。

しかも、資本主義社会であれ社会主義社会であれ、社会体制の如何に係わらず、国家は教育に対して影響力を行使してはならない。教育は、国民の主導の下で実施されなければならない。国家は、教育を国民の手に委ねなければならない、と言うのである。

1923（大正12）年8月　辰野・飯田間60余キロの伊那電鉄（現ＪＲ飯田線）全通。

1912（大正元）年5月伊那町へ、14年11月赤穂町へ、18年（大正7）12月高遠原まで、さらに下伊那郡大島村まで開通したのは22年7月。なお、豊橋—竜野間の飯田線全線が国鉄（現ＪＲ）に編入されるのは、1943（昭和18）年のことで、移管後に国鉄は66台の車両をこの線に配備して、豊橋—竜野間を所要時間約6時間半、7往復の直通電車を運行した。飯田では、運賃値下げや利便化を祝う会が開催されたという（前掲『下伊那の百年』109頁、145～148頁）。

性に対する科学的思考と安定した知を得たとの評価が…

【第1期第1回】　1924年1月8日（5日間）

山本宣治「人生生物学」（73人）飯田小学校

山宣が「人生生物学」の教材として配布した「生物学図解」が、『伊那自由大学関係書簡』１４０～１４１頁に掲載されている。

信南自由大学は、23年11月に飯田町で横田憲治、平沢桂二、須山賢逸が中心になって設立された。大阪時事新報記者の塩沢元二が、山宣に手紙で、塩沢の故郷飯田に自由大学が誕生したのを受け、生物学の講座開設を願い出て、杏村も講義を依頼したい旨の手紙を送った。魚沼自由大学に出講以来、自由大学運動の有効性に感触を得ていた山本は、断る理由はないと判断して、「出講を快諾し、『人生生物学 五講』の〔各講のタイトルと〕要旨を印刷したリーフレットを、……杏村に送った」（上木敏郎、前掲論文「土田杏村と山本宣治」28～29頁）。

そのリーフレットに印刷された各講のタイトルと要旨は、以下の通りである。

「人生生物学　五講　　山本宣治

現代文化のただ中に生を続けて居る我々自身の生物学的現状と併せて経済生活を自省して見る為に必要な材料の提供

第一講・現代性教育運動の大勢

性の問題に対する種々なる態度、その各々のよって来る動機と其主張の可能性、終に落着く所は普遍的啓蒙、即性的分別至上主義、階級意識と啓蒙五講の序論として、講師自身の伝えんと試みる大体の傾向の基調を述べようとする。

第二講・性知識一斑

両性の性的器官の解剖学及び生理学、通覧と大戦後の新知識追加、未婚者の性的衛生、及び既婚者のそれ、之で次に述ぶべきところの根拠となる具体的知識を一挙に展開し、聴講者の用に供しようとする。

第三講・日本人男学生の性生活の統計的研究

西洋諸国と我国とは、種々の命題の適用に於（い）て、大差あるべきものか、講師自身過去三年間京都の学生に就（い）て集めた資料の概括。

遺精、自慰、最初の性交の起る状況、其他。

第四講・生物学的母性観

母性発生の生物学的要件、男女両性の相違と「自主的母性」運動。

第五講・生と死

山本宣治

生と死との境の定め方、死の要件、何故に生物が死ぬか、人間が死ぬか、人の死に方、死ぬ時期、死ぬ原因の一般研究、誕生と死との数的比例、世界及び日本の人口問題」（前掲『小出町歴史資料集』117頁）。

リーフレットは魚沼自由大学で配布したものと同一。「人生生物学」を受講した楯操は、講義を回想して次の二つの感想を残している。

一つは、山本宣治の講座は「性の問題を通して科学（人間に於ける科学的態度）に対する解説をされたが学問に対して興味を持たせてくれたと思う」（楯操『自由大学研究』別冊2、16頁）というもの。もう一つは、「人生生物学」の「講義を通して科学的考え方の面白さと正しき性知識によって性に対して安定感をえられた」（「〈回想〉伊那自由大学のこと」『自由大学研究』第5号、67頁）という感想である。

楯操の自宅は千代村にあり、片道4里（16キロ）離れた飯田市街との往復には苦労が多かった。その点について、楯の以下の文章が残されている。

「昼間労働して、夕方早目に作業をおわり、腰に提灯を燈し轍の坂道（当時荷物の輸送は馬車で、道路は今日のように舗装されず冬間は大きな轍になる）を通った学問に対する情熱を偲ぶもいとほしい。父は聴講については同意を惜しまなかったが、その費用は自ら工面しなければならず、今日の経済情勢と異［な］り苦労したが、この中で学問的意欲はいやがうえに高ってゆく」（前掲「〈回想〉伊那自由大学のこと」67～68頁）。

なお、上田市別所温泉の安楽寺境内に建立された、VITA PREVIS SCIENTIA LONGA（人生は短く科学は長い）と刻された「山本宣治追悼記念碑」については、本書117～121頁参照。

半年前の著作を活用し創作への熱い思いも語ったはず

【第1期第2回】1924年1月28日（5日間）
高倉輝「文学論」（52人）飯田町正永寺

高倉は、この講義が行われる半年前の23年7月に、彼の単著の4冊目にあたる『我等いかに生く可きか』を出版した。伊那自由大学で高倉は5回登壇しているが、飯田におけるこの最初の連続講義の参考書として、この著作を指定している（『自由大学研究』第5号、1978年5月、81頁）。

ところで、この著作の「はしがき」には、以下の指摘がある。

「文藝、宗教、哲学、科学、社会問題等、社会百般の事柄に対する著者在来の感度は殆どこの一巻に尽きて居ると言って好い。とにかく著者はこれまで斯う言う態度で自分の道を捜して来た。しかし今こうして一巻に纏めながら著者の内部には根柢から動こうとして居る或るものを感じて居る。そもそも次には如何なる姿となって著者は諸君に見ゆるで有ろうか」。

この指摘から読者は、高倉が次の新たなステップを自ら〝予感〟していることを読み取ることができる。本書に所収された5つの論稿を一書に「纏めながら」、高倉は自らの「内部に」「根柢から動こうとして居る或るもの」を〝予感〟しており、「次には如何なる姿となって」読者にお目見えするか、是非楽しみにお待ちください、と恐らく自信をもって宣言しているのである。

地道な研究を、高倉に関しても重ねてきた米山光儀は、その論稿「伊那自由大学とタカクラ・テル」（『慶応義塾大学教職課程センター年報』第1号、１９８６年）において、次のように指摘している。

『我等いかに生く可きか』は、「文筆で身をたてる決心をした彼の文学的態度を表明したものであった。その中で彼はロシア文学を中心に多くの文学作品にふれながら、科学・宗教・哲学・思想・社会運動など芸術・文学の関係について語っているが、そこには彼の芸術至上主義的な態度が色濃くあらわれている。この態度こそは、ロシア文学・語学の研究者の道を自ら断って創作をめざしていた彼のそれであり」、「この創作にかける熱意はこの本全体に感じられる」。したがって、高倉の「伊那自由大学での第一回目の講座は古今東西の文学にふれながら、自らの文学のあり方を語ったものであり、そこでの講義は彼の主体がかかっていたのである」（前掲論文、49頁）。

はじめに断っておくと、私は米山のこの論稿を高く評価している。後に見るように、伊那に五回登壇した高倉が、2度ずつ行ったダンテ研

高倉輝

究と日本民族史研究の計４回の講義の評価と、教育運動における「実践的性格」に関する米山の独自の判断とに対しては、私は異論を挟む余地は殆どないと考えている。それに対して、この最初の「文学論」の講義に関する米山の右の判断は、『生命律とは何ぞや』（１９２６年11月）に結実する、『我等いかに生く可きか』以降３年以上に亘り各地で行われた講義の深化・拡充を、軽視する判断と残念ながら見なさざるを得ない。

　これに対して山野晴雄は、すでに述べたように（本書１６９～１７０頁参照）、高倉の「芸術観や社会観」は「『民衆』の存在を認識」することによって「深化」したことを、説得的に論証している。それに較べると、高倉の第一回目の講義に対する米山の見解には、根拠となる高倉自身の引用が一切なされておらず、残念ながら裏付けを欠いた推論に留まっている。

　ところで、参考書に指定された『我等いかに生く可きか』の巻頭には「イワンの莫迦」が置かれている。この点に関して、受講者の楯操は「〈回想〉伊那自由大学のこと」の中で、次のように述べている。

　「自由大学の運営も容易でなく、赤字つづきで、之を助けるために周辺青年団の招聘に（高倉が）応ずることもあり、トルストイの〝イワンの馬鹿〟につき話されたが、聴衆をうならせてしまった」（『自由大学研究』第5号、67頁）。

　高倉の「イワンの莫迦」は、トルストイによる再話を高倉流にアレンジしたもので、彼の解釈が含まれている。「聴衆をうならせ」たのは、以下の解釈のうちのいずれか（又はその全て）であろうと思われる。

　軍人の長男セミヨンは「軍国主義」の、商人の次男タラスは「資本主義」の象徴であって、いずれもやがて自壊せざるをえない。正直で無抵抗の農民イワンは、手にタコを作り額に汗して働くが、最後の勝利を手に入れるのは、ずる賢い兄たちではなく、周りから愚か者と見られていたイワンである。社会の常識は、賢さの勝利に傾きがちだが、ばか正直の働き者こそ最終の勝者である。本当の智慧は、傍（はた）からは〝お人好し〟に映る所に宿るものだ……等々。

　戦後に理論社から出版された「タカクラ・テル名作選」の『文学論・人生論』（１９５３年）には、神山彰一（小宮山量平のペンネーム）のしおり「タカクラ・テル　ノォト（４）」が折り込まれている。その中で、神山は、次のように記している。

「一九四八年と九年の両年にわたって、信州の別所温泉で、地もとの共産党が主催して、学校がひらかれたことがある。ある禅寺（安楽寺ヵ）に泊って、起居いっさいをともにする修道僧たちのような共同生活だった。そのときタカクラさんは主要な教師の役割をつとめたけれど、いわゆる戦略戦術とか、経済学とか、哲学とかいう部門をわけた講座の形式をいっさいやめて、「いかに生くべきか」ということを中心にした問答式の教室を実現した。根本的な考え方をきちんとしておけば、人間は、どんな嵐の中でも確信をもって斗（闘）える――というのがその主張であった。この学習に加わった青年たちは、今も、もっともゆるぎない位置で、村に、工場に、明るく斗っている」。

自分なりの個性的な「根本的な考え方」を身につけること、これが自由大学運動のめざした教育の到達点の一つであった。高倉輝は、杏村と共にこの教育運動に深く関わったために、一つの工夫として「部門をわけた講座の形式」を止めて、「問答式の」「いかに生くべきか」という個性的な講座を捻り出した。教育の方法は、工夫次第でいくらでも拡がる。柔軟な対応を心掛ける教師の周りには、物事を抑々（そもそも）の處から考えようという雰囲気が、自然に湧き上がってくるものだ。その共同生活を経験した青年たちが、それを契機に、その後の自己改造の切っ掛けを得たとしても、何ら不思議ではないと考えられる。

1924年2月　信南自由大学が2月1日に伊那自由大学に名称変更したのに伴い、信濃自由大学も上田自由大学に名称を変更した。

日頃の殺伐とした世界とは「異なる経験」と振り返った

【第1期第3回】1924年3月4日（5日間）

水谷長三郎「唯物史観研究」（27人）天竜倶楽部

当初予定していた櫛田民蔵の出講が難しかったため、水谷が登壇することになった。24年1月26日付杏村の横田宛書簡に以下の文面が見られる。

水谷長三郎

「唯物史観の講義の件はたしかに承知しました。今櫛田

君に交渉中ですから返事あり次第申上げます。櫛田君だめならば、、前の予定通り代りを頼んで行きましょう。櫛田君が最適任者だとわたくしも思って居ます」（前掲『伊那自由大学関係書簡』２頁）。

京都帝大法学部を卒業後に弁護士を開業していた水谷長三郎（１８９７～１９６０）は、講義終了後に、「日頃訴訟依頼人と金銭上の話」を主としてきたためもあって、自由大学への五日間の出講は「まるで砂漠の中の、オアシスのような」清々しい体験であった、と回想している（横田憲治宛葉書、前掲『書簡』10頁）。なお講義は、ロシアの経済学者トゥガン＝バラノフスキーの『マルクス主義の理論的基礎』１９０５年（邦訳、水谷長三郎訳『唯物史観批判』同人社、１９２３年）に沿って進められたようである。

「御手紙拝見。日取は５日間やれるかどうか疑問です。先づ（ママ）やれるだけやりましょう。『マルクス主義の理論的基礎』の名称及びその内容は、ツガン（ママ）・バラノウ（ママ）スキーの論著どおりです故、拙訳『唯物史観批判』位よんで下さい。大阪の大原〔社会問題〕研究所〔当時は大阪にあった〕へ申込まるればよろしい。御返事通り、月末より来月上旬（28日開講）にします」（前掲『書簡』５頁）。

当時の講師依頼の手段は、専ら（もっぱ）手紙ないし葉書による遣り取りであった。上條宏之「大正デモクラシーと上田自由大学」（『民衆的近代の軌跡』銀河書房、１９８１年、２７６頁）に、以下の指摘がある。「空間的距離を克服し、両者の間に人間的信頼、精神的紐帯をつくりだす」ためには、「大学設立地」と講師の「居住地」との間を往復する「手紙」や「葉書」が「決定的な意義をになった」。土田と山越・猪坂、土田・高倉と横田、講師たちと横田・猪坂・渡辺（泰亮）などの間で、夥しい数の書簡の遣り取りが交わされたのである。

ところで、下伊那郡伊賀良村に生まれた代田保雄（１８９９年生まれ）は、インタビューに次のように応えている。――土田杏村の個人雑誌『文化』を購読しており、自由大学には関心があって、水谷のそれも含めて、かなりの講義を聴講した。また、１９２４年3月から1年間、自由大学の会場には、青年団も「寄付金を出して」造られた「天龍倶楽部」が使われた。「畳」の部屋に木製の「ミカン箱」を持ち込み、その上でノートを取った。「お粗末」な「机」に「白い布を掛けて」、それを講師の演壇替わりにした。受講者は「農家の青年が多かった」。「小学校の先生などはごくわずか」だった、と。

また代田は、１９２５年１月に伊那自由大学の「理事」に選出され、その後、「家業の養蚕や果樹栽培に従事し、35年に伊賀良村会議員になって以降、長く」議員生活を続けた（「代田保雄氏に聞く」『自由大学研究』第５号、１９７８年５月、70〜74頁）。

教育と宣伝との違いにも講師は一家言もっていた

【第１期第４回】１９２４年３月10日（５日間）
新明正道「社会学概論」（32人）飯田町天竜倶楽部

新明正道（１８９８〜１９８４）は、この講義を皮切りに飯田では翌25年11月および27年３月の計三回、上田では、既に述べたように、24年10月と25年11月の二回、都合五回自由大学に出講している。飯田の三回目の講座名は「近世日本社会史」であったが、他の四回のそれは「社会学概論」ないし「社会学」であった。

順序から言えば、新明正道の自由大学における最初の講義は、上田からではなく、飯田の伊那自由大学で始められている。新明は「信濃自由大学の思い出」を上木敏郎の個人雑誌『土田杏村とその時代』に掲載し、飯田のことにも触れている。記憶違いでこの講義を飯田における「第二回目の講義」としているが、以下のように書き残している。

「この時は関東大震災〔１９２３年９月１日〕の〔半年〕あとで、朝鮮人の虐殺騒ぎがあり、多少群衆の社会学的な研究を進めていたので、これをテーマとして講義したように記憶している」（合冊版『土田杏村とその時代』１９５頁）。

五日間の講義は14日に終わるが、その三日後にいわゆる「ＬＹＬ事件」が勃発する。事件の詳細は、以下の記述に譲るが、新明は翌３月18日付の横田憲治宛の書簡の中で、次のように述べている。

「今朝遅く目を覚まして新聞をみると、飯田で検挙があったという記事が出ていました。滞在中からあった噂が実現した訳ですね。勿論自由大学の方とは無関係のことと御察ししていますが、何だか空騒ぎに終り相（ママ）に思えます。唯（ママ）だこういうこと

新明正道訳（T. パーソンズ著）『政治と社会構造』（下巻）

のあった結果として、自由大学の方でも多少聴衆が減るようなことがなかろうかと案じられます」（前掲『書簡』10頁）。

その後新明は、杏村、高倉とともに『自由大学パンフレット』を出版して、「特別にある志向のみを強調」しがちの社会運動組織と、「あらゆる志向に平等の考慮を払う」教育機関である自由大学との違いについて、次のように指摘している。

「善意にせよ、悪意にせよ、宣伝は、教育を実際的利害の奴婢（ぬひ）たらしめる虞がある。兎角、宣伝は偏頗（へんぱ）である（。）一つの傾向のみを尊重し、他は顧みない。かくあっては、教育も、終に忌むべき画一主義から一歩だに出ることは出来ないであろう。……あらゆる志向に平等の考慮を払うこと、これが教育の本義である。特別にある志向のみを強調すること、これ宣伝の秘訣である。両点は決して一致しない。……自由大学を以てある学派的思想の宣伝を旨とするものであると考ふるものがあるならば、妄これより甚だしいことはない。……自由大学は飽く迄、事実の正確にして濁らざる討究を事とする。智識は力であるという。我等は、この言葉を信じて、謬りない智識の吸収によって自己に自主的な固い力を養うことを目的とする」（「自由大学の精神」前掲『伊那自由大学とは何か』信濃時事印刷部、18～19頁）。

教育と宣伝とを区別する考え方は、土田杏村や高倉輝や新明正道など、自由大学の講師たちに共通する認識であったが、社会主義運動に関わる青年や講師たちの間では、評判の良くない考え方であった。つまり、研究者の間でも、必ずしも一致が見られている判断とは言えなかった。しかし、ある政治的意図のもとに主義や思想を強調する「宣伝」「情報操作」（＝プロパガンダ propaganda）と「教育」（education 一人ひとりに固有な潜在的能力を引き出す行為＝支援）とを区別すること、言い換えれば〈宣伝＝思想誘導〉と〈研究を裏付けとする教育〉との違いを明確にすることは、杏村、高倉、新明をはじめ自由大学の講師陣の多くにとっては、絶対に譲れない一線だったのである。

伊那で最も熱心に自由大学の講義を受講した楯操は、数多くの感想を書き残しているが、新明の授業評価と自由大学の継続的な受講の魅力について、次のように簡潔なコメントを残している。

「新明正道先生の社会学では社会の見方と同時に学問の面白さについて知ることが出来たと思う。講座が開かれる度に興味が加ってゆく。他方で自由青年連盟の運動があったが興味がわかず学問的教養を高めたく専念する」（楯操、『自由大学研究』別冊2、16頁）。

受講を重ねるたび毎に自らの「学び」への興味が拡がり深められていくような講義、それこそが〈思想誘導〉とは異なる自由大学の「学び」の特徴であった。

1924年3月17日　LYL（リベラル・ヤングメンズ・リーグ、1922年1月結成、自由青年連盟とは別の非公然の前衛組織）事件。羽生三七、今村（山田）邦夫、代田茂ら会員19名が逮捕された事件。

「いまから見ると、初歩的な政治活動にすぎないが、治安警察法（翌25年に治安維持法）があった当時、左翼思想の研究、活動はたいへんなことで、弾圧が激しかった。このため、LYL検挙の反響は深刻だった」（前掲『信州の百年』196頁）。

自由大学の講師や関係者にも、無視ないし軽視できない多大な影響があった。例えば水谷長三郎は、「信州の検挙ノ件如何、自由大学の人のうちで、若しもヒッカカッタ人があれば、知らせて下さい。及ばずながら、弁護士としてお助け致します」と、横田憲治に支援を申し出ている。上田の猪坂直一も、横田に書き送っている。

「先般は御地には官憲の颱風が起き貴兄までが巻き添へ（ママ）を喰らはれたやう（ママ）ですがもういいんですか。一時は新聞を見乍（なが）ら大分心配して居りました。こんな事から自由大学の運動に頓座を来しはせぬかと気づかひ（ママ）もしました。高倉さんも大分御心配のやうでした」（前掲『書簡』11～12頁）。

京都の土田杏村は、以下のように伝えている。

「此の形勢は冬までの長い間には大丈夫恢復し得ると信じます。それよりも怖れるのは、

LYL事件後の出獄の日（前列左から今村邦夫、矢沢基司、代田茂、桑原郡治、後列左から三人目山田阿水、右端が羽生三七）

……青年の重もだった人達の注意がその裁判の方へのみ注がれて居て、自由大学より眼をそらしはしないかということです。パンフレットは是非報告として出したいものです。愈々(いよいよ)出される時には私も何かかきます」(同前、13頁)。

なお、詳しくは、大逆事件とLYL事件とを、長野県における治安維持法前史と位置づける『治安維持法と長野県』(治安維持法犠牲者国家賠償要求同盟長野県本部編、1988年)第一部(松本衛士稿)第一章(13~42頁)を参照されたい。

1924年4月1日 京都労働学校の開講式挙行。杏村の祝辞の原稿が保存されている、と上木敏郎前掲書は伝えている。現物は未見であるが、孫引きさせていただく。

「我々は我々の工場を持たない。けれども我々は我々の学校を持った。

資本主義は財産無き我々に高き教育を受ける権利を拒絶して、ブルジョアによる教育の独占を執行する。けれども我々は我々の学校を持った。

資本主義は我々の階級意識を魔酔させる為に、彼等の人生観と社会学と経済学とを我々の教養だと称して、我々に宣伝する。けれども我々は我々の学校を持った。

我々は此処でブルジョアの手から解放せられた、階級意識の自覚の上に立った、我々の教養を創造する。我々は此処でプロレタリア文化が、真に人類の意志を受けた正しい文化だという自信を深める。我々は此処でなお、資本主義社会の構造を見極め、其れを改造するための戦術を討究する。

我々は我々の学校を持った。我々は敵の陣営の一部を完全に奪い取った、其処で創造せられるものは何一つとして対敵策戦ならぬはないのだ。我々は我々の工場を持たない。けれども我々は我々の学校を持ったのだ。次に彼等の手より奪い取る我々の世界は何であるか。土田杏村」(前掲『土田杏村と自由大学運動』、202~203頁)。

伊那自由大学のパンフレットに関しては、前掲『書簡』の№26、30~32で意見交換が行われている。杏村は『書簡』№32で、「実際家としてどっちにもさしさわりのない、しかしまた理論的にも間違いのないものをと思い、一言一句ゆるがせに出来ず、しっかりとかきました。此れならば理論的に攻撃を受けるところは断じてないつもりです」と自信を覗かせている。その結果が、8月10日発行の『伊那自由大学とは何か』である。

１９２４年７月11日　土田杏村「自由大学へ」（『信濃時事新聞』に掲載）。最初は新潟の『北越新報』（7月10日）に掲載され、翌11日には『新潟時事新聞』にも掲載された。

「友よ鍬を捨て鎌を収めて、新しい講義を聞く人になろうではないか」、我々は、自由大学を受講して「人間らしい人間になるのだ」という内容の、自由大学の受講を誘（いざな）うリズミカルな文体に仕上げられている。

１９２４年８月10日　自由大学の立場を明らかにするパンフレット『伊那自由大学とは何か』を発行（24頁）。杏村「自由大学とは何か」（1～10頁）、高倉「自由大学に就て」（11～14頁）、新明「自由大学の精神」（15～20頁）および「組織及び内容」。

１９２４年10月10日　『政治と青年』第4号「自由大学の活躍を待つ」で伊那自由大学への支持表明。

「今春以来、下伊那の青年会の空気に大きな動揺を生じ、思想的方面にも或る弛緩を生じている時、自由大学の跳躍は最も望ましいことである」（第2面）。

経済学を講じた学究は若手中で一頭地を抜く存在だった

【第2期第1回】　１９２４年10月21日（5日間）
山口正太郎「経済学」（16名）飯田町天竜倶楽部

山口正太郎（１８９４～１９３４）については、自由大学研究において語られることが多くはなかった。そこでまず、山口の履歴を少し詳しく辿っておこう。

同志社大学法学部の講師（１９１９年5月～8月）および同教授（１９年9月～21年3月）を歴任。その後、母校の大阪市立高等商業学校の教授（21年3月～28年3月）、21年4月から京都帝国大学経済学部講師を兼任。その間、１９２５年7月～26年4月欧米に留学。留学中に、国際連盟経済会議に日本代表として白耳義（ベルギー）に出張。27年9月に米国経由で帰

山口正太郎年譜

１８９４年３月　大阪市東区に生れる
１９００年４月　集英小学校に入学（7歳）
１９０４年４月　高等小学校に入学（11歳）
１９０８年４月　大阪市立高商予科入学（15歳）
１９１１年４月　同校本科入学（18歳）
１９１４年９月　京都帝大法科大学入学（21歳）
１９１７年10月　同大卒業。学士試験合格（24歳）
１９１９年５月　同志社大法学部講師。同年9月教授。
１９２１年３月　母校大阪市立高商教授（28歳）
１９２１年４月　京都帝大経済学部講師
１９２５年７月　欧米に留学（32歳）２６年４月
国際聯盟経済会議に日本代表としてベルギーに出張。
１９２７年９月　米国経由で帰国（34歳）
１９２８年４月　大阪商科大予科教授兼高商部教授。
１９２９年３月　大阪商科大学部助教授（36歳）
１９３１年３月　大阪商科大学部教授（38歳）
１９３２年９月　京都帝大へ学位請求論文提出
１９３４年２月　流感と診断。３月３日死亡（41歳）

国。帰国後の28年4月に、大阪市立高商教授から大阪商科大学予科教授兼高商部教授を経て、29年3月に大阪商科大学学部助教授、31年3月に同大学学部教授に昇格。32年9月に京都帝大へ学位請求論文を提出するも、1934年3月3日死亡（『故山口正太郎教授遺稿』1935年、151頁）。

山口は横田宛に、以下の書簡を送っている。

「開講日は二十一日（火）から二十五日（土）迄五日間として頂きたいと存じます。到着の日に講演するのは苦しいですから二十日に着くことにします。講義の内容は別紙（省略）のようにします。

参考書、拙著『経済学説史研究』（岩波書店最新刊）……、『純理経済学の諸問題』（岩波書店発行）……、拙訳メンガー『経済学の基礎概念』（大村書店発行）……等ですが、経済学を初めて聞く方には少し難かしいかと存じます。それで講義後に読んで頂けば結構です。

講義には黒板が是非必要です。落着いて所謂講演にならず講義としたいと思います。

二十日（月）の朝、五時十分辰野着。午前九時から十時七分かで飯田に着く予定です。御多忙で恐縮ですが飯田駅まで、来て戴けば結構です。大抵午前九時に着くつもりです」（前掲『書簡』28頁）。

兵庫県の芦屋に住む山口の講義日前々日からの旅程は、当然のことながら今日の新幹線と特急を使った移動とは雲泥の違いがある。

なお、山口の「経済学」の講義には、後に述べるように「唯物史観」や『資本論』への言及が含まれていたようであるが、その具体的な内容は明らかではない（詳しくは、【第3期第3回】1926年2月の指摘（本書222頁）を参照されたい）。

山口は帰宅後に、左記の礼状を認めている。

「滞在中は種々御世話になりまして有難う存じます。帰途、大平峠（おおだいら）の満山紅葉の中を突破して、大層愉快でした。今日から再び猛烈な研究生活に入ります。飯田滞在中は頭を休めたので之から元気を出し得ようと思います。中世寺院法の経済学を纏めてその中（うち）に出版しようと努力しています。会員諸君に特に須山氏、平沢氏等によろしく御伝言下さい」（前掲『書簡』29頁）。

文中の研究書は、『中世寺院法と経済思想』の書名で、翌1925年に改造社から出版された。その後も、『労働法原理』（日本評論社、1928年）、『重農派経済学の人々』（ロゴス書店、1929年）、『重農学派経済学』（同文館、1931年）、『伊太利社会経済史』（章華社、1933年）が立て続けに出版されている。研究のフィールドは、日本の経済思想、労働法、フランスの経済学説、イタリアの社会経済史の領域に及んでいる。

短期間で拡がりのある研究を生みだすことができたのは、それ以前に集中的な思索と相当な研究の蓄積が重ねられたからに他ならない。しかし、山口は無念にも、三歳年上の杏村と同じ1934（昭和9）年に、41歳の若さで流感のため急逝した。翌年『故山口正太郎教授遺稿』が上梓されている。

能力が備わっているうえに、「猛烈な研究生活」を積み重ねた山口正太郎は、杏村が「将来我国の経済学を一人で担って立たれる人」と評価したように、若手研究者の中では突出した存在であった。杏村が早くから注目していた点にも、改めて留意したい。

しかし、受講生の授業評価や、山口自身の講義を終えての回想などは、残念ながら入手できていない。講義が行われる前の、横田との手紙による遣り取りからは、山口の真摯な対応が伝わってくるだけに、受講者からの回想が入手できないのは極めて残念である。

前掲の『遺稿』の冒頭「序」で、大阪商科大学の初代学長河田嗣郎（しろう）は、次のように記している。

「山口君は学問研究上に於いては多方面の人であった。然かも到る処として可ならざるなしであった。生前に公にされた種々の著書及論文に依って学界に貢献せられたる所は極めて大であったが、其の遺稿も亦茲に之を見るが如く、経済思想史と労働法とに跨がり、講義の草稿であり乍らやはり真摯な研究的態度の所産として、学問的価値の裕（ゆた）かなものであり、学界に附與する所多大なるべきを疑うことが出来ぬ」。

1924年10月23日　ところで、山口の伊那自由大学の講義が始まった頃、高倉輝は横田憲治宛に以下の書簡を認めている。

「自由大学はこれからが本舞台ですからこれから一つうんと御尽力を願ひます。一箇所に熱が不足でも力が抜けて了ひます。御奮闘を祈ります。それには何よりも講師の著書を会員に読ませるやう諸兄が努力せられる事です。今度出た出〔隆〕の『プラトン』〔ヴィンデルバンド著、田中美知太郎との共訳、大村書店〕や土田の『島国家〔としての日本の将来〕』や(ママ)諸兄が第一に読んで会員と研究会でも開く可きものだらうと思ひます。どうしたって自由大学だけでは雰囲気が出来ません」（前掲『書簡』29頁）。

間欠的な自由大学の講座と講座の間を有効活用して、講師の著作をめぐる研究会を開くといった、学びの熱を冷まさないような相互学習による雰囲気づくりが提案されているわけである。

また杏村も、受講者を増やすために「各村、各字(あざ)などにもっと委員を沢山につくり、その人達によ〔寄〕って貰ひ、その地方々々で各二、三名の聴講者を口ど〔説〕き落して来るといふ様にしてやはり個別訪問式にしないいぢゃあだめだと思ひます。何にせよ、委員をもっともっと豊富にして下さい」（横田憲治宛土田杏村書簡、前掲『書簡』30頁）と、具体案を伝えている。

網羅的に鳥瞰する講義はどう受け止められたのだろう

【第2期第2回】１９２４年12月1日（５日間）
谷川徹三「哲学史」（23人）飯田町天竜倶楽部

谷川徹三は、横田憲治に次の手紙を認めている。

「唯今お手紙拝見しました。浅学到底(とうてい)御期待に副い難いと思いますが、ともかく最善をつくすつもりです。皆さんが非常に御熱心だということを承って力強く思っています。日取りは11月30日から５日間或は12月1日から5日間はどうでしょう。これですと私の方の都合はよろしいのです。

参考書は、大西〔祝〕博士　西洋哲学史、波多野〔精一〕博士〔西洋〕哲学史要、安部能成　西洋〔近世〕哲学史（岩波哲学叢書）などがよくはないかと思います」（10月30日付横田宛書簡、前掲『書簡』30～31頁）。

「私の今度の講義は哲学史概観として全部を簡単に終りたいと思います。哲学に関する講義ははじめてのようですから、勿論もう常識としては御存知だろうとも思いますが、念のために、そしてまた私のこれからの講義を一層よく理解して戴くために、特定の視点から全部を概観したいと思います」（11月

23日付横田宛、『書簡』33頁）。

「哲学史概観」の5日間の講義内容は、左記のようになっている（「『南信新聞』伊那自由大学関係記事」『自由大学研究』第5号、1978年5月、83頁）。

第一日　一、哲学の意味　二、哲学と科学　三、哲学と芸術　四、哲学と宗教　五、哲学史と哲学概観　六、哲学史の意味　七、私の講義に於ける私のとる態度及び指定せられたる視点

第二日　ギリシャ哲学　一、ソクラテス以前　二、ソクラテス、プラトーン　三、アリストテレス　四、ギリシャ哲学に於ける哲学の中心問題の推移

第三日　一、中世哲学　二、ルネフ(ママ)サンスの哲学　三、万レ(ママ)ト〔カント〕以前の大組織　四、カント以前の哲学の大組織

第四日　一、カント哲学　二、フィヒテ、シェリング、ヘーゲル　三、唯物論

第五日　一、現代の哲学　二、哲学的態度と哲学的思惟　終(ママ)時間と余力があれば批評哲学とマルキシズム〔の〕問題に亘る筈

また谷川は帰宅後に、左記の礼状を認めている。

「いろいろお世話になりまして有難う御座いました。京都へ来ると山が貧弱に見えます。全くあのような山を始終眺めていられるだけでいいと思います。ともかく大変愉快でした。改めてお礼を申します。須山、平沢、林、三兄その他の方々によろしくお伝えください」（12月9日付横田宛、『書簡』35頁）。

しかし、残念ながら、受講者の反応を知ることのできる回想文などを手にすることは、できていない。

1924年12月1日

『政治と青年』第9号第五面「自大〔自由大学〕の危機を救へ(ママ)」で伊那自由大学の擁護を表明。

「吾々は吾等のための大学を擁護し伸長しようとする至情から是非ともその欠陥（内部の現実と離れ〔乖離(かいり)して〕）、聴講生の意志と便益とを無視

谷川夫妻と俊太郎

する結果になること）を改造して完全なる自主的教育機関となさねばならぬ、そうするには此の際各人の意見を集めて徹底的に改革を試みスタートを切り直すより外はない。……大学を愛し大学を吾等のものとして成育させたいと希望する人々は来って大学の危機を救うべきである」。

羽生三七の証言①　「『信南自由大学』ができた時、私たちＬＹＬの同志の中には、このような小ブルジョア的、自由主義的大学の設立は、階級運動のさまたげになるという反対意見も出たが、私は当時の封建的、保守的、軍国主義的風潮の世相の中では、この自由主義の果す役割はそれ相当にあると考えてこれを支援したし、ＬＹＬ脱退者というような扱いを前期（記）の諸君（下伊那青年会の幹部、横田憲治と平沢桂二）にしないばかりでなく、時には〔自由大学への〕講師のあっせんをしたこともある」（前掲『自由大学研究』別冊2、15頁）。

同証言②　「（自由大学ができた時に）我々のグループの中に二つの意見がありました。一つは、マルクス・レーニン主義の立場で、自由大学というものは小ブルジョア的な、むしろ階級闘争を鈍らせるような役割を果すものではないか、……という議論がありましたが、私達は……あの当時の軍国主義、封建主義の極端な時代に自由大学というようなもので、階級的な立場やマルクスやレーニンの立場をとらなくとも、軍国主義・封建主義を批判するようなリベラルな立場で教育活動をしてくれるならば、それはそれなりの大きな役割をもつことになるのではないだろうか、そういう意味で協力しましょう、ということで協力したと思うのです。私は山本宣治・波多野鼎等のみには出たことがありますが……（自由大学は）我々が吸収し得なかった層に対して一種の教育活動を展開されたと思います。そういう意味で、私は自由大学がそれなりの役割をあの時代に果したと今でも評価しております」（前掲『自由大学研究』別冊２，15頁および羽生三七「下伊那青年運動史の証言」『季刊現代史』１９７８年、３３７頁参照。

同証言③　「自由青年〔連盟〕時代はそれ程でもなかったのですが、むしろ解散した後の労働農民党時代の頃〔の弾圧〕がひどくなり、……本当の意味

羽生三七

の学問的な勉強は自由大学が小ブルジョア的とかいう批判もあっても何でも、とにかく一定の役割を……果たしてくれました。我々と意見は完全に一致していなかったけれども、あの時代としては非常〔に大事〕な役割を果していたという評価を私は今でもしています」（同前、『自由大学研究』別冊２、26頁）。

必ずしも羽生自身が明言しているわけではないが、羽生はリベラリズムには二潮流があって、レッセフェール（自由放任）主義のブルジョア・リベラリズムには同意しえないが、自由放任主義を批判する「半ブルジョア・プロレットカルト」（アンチ〔反〕ブルジョア・リベラリズム）には肯定的な立場を採っていたのではないか、と私は考えている。

１９２４年12月　横田憲治、伊那自由大学後援会の組織化を土田杏村に提案

横田宛の杏村書簡には、「後援機関はよいこと」「もう自由大学の立場が理解せられて居る事ですから、大丈夫です」（12月13日）とある。自由大学に対する理解が深まっているから「大丈夫」だと杏村は判断しているが、もしもの介入を防ぐためには、後援会よりも寄付を募った方が安全ではないかと私は考える。横槍が入ることは、なかったようではあるが……。

なお、横田のこの提案は、第２期第１回の山口の講義が始まった頃の、高倉と杏村の提案（会員を増やすための読書会・研究会の開催や戸別訪問による会員の勧誘）に対する横田の逆提案でもある。杏村はこの逆提案に同意していることになる（前掲『書簡』35頁）。

１９２５年２月10日　「自由大学とプロカルト」（理）（『政治と青年』第15号）。ポールのプロレットカルト論に依拠する杏村批判。なお、「理」は北原理一であろう。これには丁寧に、かつ詳しく「半ブルジョア・プロレットカルト」の意義を説明する必要があった。それに応えたのが、杏村に依拠した前掲の横田憲治「教育とその運動」（同年６月）だったのである。

ダンテの『神曲』の講義は受講生に強烈な印象を与えた

【第２期第３回】　１９２５年１月８日（５日間）
高倉輝「文学論（ダンテ研究）」（26人）天竜倶楽部

楯操の筆記ノート：Ⅰ章　ダンテの出生、家系、家庭、生地、時代　Ⅱ章　ダンテの幼時、容貌、教

養、伊太利の叙情詩『新生』Ⅲ章　学殖及フィレンツェの政争（なお、Ⅱ章の一部は『伊那自由大学関係書簡』（142〜145頁）に所収）。

米山光儀は、高倉のダンテ研究の中にあらわれる「言語と文学の関係の問題」は、後に高倉が展開する「国語国字問題研究、その研究成果の上に立つ文学の創造に大きな示唆を与えた」と推測している。じっさい高倉は、別所の思温荘に移ってから、農民たちとの交流を一層深めたが、そこで実感したことが、士族の独占する漢字の害毒からの自由・解放を主張する国語国字問題であった。したがって、ダンテ研究に導かれて、「国語国字問題研究」を経由して、高倉に独自の「文学の創造」への模索が続けられたこと、それは間違いないと言ってよい（米山前掲「伊那自由大学とタカクラ・テル」48〜50頁）。

楯操は、高倉のダンテ研究と日本語に関する講義について、次のように証言している。

「講義で感動の未だに耳朶（じだ）に残っているのはタカクラ先生のダンテの神曲である。……次はタカクラ先生の日本文化史で日本語について実に興味ある講義で今に至る関心を失わせていない」（楯操『自由大学研究』別冊2、16頁）。

ダンテ『神曲』地獄篇

「（高倉輝の）文学論、〃ダンテの神曲〃で神曲を通して愛の原型というかその人間学（観）について説かれた……。図らずもこれをきいて私は感動のるつぼの中へ投げ込まれてしまい、今に至るそれを顧みてせきたてられるものを感ずる。あの分厚な神曲の原書を机上において迸る言葉は、それは音楽であったかもしれない。（楯操「〈回想〉伊那自由大学のこと」（『自由大学研究』第5号、67〜68頁）。

長尾宗次は次のような証言を残している。

「自由大学の話をきいてはじめて学問の広さということを知ったわけなんです。私はそのおかげで、浅くても何でも多少社会科学などの本を読む気になったんです。こういうことは大事だと思いますね」。「高倉さんが（ママ）ダンテの『神曲』を原語で読んでいただいたときの発音に、いつまでも印象がのこっていますがね。それでいろいろなことを聞いてはじめて、社会科学というものや学問の広さというものを知ったわけです」。「やはりその当時は、『我々はいかにいき［生］くべきか』という言葉が皆に言われていて……漠然とそういう気持でおったところにそういう話を聞いたものですから、やはり学問の広さにびっくりしてしまったわけです。漠然と考えてもだめだ、社会科学的なことを勉強しなければいけないと思ったのです」『自由大学研究』別冊1、45～46頁）。

高倉のインパクトの強いダンテの講義は、受講者の長尾に「漠然と考えてもだめだ」、「社会科学的なことを勉強しなければいけない」という気持を引き出すことになった。その気持ちを充たすための一つの方法は、長尾の前半の証言の中に指摘されている。つまり、「浅くても何でも多少社会科学などの本を読む気になった」、と。講義を聴くことも、本を読むことも、自己教育のために講師や著者との無言の「対話」を重ねるという点で共通する。講師の話や著者の言い分を「鵜呑み」にするのではなく、批判的に自己の内部での「対話」を繰り返すことによって新たな「自己を創る」作業が続くことになるからである。

1925年1月12日　伊那自由大学会役員改選。理事に横田憲治、平沢桂二、須山賢逸、吉沢敏二、中塚稲美、牧野元一、楯操、代田保雄。自由大学協会幹事に横田憲治、代田保雄を選出（『自由大学雑誌』第3号、25頁）。

吉沢敏二は、従兄弟の吉沢清之を自由大学に誘い聴講させた。清之は『伊那自由大学』第1号で「自由大学運動の精神を語る」を投稿している。敏二は、別所温泉の花屋ホテルで同年9月20日に開催された自由大学協会の役員会に出席している。また佐々木忠綱は、敏二が「校長の在職中に早逝」したと記している（『自由大学研究』第5号、104頁）。

中塚稲美（1903～1925）は市田村に生まれ、1922年3月飯田中学を卒業し、4月より市田小学校吉田部の教員となったが、3年半後に22歳の若さで病死。自由大学には一度も欠席せず受講したといわれ、25年1月の役員改選で伊那自由大学の理事に選出されている。遺稿集『跡』（1926年10月）に収められた横田憲治宛の書簡で、自由大学の発展策として、（1）『信濃時事』や『南信新聞』を利用して、自由大学を宣伝して受講者を増やすこと。また、両紙に、自由大学は、「単なる学術研究の大学、文化科学の仲介大学の出張所」であり、社会主義運動団体の自由青年連盟とは一線を画している点に触れた記事を書いてもらうこと。(2)小・中学校の校長を説得して、教員の聴講者を増やし、併せて「郡内有力者の賛同を得ること」を主張している。〈史料紹介〉「中塚稲美・自由大学関係書簡」(『自由大学研究通信』第1号、1979年3月、2~3頁)。

牧野元一は須山賢逸の従兄弟。長尾宗次は、下伊那農学校卒業の前年に牧野に誘われて青年団に入団したと語っている。戦後、牧野は鼎町議会議長、鼎町長(1961~65年)を歴任。佐々木忠綱は「戦後、果樹園経営について〈牧野から〉多大の御指導を受けました」と記している(前掲『自由大学研究』第5号、104頁)。

1925年3月2日 普通選挙法案、衆議院を修正可決。3月7日に治安維持法案、修正可決。既述のごとく、普選の先駆者が信州人(中村太八郎)、治安維持法の起案者(山岡萬之助、岡谷)も提出者(小川平吉、諏訪郡)もまた信州人だった。「飴と鞭」に信州人が係わっていたことになる(「普選と治安維持法」前掲『信州の百年』204~207頁)。

「空想的」に対する「科学的」社会主義の所以(ゆえん)を説く

【第2期第4回】 1925年3月15日(5日間)
波多野鼎「社会思想史」(24人)天竜倶楽部

講師の波多野鼎(1896~1976)には、この講座と同じタイトルの著書がある。京都の更生閣から1925年9月に、つまり講義が行われた半年後に出版された450頁の大部な著作である。出講時には執筆中で、書きあがってはいなかった。

講義内容に関する情報が手元にないので、何とも言えないが、書下ろしの原稿を執筆している最中に講義を依頼され、テーマに特段の指定がない場合には、出版準備中の内容を講義するのが、出講する側にとっては最も好ましいと考えられる。しかも、上田と飯田の2か所で同じ「社会思想史」の講義をするのだから、原稿を書き終えていれば受講者に解りやすく書かれているか否かをチェックした上で受講者の表情を観察しながら講義を進めただろうし、まだであるならば執筆する予定のメモを見ながら話を進めた可能性も考えられる。

参考までに、更生閣から発行された『社会思想史』の編別構成を以下に示すことにしよう。本書は三編構成で、第一篇が「十九世紀の社会的現実と空想的及び科学的社会主義」、第二編が「空想的社会主義」、第三編が「科学的社会主義」となっている。

第一篇の第一章は「十九世紀の社会的現実」、第二章は「空想的社会主義と科学的社会主義」、第二編は三章に分かれ、それぞれ「シャルル・フーリエ」、「ロバアト・オウエン」、「サン・シモン」の思想を扱っている。第三編は三章構成で、「マルクス及びエンゲルスの生涯とその著作」、「唯物史観」、「社会主義的社会秩序」となっている。

なお、波多野は後年、当時を思い起こして、次のように回想している。

「（伊那自由大学では）聴講の青年諸君が、米と味噌とを持参して、深い雪道を踏み越えて集まってきた人達であるとの話を聞いて、こちらも身の引きしまる思（い）がした。〔当時の職場〕同志社大学の学生たちに講義するような態度では相すまぬと思い、かえってあがり気味の講義に終始した。聴講者の真剣な態度に、若い私（当時30歳になっていなかった―引用者）は全く押され気味だった。……寒風肌をさす教室の熱っぽい空気、これはいつまでも忘れることはできない」（「自由大学の想出」前掲『土田杏村とその時代』192～193頁）。

また「昭和二十二年、新憲法下の第一回総選挙で参議院議員に当選し、社会党の控室で同僚議員と初対面の挨拶を交したとき、羽生三七君に、『信州の自由大学で教わりましたよ』と挨拶されたのには驚いた」（前掲書、193頁）とも記している。

先に記した羽生の回想〔本書210頁〕とも平仄（ひょうそく）の合う、かつての講師と受講生との微笑ましい再会ということになろう。

ところで、信南自由大学が〔1924（大正13）年に〕開設されるよりも前に、大阪と京都で労働学校が開校されている。とりわけ京都労働学校の講師の名が目につく。講師陣信南（伊那）自由大学の講師には、は7人で構成されていたが、そのうち5人（山本宣治、土田杏村、水谷長三郎、住谷悦治、波多野鼎）が自由大学に出講している。信南自由大学に最初に登壇した山宣は、京都労働学校では校長を兼ねて「性

波多野鼎

教育」の講義を担当した。また既に触れたように（本書204頁参照）、土田杏村は開校式に祝辞を寄せていたが、「哲学」の講義科目の担当者でもあった。

さらに、水谷長三郎は「経済学」を、魚沼自由大学に登壇した住谷悦治は「社会思想」を、そして波多野自身は、当該講座名と同じ「社会思想史」の講義を担当している。（詳しくは、上木敏郎の前掲論文「土田杏村と山本宣治」38～39頁、および前掲『土田杏村と自由大学運動』201～203頁を参照されたい。）なお、大阪労働学校には、住谷悦治、新明正道、中島重（松本自由大学）が出講している。

1925年6月　『信濃時事』紙上に横田憲治の論稿「教育とその運動」が三回に分けて連載される。林源は「信濃時事に発表して呉れた『教育とその運動』うれしく読みました。やっぱり、あゝしたものを出来るだけ世間に発表するのが本当だと思います。僕達のような年少な輩と違っての人生を掴んだ確さと云ったようなものを感じて、自分の事のように、無性にうれしく思いました」と認めている。横田の連載は、本書191～193頁参照。

1925年11月　下伊那郡青年団が下伊那政治研究会の支援のもと「軍事教練反対同盟」を発足。12月に「軍教反対同盟」が在郷軍人会トップとの公開討論会を要求し、郡役所で実施。「信南自由大学と下伊那政治研究会」および「国民精神作興会と『軍教』討論会」（前掲『下伊那の百年』110～114頁）参照。

受講生は独墺の社会学の紹介を熱心に聴講した

【第3期第1回】1925年11月7日（5日間）

新明正道「社会学（社会の概念）」（22名）飯田小学校

新明正道は、この講義の前後に飯田では24年3月、27年3月の計三回、上田では24年10月、25年11月の二回出講している。

前回【第2期第4回】は3月の開催であったので、7か月以上のブランクがあった。そのため、11月5日付『南信新聞』の見出しは「復活した自由大学 7日から開講」とある。本文でも「此の間種々なる蹉跌を生じて開講を躊躇していたが愈々此の程復活して11月7日から5日間実科高女校舎で同志社大学教授新明正道氏を招聘『社会進化論』を開講」する運びとなったと伝えている。講師の新明は、後に当時を回想して次のように、判らない。講座名も異なるが、その理由はうに記している。

「その時分私は神戸にいてもっぱらドイツやオーストリアの社会学者の学説を研究していたので、私はそれを紹介しながら5日間ほど毎晩二時間ずつきわめて大ざっぱに社会学の一般講義を試みたものであった。土田氏があらかじめ自由大学の趣旨を説明せられ、調子をあまりおとす必要がないといっておられたので、私自身一般の学生に対するとほとんど同一の内容で講義を試みたが、いまからふり返ってみると生硬な議論も多く、さだめし聞きにくかったのではなかろうかと反省させられるにもかかわらず、夕方になって方々の村から〔飯田〕小学校内の教室に集まって来る人々は、身じろぎもしないで緊張した顔付で私の講義から何かを聞きとろうと熱心に耳を傾けている」（「信濃自由大学の思い出」前掲『土田杏村とその時代』195頁。タイトルは「信濃自由大学」となっているが、内容は伊那自由大学への言及も少なくない）。

文中の「一般の学生に対するとほとんど同一の内容で講義を試みた」とあるのは、上田自由大学の講師を務めた今中次麿の発言（「私の一番嬉しいのは私が学校におけると同じ自由を与えられ同一程度の講義をしたにも係わらず御諒解下さったご様子を見出したことであります」、本書57頁参照）という発言とも共通する。土田杏村が、講師の依頼に当たって、「調子をあまりおとす必要がない」と伝えた理由は、自由大学の「趣意書」にある資格条件「講義を理解し得る各自の自信に信頼して、聴講生の資格に一切の制限を置かず、且つ男たると女たるとを問いません」からしていわば当然のことであった。

ただし、これには批判の余地もある。自由大学に参加しなかった理由を、「大学の名に迷わされ、己れより数段上級の研学キ〔機〕関と思い込ん」だ農村青年、すなわち「並人にも手の届く勉学キかんとは思いもよらなかった」と考える中等教育（小県蚕業学校、後の上田東高校）を終えた農村青年も存在したからである（渡辺典子「〈聴き取り〉長野県小県郡神川村の青年団活動——望月与十氏に聴く」『中等教育史研究』第2号、1994年5月、15～16頁）。現地に社会・人文系の高等教育機関が存在しなかった点

新明正道『社会学史概説』表紙

で止むを得なかったとはいえ、現地在住の教員が高倉輝ひとりで、日常的な支援体制が充分とは言えなかった点は、確認しておきたい（詳しくは拙稿「自由大学運動の歴史的意義とその限界」『経済史林』第74巻第1・2合併号、2006年8月、196～199頁参照）。

1925年11月18日　「先日の須山君の意見ではダンテを他の題目に代えて貰いたいと言う委員の意見だからと言うので、それでは一月には間に逢わぬからと思いましたが、ダンテの続講なら一月に参れます」（横田宛高倉輝書簡、前掲『書簡』60頁）。

須山は、「ロシア文学でもやって貰いたい」という「委員の希望」を携えて高倉を訪ねたのであった。しかし米山光儀は、ロシア文学を講義する蓄積を充分にもちながら、高倉が引き受けなかった理由を、ダンテの講義が途中である上に、準備の時間を十二分に注いで「自らが納得できる」講義だけを提供したいという誠実な自負が強かったからではないか、と判断している。納得しうる判断と言える（前掲論文、51頁）。

しかしながら、理由は明らかでないが、翌26年2月の「ダンテ研究（続講）」は15人の受講者だった。前回の「文学論（ダンテ研究）」が26人だったことを考えると、経済的な理由のほかに、講義のテーマが希望どおりではなかった、ということも関係があったのかどうか。受講者の極端な減少を裏づける資料は、存在しないのだろうか。

講師-受講生間に親密な交流が生まれることも

【第3期第2回】　1925年12月5日（5日間）
谷川徹三「哲学史」（24人）　飯田小学校
受講生の佐々木忠綱（1898～1989）宛の谷川徹三の「葉書」が、『長野県の百年』に写真で紹介されている。

「宿の方へ遊びにおいでになるのを心待ちしていましたが、気分がお悪いとかで早く帰られたのは残念でした。どうかお大事になさい。私は明日早朝立（発）ちます。ではまた。12月9日夜　谷川生」（青木孝寿・上條宏之著、山川出版社、1983年、186頁）。

恐らく前回（1924年12月）および今回の5日から8日の講義終了後のいずれかの日に、友人と連れ立って幾度か宿泊先を訪れ、聴講後の質疑応答を繰り返す機会があったのであろう。受講生にとって掛け替えのないその経験を、講師の谷川も「心待ち」している。したがって、「葉書」の写真のキャプションにあるように、「自由大学の聴講者と講師は親密な人間的交流にささえられていた」――そう言って的外れではない、と考えられる。

講義内容は「カント以後現代に至る迄」の哲学史で、具体的には左記の五項目から成る。

一、理想主義哲学の発展　フィヒテ、シェリング
二、理想主義哲学の完成　三、理想主義哲学の崩壊
四、実証論　五、理想主義哲学の復活

（前掲「『南信新聞』伊那自由大学関係記事」『自由大学研究』第5号、85頁）。

なお、谷川は12月19日付横田憲治宛の封書で、次のような礼状を認めている。「滞在中はいろいろ御厄介になりました。有難くお礼申し上げます。あれから京都へ帰りますとすぐ祖父死去の知らせを受取り急いで国へ帰りましたのでその後も取りまぎれ失礼いたして居ました」（前掲『書簡』61頁）。文中の「国」は、谷川の出身地愛知県の常滑（知多半島西海岸の窯業の町）を指すと思われる。

カント以降の「哲学史」の講義内容も受講生の評価も、残念ながら入手できていない。そこでここでは、入門者向けに書かれた比較的読み易い『哲学案内』（講談社学術文庫、１９７７年）の中から、２つの文章を引用しておくことにしたい。

（1）物を考えるとはどういうことであるか

「物を考えるということの最も原初的な形は、われわれが生活の中で何かの障碍に出会ったり、われわれの意志をはばむものに出会った場合、それに反応する一つの仕方として現われるものと言ってよいでありましょう」。「ニュートンは林檎が木から落ちるのを見て、そこから引力の法則を考えついたと言われております。これは一個の伝説に過ぎぬというのが、今日ではほぼ定説になっておりますけれど、伝説としても、この伝説には科学上の発見の意味が象徴的に語られているのであります。普通の人は林

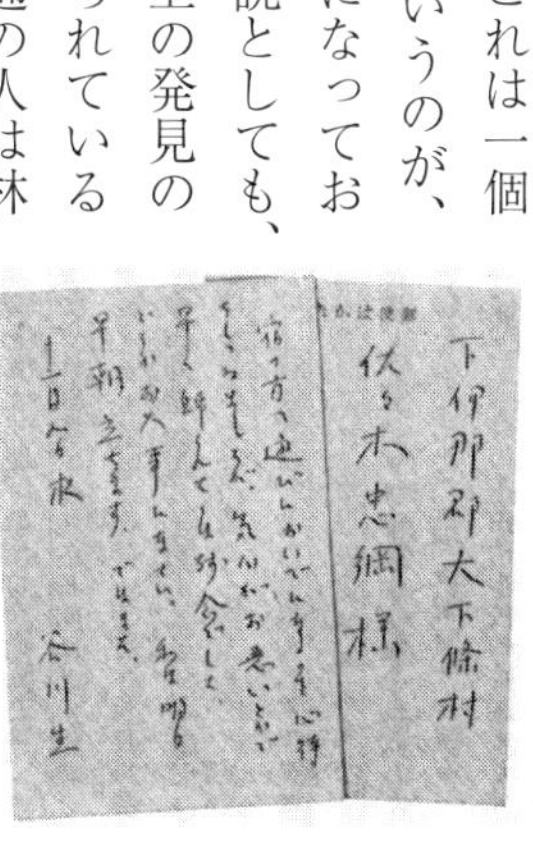

佐々木忠綱宛谷川徹三の葉書

檎が木から落ちるのを見ても、なぜという疑問をいだかない。ところがニュートンはその疑問をいだいた。あの空にある星は地に落ちないのに、林檎はどうして落ちるのだろうと。ここで林檎と星というまったく縁のないものにつながりをつけたので、それがあの発見になったのであります。……疑問とは普通われわれがそれをそれとしてだけ見ているものを、何かのつながりにおいて見ることを意味する言葉で、それによってそれは私達が物を考える上にいつでも大きな役割を演ずることとなっているのであります」（22～26頁）。

（2）今日の時代における哲学の必要について

「今日の時代に特別の力をもっている哲学は、弁証法的唯物論にしましても実存の哲学にしましても、やはりその中に時代の要求に答えるものをもっているのでありますが、その答えを出来上がったものとして簡単に割り切るところに通俗の形態が出てくるので、そういう流行の哲学の通俗の形態こそ、哲学の真の精神にもっとも反するものであり、それこそ、それに対して哲学が常に戦わなければならない当のものなのであります」（86頁）。

当初は「時代の要求」に応えたものと考えられた哲学も、やがて「時代の要求」それ自体が変化し、「出来上がった」、つまり完成された哲学とは見なせなくなる時がくる。哲学も、他の学問と同様に、変わりゆく「時代の要求」に応えるべく、「常に戦わなければならない」。したがって、「出来上がった」状態を目指して、終わりのない戦いを続ける営み――それが、哲学を含めたすべての学問に共通の事柄なのだ、と谷川は言いたいのであろう。

ところで佐々木忠綱は、伊那自由大学の受講者の中で比較的多くの情報を残した受講生の一人である。詳しくは、本書251頁以下の補論4を参照されたい。

『神曲』を読みたいと受講後に考える者も現れた

【第3期第3回】１９２６年2月3日（4日間？）
高倉輝「ダンテ研究（続講）」（15人）飯田小学校

１９２５年1月の「文学論（ダンテ研究）」に続く「文学論（ダンテ神曲の解説）」である。受講後に平沢桂二（１８９８～１９５９）は、首都圏にいる妹の多世（１９０８～97）宛に、次のような書簡を認めている。

「自由大学も満二ヶ年十二回（十一回ヵ）進む毎に新しき眼が開かれて視野が拡大されて行くことが大きな喜びです。力のゆるす限り続けて行きたいと思ひ(ママ)ます。高倉さんの講義はダンテの研究です。力のこもったいい講義です。神曲をよみたいと思ひ(ママ)ます。東京へ出た折に古本で見付けてもらひ(ママ)たいと思います」（26年2月11日付、前掲「(回想) 自由大学と二人のあに」『自由大学研究』第5号、1978年、60頁）。

講義を聞き置くだけでは物足りず、『神曲』そのものを読みたくなるような「力のこもった」講義だったことが伝わってくる感想である。高倉輝が「自由大学で最も人気のある講師」であったことは、魚沼の受講者（実業家グループ）の一部を除けば、動かない事実なのであろう。もっとも魚沼の事例は、主催者側の判断からすれば、事業として運営されている以上、採算を度外視するわけにはいかない、という現実も判らぬわけではないのだが……。

受講者が15人という点は、経済的には確かに採算が合わない。しかし、聴講の後に受講した平沢が「神曲をよみたい」と考え、妹に訳本の購入を依頼するという行為を引き起こすような講義を高倉が行ったことは、口コミによって次の講座の受講生に悪くない影響を与え、次回以降の好ましい結果に繋がる可能性が、ないとは言えない。もちろん、受講は懐具合に左右されることもまた、紛れもない事実ではあるのだが……。

講義は、言うまでもなく、聴講する前の先払いが原則である。景気のいい時には受講生はそれなりに集まるが、昭和恐慌直前の大正末年ともなれば、いかに前評判の高い高倉の講義といえども、受講生集めには苦戦を強いられることになる。

ところで、福元（平沢）多世は、前掲の「(回想) 自由大学と二人のあに」の中で、兄平沢桂二からの26年2月11日付の手紙の文面の一部を引用している。

「社会主義者と言ふ人々（日本の多くの社会主義者）が哲学も学ばず、宗教を知らず、芸術も味わわずして唯彼等仲間にのみ都合よく書かれたこの方面の文献のみ読み聞きして上層建築（上部構造）が何だかだと言って哲学、宗教、

内ケ崎作三郎（左）、平沢桂二（中）、須山賢逸（右）

芸術を批判し攻撃するのと同じく、哲学者、宗教家、芸術家の多くの人々が自分の力場を固執し深く心を平静にして研究もせずしてマルキシズム（ママ）や社会主義を嘲弄する。共に愚だ　共に悪だ（何も知らない国粋論者などは論外だ）」（前掲書、60頁）。

国粋論者を論外としたうえで、社会主義者と反社会主義者とを一刀両断する平沢の立場は、いうまでもなく杏村の立場でもあった。

なお平沢の上記の発言に関連して、佐々木忠綱が後になって以下のように指摘しているので、記録に留めておきたい。

「当時、……大阪高等商業の山口正太郎教授が（1924年10月に飯田に）来て経済原論などの話もしましたが、それらには資本論も唯物史観も含まれて話があり、一応そういうことの認識も我々はそれによって順次、マルクス説に対する認識も非常に薄いものですが出てきたわけです。とにかく平沢さんはその後終戦後において、共産党の村長もやられ、ここにいまおいでる妹（ママ）（福元多世）さんのところへよこされた手紙等を拝見しても、共産党というものに対し、マルクス主義に対するあの当時の批判というものが非常になかなか妥当な立派なものでして……」（『自由大学研究』別冊1、23頁）。

伊那自由大学ではマルクス主義と自由青年連盟とに批判的な受講者が多かった。それは、自由青年連盟のマルクス主義的な立場からの自由大学批判に対する反応の一つのパターンであった。しかし、マルクス主義に対して批判もするが、「心を平静にして研究もせずしてマルキシズムや社会主義を嘲弄する」反マルクス主義者に対しても、歯に衣着せぬ批判を惜しまなかった平沢のような青年も存在したことを、改めて確認しておきたい。〈全ては疑いうる〉が（マルクス主義者のではなく）マルクスの立場だったからである。

人類進化の動因は「相互扶助」とは論じなかったはず

【第3期第4回】1926年2月25日（4日間）
西村真次「人類学」（16人）飯田小学校

西村真次（1879〜1943）は、「人類学」を書名に含む単著を三冊出版している。最初の著作『文化人類学（人類学概論第一篇）』（早稲田大学出版部、1924年）は、全七章からなり、各章のタイトルは以下のとおりである。

第一章 緒論、第二章 考古学的考察、第三章 工芸学的考察、第四章 社会学的考察、第五章 言語学的考察、第六章 土俗学的考察、第七章 結論。

二冊目は、『体質人類学（人類学概論 第二編）』（早稲田大学出版部、1926年）で、これも七章からなり、各章には次のようなタイトルが掲げられている。

第一章 緒論、第二章 動物学的考察、第三章 化石学的考察、第四章 生理学的考察、第五章 心理学的考察、第六章 人種学的考察、第七章 結論。

これに対して、三冊目の著作『人類学汎論』（東京堂、1929年）は、本文が455頁にのぼる大部な著作であって、西村はこの著作で、1932年に勤務校の早稲田大学から博士号を取得している。各章のタイトルは以下のとおりである。

第一章 序論、第二章 人類間の差異、第三章 人類の規準、分類、成因、第四章 人類と動物との差異、第五章 人類の祖先と其文化、第六章 人類の起原及び移動、第七章 人類進化の動因、第八章 人類と自然との関係、第九章 萬物一系論、第十章 結論。

西村は右の『人類学汎論』の「序文」で、次のように記している。

「進化論の誤解に基づいて生存競争を唯一の進化の動因に帰し、弱肉強食を人類の特権と信ずるようなものの多い今日、そうした考え方が根底から間違っていることを指摘し、生存競争の中に含まれている相互扶助が、寧ろ相互闘争を超えて重大な進化の動因であったことを説きたいのが私の主眼である」（1頁）。

今日においてなら、西村が設定したこの著作の目標自体は、それ程に奇異には受け止められることはないであろうが、90年以上も前にこの指摘が記されたことを考えると、注目すべき論点提示と言えよう。

しかしながら、西村の講義が行われた時点では、2冊目の『体質人類学』（26年6月刊）も未だ出版されていなかったので、「相互扶助」が進化の主因だという話題が、講義で語られたか否かは判断できない。残念なこ

西村真次と坪内逍遥夫妻（左）西村真次（右）

とに、この講義に関する講師の直後の感想も後の回想も入手できていないし、受講生からの評価も手元には存在しないからである。

ただ、福元多世が西村に纏わるユニークなエピソードを残しているので、それを紹介しておきたい。

「後年私が早稲田の史学科に聴講生として籍を置いていた時、西村真次先生のご指導で赤羽の貝塚を調査に行った折、野生の桜草の咲く荒川堤にそって帰る途（道）すがら出身地を問われて飯田とお答えしましたら『私も飯田へゆきましたよ。自由大学というのに招かれてね』ということで、兄たちの話がでました。『横田君はいい君だ、実にいい君だ』と言われたことを義兄（横田憲治）に話した処『あの先生とはお礼のことでわたり合ったのだが』と苦笑し乍ら話してくれました。これは義兄の誠実な人柄が伝わって、お礼を値切られたことの後味が案外すかっとしていたことによるのではないでしょうか」（前掲『自由大学研究』第5号、54頁）。

横田が講師料の謝金を「値引きして」ほしいと伝えて「わたり合った」が、結局は西村に押し切られた、ということのようである。

ところで、西村は極めて幅の広い、しかも多作な研究者であった。研究領域は、考古学、歴史学、民俗学、人類学などに及んでおり、単著だけでも60冊を下らない著作を出版している。しかもその中には、数は少ないが自由大学に関係のある出版社の出版物も含まれている。例えば、『発明発見物語』（日本児童文庫41、アルス、1927年）、『日本古代社会』（ロゴス書院(ママ)、1928年）、『文化移動論』（ロゴス書院(ママ)、1930年）、『原始人から文明人へ』（新日本児童文庫5、アルス、1941年）などが挙げられる。

なお、福元多世については、大槻宏樹「学問の磁気と臨界――福元多世の自由大学と早稲田大学」（『早稲田大学史紀要』第37巻〔通巻第41号〕、2005年12月）がある。

講師は概要を作り事前学習を求め円滑な運営を企図した

【第3期第5回】1926年3月11日（5日間）

佐竹哲雄「哲学概論」（17人）飯田小学校

佐竹哲雄（1890~1981）は飯田では二度出講しているが、これはその最初の講義にあたる。1925年12月から26年9月までの横田憲治との手紙の遣り取りは残されていないので、この第一回講義の詳細は不明である。その理由は、26年9月23日に横田家で火災があり、それ以前の10ヵ月間に届いた書簡類が焼失したためと考えられる。

しかしながら、佐竹の第二回の講義（28年11月1日～2日）前の、佐竹の書簡（『書簡』№.147）から類推すると、この最初の講義では、「宮本（和吉）氏著」の「第一章実在問題」の36頁までの解説が行なわれたようである。第二回開講の前に送られた横田憲治宛の五通の手紙（『書簡』№.149～152および156）の文面からは、佐竹の真摯な人柄が伝わってくる。

佐竹がテキストに使った宮本和吉の『哲学概論』（岩波書店）の初版は、1916（大正5）年に出版され、繰り返し増刷され改訂もされている。手元にある改訂版の『哲学概論』（1929〔昭和4〕年、第91刷）によれば、改訂版は1921（大正10）年に発行されているので、テキストとして改訂版を使用したことは間違いないと思われる。

佐竹はテキストの「梗概抜粋」を三回に分けて作成して横田に送り、「自由大学の性質として、会員一同が前以って集って研究することが、或は困難かとも想像されますが、できますならば、事前に御研究を御願（い）し度いと思います」（№.150）と希望を伝えている。また、「謄写版にでも御刷りでしたら、一部私方に御送りを願（い）度（た）（い）お（ママ）（と）存じます。手許に控えがありませんので」（№.151）とも認めている。

おそらく佐竹は、受講者による事前学習によって、当日のゼミナール（演習）形式の参加型講座を効果的に運営することを目論んでいたのであろう。その佐竹の計画が、受講生にどのように受け止められたのか、事前学習は行われたのか、行われたとしてそれが当日の講座にどのように反映されたのか。それらについて是非とも知りたいと思うが、残念ながら確認する術（すべ）はない。記録は恐らく残されていないのであろう。

旧制高校や旧制大学あるいは現在の大学で行われている演習（ゼミナール）型式の授業が、農村青年たちにどのような印象を齎したのか。現在の大学生とは異なり、昼間の労働を抱えた彼らにとって、個人的な事前学習はともかくとして、受講仲間との事前の協同学習は可能であったのかど

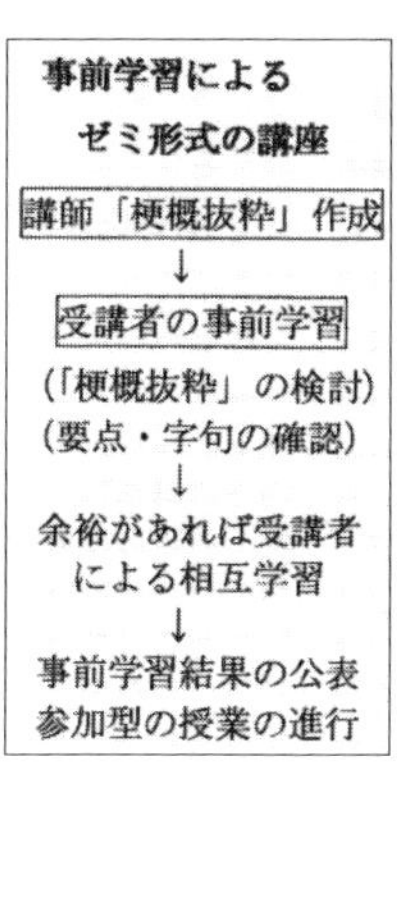

事前学習による
ゼミ形式の講座

講師「梗概抜粋」作成
↓
受講者の事前学習
（「梗概抜粋」の検討）
（要点・字句の確認）
↓
余裕があれば受講者
による相互学習
↓
事前学習結果の公表
参加型の授業の進行

ゼミ形式の講座の進め方

うか。「働きながら学ぶ」自由大学にとってかなりの困難が予想されるが、実際のところは、どうだったのであろうか。興味は尽きないが、現在ではそれを確かめることは、もはや叶わぬ事柄になってしまったようである。

なお、宮本和吉『哲学概論』の「改版序」によれば、「部分的に舊（旧）版の誤謬や不妥当を訂正したのではなく、殆ど凡てをウィンデルバントに従（っ）て書き直した」とある。また、1916（大正5）年の初版の「序」には、「所謂西南独逸派の代表者たる故ウィンデルバントの最後の著述『哲学概論』（1914年出版）をできる丈け自分のものとしこれに多少の取捨選択を加えて解説的叙述を試みたのがこの哲学概論である」と記されている。

1926年5月、8月（伊那電スト、山一製糸スト）詳しくは、須田禎一『風見章とその時代』（みすず書房、1965年、36〜45頁）を参照されたい。

1926年9月23日（横田家の火災）福元多世は、後に当時の火災の状況を次のように記している。

「本宅もろとも灰にしてしまったのでした。……土蔵に入り切らなかった書画骨董品も多く失いましたが、裏二階の書斎にあった義兄が精選して集めた書籍全部、克明に書きつづけた日記、歌稿（国民文学に投稿していました）は何一つ取り出せなかったのが一番惜しまれます。……西村真次、佐竹哲雄両講師の日程その他が全然見えていないのはそのためかもしれません」（前掲『自由大学研究』第5号、54〜55頁）。

受講を契機に電燈料値下げ運動に参加した者もいた

【第4期第1回】1926年11月20日（2日間）高橋亀吉「日本資本主義経済の研究」（26人）天竜倶楽部

講師の高橋亀吉（1891〜1977）は、雑誌『東洋経済新報』の編集長を1924（大正13）年4月から26年6月まで務めたが、同年6月に退社している。したがって、出講時はフリーとしての活動を開始して半年も経っていない頃であった。そうでなければ出講は恐らく叶わなかったであろう。なぜなら、『東洋経済新報』は週刊誌であったから、五日間とはいわず、たとえ二日間であっても、編集長としての取材や調査以外の出張は容易ではなかったと考えられるからである。

前年の年末、1925年12月14日付の横田憲治宛杏村の書簡には、「高橋亀吉氏の特別講座は、何よりの事です。一つ交渉して見ましょう。日数などの位のお望みか、お聞かせ下さい。高橋氏も自分の雑誌があんな風に週刊ですから、離れるのが随分困難でしょうが、交渉して何とかして貰いましょう。至急種々の御希望おきかせ下さい」（『書簡』61頁）とある。つまり、この時点では、「困難」を承知のうえで、杏村は横田の提案に基づいて交渉を約束している。

それからだいぶ経った翌26年9月には、高橋から横田に「活版刷」の、つまり関係者に宛てた転居通知が届く。そこには「去る六月限りで」東洋経済新報社を「退社」したことが印刷されていた。出講の件には何も触れられていないが、横田は可能性ありと読んだはずである。そして11月10日付の葉書が横田の元に届く。文面は以下のとおりであった。

「御返事至急願います。廿（20）、廿一（21）日のことは心がけていたのでしたが、実は妻が急に、盲腸炎に腹膜（炎ヵ）を併発し入院手術をして、あとは子供が三人いるので、三日間も留守をすることが気がかりなんですが、若し出来るなら廿七、廿八（28）日に御変更願えないでしょうか。……尤も、已に準備も何も出来上ってノッピキならないと云うことでしたら無理をしても約束は果しますけれども出来るだけ延ばして下さい」（前掲『書簡』65頁）。

結論から言えば、「已に準備も何も出来上って」身動きが取れない事情を抱えていた自由大学事務局と、高橋家の事情とを勘案して、当初の予定（3日間）を短縮して、当初の予定どおり20日から「2日間」開講されることになった。講師と事務局とは痛み分けになったわけだが、高橋の講義によって、その後飯田を中心とする下伊那地方に新たな動きが生まれたことを、受講者の一人林源は、次のように回想している。

「自由大学で学んだ人達は、その後下伊那の文化や生活をリードした。はじめは青年団の役員、後には県会議員、村

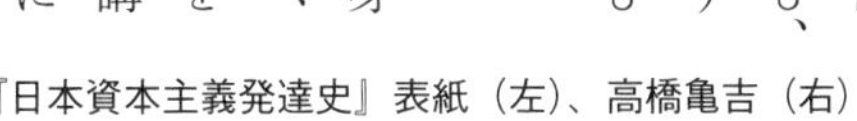

『日本資本主義発達史』表紙（左）、高橋亀吉（右）

長、村会議員、農協の組合長や役員などになってそれぞれ活躍した。

高橋亀吉先生の講座を聴き、東洋経済新報の熱心な読者になった青年もある。経済問題をここで啓発された青年達は南信電気㈱の電燈料値下げ運動を起し目的を果した。

僅か五、六年の教育でこんなに効果のあった教育運動は珍らしいのではなかろうか。しかも自由大学で学んだ人達は当時の青年団の五パーセント以下の小人数であった。その小人数が中核になって次の時代を動かしたのだから不思議な気がする。

その原因の一つは下伊那という風土と、貧困の中にあった青年達の智的飢餓心がいかに強烈であったかということである。私達は海綿が水を吸うように講義の内容を吸い取り体中に充満させることができた。又、原因の一つは充実した講師陣であったことである。（林源「〈回想〉伊那自由大学の思い出」『自由大学研究』第5号、64～66頁）。

千代村出身の島岡己勝は、高橋亀吉の講座「日本資本主義経済の研究」に、楯操、大平重夫、清水庄一、渡邊信一と共に村の青年団からの補助金を支給されて聴講した（『千代青年会史』１１０頁）。１９２９（昭和４）年の伊那自由大学千代村支部の事務所〔事務局〕は彼の自宅に置かれた（『伊那自由大学』第1号、23頁）。島岡は、格調高く綴られた「伊那自由大学千代村支部設立趣旨書」（１９２７年９月）の執筆者といわれている。その「趣旨書」の中には、「信南（伊那）自由大学」の冒頭で引用したように、逸すべからざる重要な指摘が散りばめられている（本書１８６～１８７頁参照）。

なお高橋亀吉は、１９３１（昭和６）年10月に「高橋経済研究所」（所員11人）を創立して、経済評論誌『高橋財界月報』を刊行している。１９８４（昭和59）年には、東洋経済新報社から、〝経済論壇の芥川賞〟ともいわれる「高橋亀吉記念賞」が創設され、毎年授与され続けてきたが、28回（２０１２年）以降は「いったん休止」したまま現在に至っている。また、高橋の出身地（山口県周南市）にある徳山大学総合研究所には、「高橋亀吉文庫」がある。

『東洋経済新報』のリベラルな性格　町田忠治、天野為之、植松考昭（ひさあき）、三浦銕（てつ）太郎、石橋湛山（たんざん）、高橋亀吉など、レッセフェール（自由放任）主義とは一線を画した筋金入りのリベラリストが、『東洋経済新報』の歴代の主幹（社長兼編集長）を占めてきた。つまり新報社は、植民地放棄論と小アジア主義の牙城であった。そのため、片山潜も石橋湛山と机を並べて仕事することができたわけである。

なお、東洋経済新報社に関する著作として、差し当たり松尾尊兊（たかよし）『近代日本と石橋湛山』（東洋経済新報社、２０１３年）および増田弘『石橋湛山』（ミネルヴァ書房、２０１７年）を参照されたい。

実証主義や唯物弁証法を批判する現代哲学が講じられた

【第４期第２回】１９２７年１月12日（３日間）

谷川徹三「（現代）哲学史」（10人）飯田小学校

谷川は前年10月21日付の横田宛手紙（『書簡』№.１３０）で、次のように日程の変更を願い出ている。

「ついやりかけの仕事が片づかないものですから失礼しました。もっと早くすんでいるところがだんだん遅くなってどうも十二月末頃迄かかると思うのです。それで出来るなら来年の一月か二月に延していただきたいのです。実は二月にまた前橋へ参ることになっているのですが、その頃ではどうでせう（ママ）か。紀元節前後です。勿論一月十日過ぎでもいいのです」。

なお谷川は前橋へは出講していない。替わりに関口泰が特別講座を開講している。

「御葉書拝見いたしました。承知いたしました。〔翌年１月〕10日前後ならば結構です。

あなたのお家が火災にあわれたというのはちっとも存じませんでしたが、どんなだったのですか。まさか全焼なのではないのでしょうね。ともかく大へんな御災難でしたね。後れ［ばせ］ながら御見舞申します。」（１９２６年11月19日）。

なお、横田家の火災について最初に触れているのは、26年９月27日付の高倉輝の葉書である。11月７日に杏村の封書、その次に右の19日付谷川の封書が続く。翌年１月12日の開講までに、年末と開講直前の谷川からの連絡は次頁のとおりである。三日間の講義に、３本

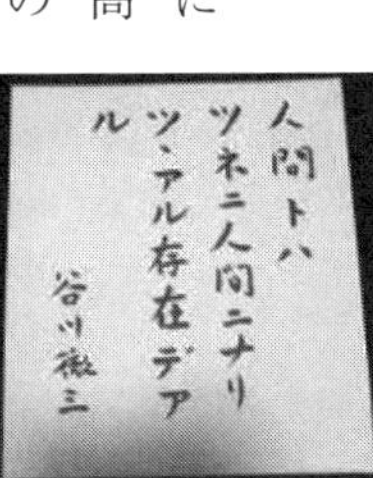

谷川徹三（左）、谷川の色紙（右）

の柱を立てて進められたことが判る。

「お手紙拝見いたしました。十二日からは如何ですか。三日間で今迄の五日分の時間の講義をいたすのですか、それともやはり一日三時間にいたしますか、至急お知らせ下さい。時間の都合によって少し講義の取捨をいたしますから。」（1926年12月30日）。

「名古屋を十一日夜の十一時ので立（発）ちますから、飯田には朝の九時頃着きます予定です。直ぐその日から始めます。講義の大目は、

1. 現代に於ける理想主義哲学及び理想主義的傾向。
2. 実証主義哲学及び実証主義的傾向。
　附、唯物弁証法批判。（これは2. 附です）
3. 「生の哲学」への転向、及び「生の哲学」の意義。

では何れお眼にかかって。」（1927年1月9日）。

「生の哲学」は、19世紀後半、とくにその末期から第一次世界大戦前後にかけて、ヨーロッパで展開された一連の哲学の総称である。19世紀後半以来の実証科学の発達に影響された実証主義、あるいは唯物主義的思想の盛行に対立する動きとして盛んになった。具体的には、ショーペンハウエル、ニーチェを先駆者として、ディルタイ、ジンメル、ベルクソンらの哲学が通常その代表的なものと考えられている。

ちなみに、谷川徹三『生の哲学』（角川書店、1947年）所収の「生の哲学」247〜327頁（昭和8年、1933年刊）の構成は以下のとおり。「序」、「生及び生の哲学の諸義」、「ディルタイ」、「ジンメル」、「生の哲学の精神史的位置」。なお、裏付けは取れていないが、「理想主義哲学」についてはカントからヘーゲルまでを、「実証主義哲学」についてはコントを採り上げたのではないかと思われる。

「唯物弁証法批判」に関しては、別の箇所で次のように述べている。

「いったん体系的な見方をすると、世界全体がちょうど視点を固定した風景のように、一定の視野にはめこまれてしまうのであります。社会は生きて動いているものでありますから、そういう固定がそのうちには大きな不都合を生むようなことにもなる。そこへ新しい視野を切り開くのは、自由な思考であ

りまして、それによって世界観や人間観の変革が行なわれる」（前掲『哲学案内』講談社学術文庫、32頁）。

「飯田滞在中はいろいろお世話になりました。早速お礼を申上べき筈のところ帰来また様々の要事(ママ)であちらこちらへ参っていましたため遅くなって了いました。このごろのこちら（京都）の寒さは格別です。平沢君、林君の諸兄によろしく申上げてください。」（横田宛谷川書簡、1927年1月24日）。

杏村は、「大村（書店）からディルタイ（勝部健三訳）『哲学の本質』という本が出たが、これはよい本だ」と指摘している（前掲『小出町歴史資料集』149頁）。ただし、これは渡辺泰亮宛の私信の中での指摘である。ところで、谷川徹三自身の講義を終えた後の講義に対する自己評価や、受講生の講義に対する率直な授業評価などが残されていないのは、自らの次の講義ばかりでなく、共同で教育に携わっている講師たちの次回以降の講義の改善に反映させていくうえで、残念でもあり勿体(もったい)ないようにも思える。

1927年3月17日

（三つの支部での開催に触れた『南信新聞』の記事）「伊那自由大学は本月廿五日から五日(ママ)間大久保天龍クラブで東北大学教授新明正道氏を招き『近世日本社会史』の講座開設の筈に決定したが之れを従来の大学組織に基く最終の講座として其後は根本的内容の組織変更を行って活躍する手順となって居る」。（前掲『自由大学研究』第5号、87頁）。

三支部（竜峡支部、千代村支部、下条支部）を作り組織変更する直前の、最後の講座案内の記事である。

遊郭の社会史を講じた後に宿舎でも意見交換が続いた

【第4期第3回】 1927年3月25日（3日間）新明正道「近世日本社会史」（12人）飯田小学校

新明正道は、この講義のほかに飯田では24年3月と、25年11月の計三回、上田では24年10月と、25年11月の二回開講している。

今回の講義が始まる一ヵ月前には、講義タイトルをどうするか逡巡していたようである。従来、勤務校での講義タイトルは、「社会学」ないし「社会学概論」であった。しかし、今回は最近の自らの研究を反映させた講義に挑戦してみようと目論んでいた。そのため、一ヵ月前の段階では「町人階級論（社会史の一断片として）」という仮タイトルを考えていた（前掲『書簡』№.142）。それが、最終的には「近世日本社会史」という講座名に落ち着いたようである。この間の経過を、受講生の平沢（福元）多世は、当時を回想して次のように書き残している。

「昭和二年三月二十五日からの講義は追手町学校（飯田小学校）で開かれました。私も五日間通ったもので、出席者十二名のうちの一人です。『近世日本社会史』となっていますが、副題の「町人階級論」と記したノートがあった筈ですが見当りません。『今度は少し軟かい話をしたいと考へます。徳川時代の遊郭の社会学的考察というのでは如何でせうか。』（『書簡』№.129、1926年10月13日）とありますが、内容は此の点にも触れていました。こういう取上げ方もあるものかと感心してノートしたかに覚えています。講義の終ったあと主税町の吉野館（今の「大安」のあたり〔の講師の宿泊所〕）へもついてゆきました。その時の空気が何とも和やかだったことが記憶に残っていますが、今度お手紙を読みかえしてみて、なるほど、あれは先生のお人柄から出るかおりというようなものだったのかな、とつくづくと懐しまれます。心残りはありながら兄（平沢桂二）と私は電車の時間の都合で一足お先に失礼いたしました（『自由大学研究』第5号、55頁）。

別の箇所でも同じ場面を取り上げて、次のように発言している。「宿へまいりましたところが、そこでみんなが本当になごやかに先生とお話して、膝を交えてといいますけれども、何というかしら、先生のお人柄というか、やわらかくて、つつむような、いばったところなんか全然ない、本当にともに一緒に歩いてゆこうよ、という先生のお人柄の香りというものが部屋中に満ち満ちていたように記憶しております」（自由大学研究会編『自由大学運動と現代』信州白樺、1983年、30頁）。

自由大学で三回以上登壇した講師を挙げると、以下のような結果になる。最も登壇の多かった講師は、他を大きく引き離して、19回の高倉輝である。その内訳は、上田が7回、伊那が5回、魚沼と川口が各2回、1回の登壇が八海、福島、群馬（前橋）の三箇所。

次に多いのが5回登壇した三人の講師、山口正太郎、新明正道、谷川徹三。4回登壇したのは出隆一人。3

回が土田杏村、中田邦造、金子大栄、佐竹哲雄の四人である。

「〔1923年から27年まで五回〕信州の自由大学に行って講義をするとともに、特に飯田を中心とした農村青年とは親近感をもつようになり、猪坂氏から乞われるまま自由大学の機関誌『自由大学雑誌』にも数回寄稿し、文字どおりみずから自由大学の一人の専任講師をもって任じていたものである。しかしそのうち私は二カ年間ドイツをふり出しとして、海外に留学することになり、自然と自由大学とも疎遠になってしまい、昭和六〔1931〕年に帰国した時には満州事変の突発も近く、情勢の推移によって自由大学も事実上、猪坂氏のいわゆる『枯れた二枝』に変わっていたものである」（新明正道、前掲『土田杏村とその時代』195頁）。

『枯れた二枝』のサブタイトルは「信濃黎明会と信濃自由大学」。その二つの、政治と教育に関わる社会的な運動が、終焉していたと言うのである。

1927（昭和2）年4月　片岡蔵相の失言に端を発した金融恐慌は、翌々年アメリカで発生した世界恐慌に巻き込まれ、30年頃からは昭和大恐慌に陥った。繭一貫匁10円前後で推移していた繭価は、27年には6～7円に割り込んだ。さらに暴落の一途を辿り、昭和大恐慌の時点では、2～3円台に落ち込み、一時は1円台にまで惨落した。米価も半値に暴落した（前掲『長野県の百年』192～199頁）。

1927年8月末　岡谷の山一林組製糸工場の1357人の労働者、ストライキに突入。組合側の敗北に終わったが、信濃毎日新聞の9月18日付社説は「女工達は、繭よりも、繰糸わく（枠）よりも、そして彼等の手から繰りだされる美しい糸よりも、自分達の方がはるかに尊い存在であることを知った。彼等は人間生活への道を、製糸家よりも一歩先に踏み出した」と記した（前掲『信州の百年』221～229頁）。

1927年9月　「伊那自由大学千代村支部設立趣旨書」配布。その主要な部分は、本書186～187頁を参照。全文は『伊那自由大学関係書簡（横田家所蔵）』（1973年）および『自由大学運動と現代』（信州白樺、1983年）に所収。「吾々は物質的な意味に於（い）ての其の日暮しを繰り返しているのであって精神的な意味の生活と云うものは全く持っていないと云う有様である。……晴れたる蒼空の下で自らの生活に意義を感じ健康なる百姓として快活に働き得る理想社会を作りあげねばならない」（前掲『自由大学運動と現代』、265〜266頁）。

千代村出身の島岡潔は、この「趣旨書」の「晴れたる蒼空の下で……」以下の一文を引用したうえで、次のように回顧している。「思えば経済的困窮の中で、真摯な気持で勉学を身につけ様とした事の意義を、今振り返って尊いものだと自負して居る」（「自由大学に学ぶ」『千代風土記』1983年、198〜199頁）。

1927年10月22日　伊那自由大学千代村支部発会式。支部規約を決定し、理事に林源、楯操、島岡己勝を選出。

知識欲に駆られた青年達の『資本論』に入門できた喜び

【第5期第1回】1927年11月15日（5日間）

今川尚「経済学原論」（聴講者数不明）米川公会堂

講師の今川尚には『分配学説研究』（弘文堂書房、1933年）が存在することが分かっている。しかし、それ以外には、以下の新明正道の横田憲治宛二通の書簡と、島岡潔の回想しか入手できていない。なお、今川は、当時は東北帝大助教授ではなく助手であった。

新明の二通の手紙のうちの一通は、今川を推薦する理由が、次のように述べられている。

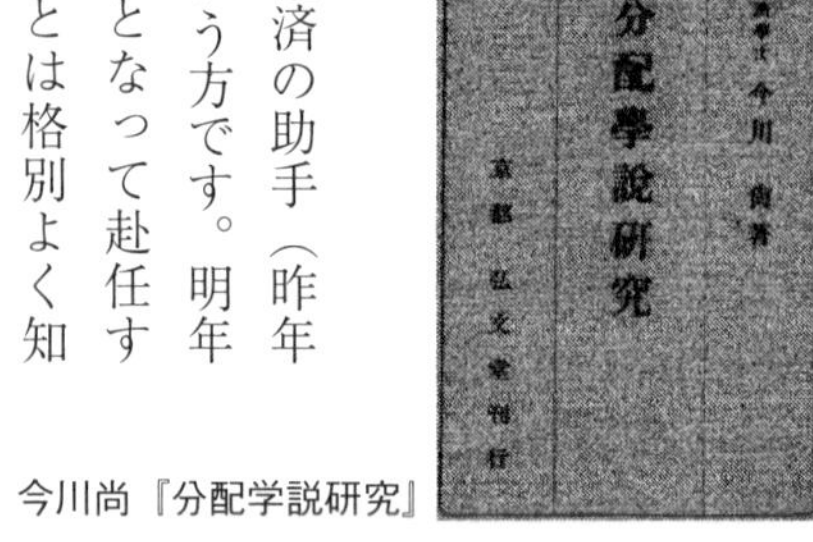

今川尚『分配学説研究』

「当人は目下東北大学法文学部経済の助手（昨年度卒業）の経済学士、今川尚君という方です。明年度神戸の関西学院（大学）の先生となって赴任する筈で目下研究中なのですが、私とは格別よく知り合っていて、教養も十分あり、且つ温厚の人で推薦致して申分ないと思います」（前掲『書簡』No.145、9月19日付、68頁）。

もう一通は、「今川君の信州ゆきも近附きましたが、同君恐らく往途の旅費に不如意のことも有るかと存じます。若し出来ればこの分丈け（拾円乃至拾五円）予め同君へ御届け下さった方が宜敷乎と存ぜられます。貴方の方で御都合つけばそうして頂くと好都合でしょう」（同前No.146、11月3日付、同頁）。

今川の講座を受講した島岡潔は、以下のような二つの感想を残している。

「各地区にも自由大学支部が有志の手で出来た。当千代地区へもそれらの講師（山本宣治、高倉輝、三木清など）が学術講演に足を運んでくれたし、分けても東北帝大助教授（助手）の今川尚のマルクス資本論入門を夜間一週間に亘る学術講習があり、私達青年に取って基礎的なものを学んだのが感銘が深かった。近村からも遠い道を苦にせず参加して意欲的なものがあった（島岡潔「当時を懐古して」『自由大学研究』別冊2、20頁）。

「（千代村支部における）第一回講座は、東北帝大教授（助手）の今川尚氏に依る、経済学原論（資本論）を十一月十五日～十九日迄、五夜にわたって、米川公会堂で開かれた。遠く泰阜（やすおか）（村）の稲伏戸（いなふしど）、三耕地（さんこうち）からも駆けつけ、如何に当時の青年達が智識欲に駆られて居たかが立証される」（島岡潔「自由大学に学ぶ」『千代風土記』1983年、198頁）。

ところで、冒頭に触れた今川尚の『分配学説研究』は、「所得分配理論発展序論」「企業利潤について」「利潤論の研究」の三論文と、「ヰリヤム（ウィリアム）・トムスン」「ヰリヤム・トムスン『分配論』第一章」の二つの翻訳とを一書に纏めて死後出版された彼の唯一の著作である。「ヰリヤム・トムスン」（62～90頁）は、レーベンタール（E. Röwenthal）の著書『リカード派社会主義者』のうちW・トムスンを紹介した部分の翻訳である。もう一つ（91～181頁）は、トムスンの主著『分配論』（第一章「人類の幸福に最も導き易き富の分配の原理の研究」）の抄訳（全11節）である。

なお、本書の「序」によれば、今川は「昭和4（1929）年10月下旬突然急性盲腸炎に罹（かか）り、阪神在住同窓の方々の献身的看護の効も無く、終に同29日、前途有為の身をもって長逝せられた」。この「序」の執筆者は、D・リカード研究者の堀経夫（東北帝大教授、『リカードウ（ママ）全集』（全11巻、雄松堂書店、1971～99年）第一巻『経済学および課税の原理』の訳者）で、後述するように、福島自由大学第二回

蛯原良一『リカードウ派社会主義の研究』（左）、堀経夫（右）

の講師としてその名が挙がったが、残念ながら実現には至らなかった経済学説史家である。

5日間に亘る今川尚の講義が、島岡潔以外の受講生にとって、どのような評価を齎したのか知りたいところだが、見つかっていない。また、今川自身の講座に対する自己評価も、関西学院大学赴任後一年半の情報も入手できていない。とりわけ今川の『資本論』入門の講義が、「智識欲」に駆られた下伊那の青年たちにどのような感想や影響をもたらしたのか、是非とも知りたいところであるが、その情報も残念ながら得られていない。

1928年1月10日　伊那自由大学会の事務所を下伊那郡鼎村の林源方に移転。併せて「伊那自由大学会規約」を改正。なお林は戦後、新潟県の上越・高田の企業や地域で勤労青少年の教育に係わっている（林源『杜の都 雪の高田』非売品、1981年）。

1928年2月17日　下伊那郡千代村会で伊那自由大学千代村支部の動向を議論。

1928年2月20日　第一回普通選挙。与党政友会の鈴木喜三郎内相の選挙干渉は徹底していた。そのためそれまで少数党だった政友会が小差で第一党になった（政友会219議席、民政党217議席）。既述のごとく無産政党からも山本宣治ら8人が当選した。

1928年3月15日　三・一五事件（治安維持法による全国一斉検挙）「三・一五、二・四事件などの弾圧」（『長野県の百年』山川出版社、215～17頁）「教労運動と二・四事件」（同217～21頁）

1928年3月　伊那自由大学千代村支部機関誌『飢餓』発行。

1928年7月1日　伊那自由大学千代村支部夏季講演会（於．千代小学校）。講師：清水金吾・横田憲治・木下幸一。

1928年9月2日　「自由大学会／千代村で協議　下伊那郡千代村自由大学会では曩日（のうじつ）（先日）事務所に役員会を開催。新会員募集、機関誌『飢餓』発行、共同作業、秋季講座その他に就き協議した。尚本秋の講座科目は文学論で、高倉輝氏が講師に当る」（『南信新聞』、前掲『自由大学研究』第5号、89頁）。

予習が行われた前回に続き今回も授業評価は入手できず

【第6期第1回】　1928年11月1日（2日間）

佐竹哲雄「哲学概論」（聴講者数不明）飯田小学校

前回（26年3月）の講義（本書225頁）の際に指

摘したように、飯田で行なった佐竹の二回目の講座では、宮本和吉『哲学概論』の「第一章 実在問題（37頁）」から講義が始められた。佐竹は前回には出版されていなかった自著『哲学概論』（近代社、１９２６年）が、「この（宮本の）本と同一のものですからご参考下されば、好都合かと存じます（もし誰かお持ちならば）」と横田に認めている（前掲『書簡』№.１４７、69頁）。

ところで、宮本の『哲学概論』の篇別構成は、以下のとおりである。――序説、第一篇 理論問題（知識問題）、第二篇 価値問題。

第一篇は三章構成。第一章 実在問題、第二章 生成問題、第三章 認識問題。第二篇も三章構成。第一章 倫理問題、第二章 美的問題、第三章 宗教問題。

横田宛の書簡（№.１４７）には、次のような返事が記されている。

「昨夜、（勤務校である旧制七高の）校長に会いましたので、自由大学のことについて話しましたところ、旅行の許可を得ましたので、十一月の初めに二日ほど、出掛けることができることになりました。十月三十日（31日）、十一月一日の二日間とするか、或は十一月一日二日とするか……決定は後日の相談に譲ることとして、ここでは概略十一月初め頃ときめておきましょう」（前掲『書簡』69頁）。

その後の遣り取りを経て、11月の1日、2日に決まったことがわかる。また、同じ書簡の中に、次のような指摘もある。

「先日やったように、予め要点字句などの研究が済んでいれば早く進めることができるように思います。この前の進度から見ますと、（二）実体（38～63頁）だけしか済みそうにありませんが、途中で切ってよければ（三）（実在の量、63～１００頁）に入ることができるかもしれません。いづれ（ママ）ご配慮の上、ご都合をお知らせ下されば、その上にて万事とりきめましょう（同前）。

つまり、先回（26年3月）の講義は、比較的スムースに進めることができた。それは「予め要点字句などの研究が済んで」いたからだ、ということが文面から確認できる。にもかかわらず、テキストは一読すれば直ちに理解できるようなものではないため、事前研究があったから「序説」と第一篇の「一　本質と現象」まで進めることができたが、今回は「二　実体」までが精々であろう、と講師の佐竹は考えているのである。

すでに述べた佐竹の「梗概抜粋」がどのようなものか知り得ないので、何とも言えないが、事前準備を「二　実体」まで終えてあれば、当日の講義は理解が深まることは、前回の受講者には納得できたことであろう。逆に言えば、前回出席しておらず、自習も怠っていれば、出席しても楽しくはないはずである。今回の受講者数は不明であるが、前回のそれは17人であったから、今回も大きくは変わらなかったのではないかと考えられる。予習を前提としたゼミナール形式の講座が、受講生にどのような印象を齎したかには興味を惹かれるが、その点で授業評価が入手できないのは極めて残念、と言わざるをえない。魚沼と八海の自由大学では、戦後に安達朋子が卒業研究のために受講者へのアンケート調査を実施したが、それがいかに貴重なものであったかが改めて確認できる。

なお、佐竹は「好学の望みある」受講者への周知および開催地について、横田に次のように伝えている。

「林（源）さんから承りましたが、会員が飯田町にいないようでしたら、却って多数会員の便宜の所を選ばれて開催された方が良法と思います。

同志の人を造るという意味で、自由大学を世間に知らせる必要があるように思われますが、如何ですか。あまりお祭騒ぎ的な宣伝は、避けねばなりませんが、好学の望みある人々に、大学の存在を知らせることは、有意義と考えます。……高倉さんがお見えになりましたらば、よろしく申してください」（前掲『書簡』№１５６、73頁）。

ところで、『土田杏村とその時代』所収の「信州自由大学の思い出」には、以下の指摘が含まれている。

「飯田では（佐竹の卒業した名古屋の旧制）八高出身の前沢明文氏から信州の人々の学術研究の熱心さの例をいろいろと承わったので、自由大学の盛んなことも故あるかなと思った」（前掲書、１９７頁）。

文中の前沢明文について、『飯田高校同窓会報』第20号（１９８０年10月）に、旧制飯田中学の1年後輩に当たる人物が、次のような回想を寄せているので紹介したい。

「〈旧制飯田中学、〉八高から東大を出て弁護士となり、後に八十二銀行の常務となった（前沢）が、（中学）５年生の時、弁論部（当時は講談部といった）の会で、飯田中学二代目の田中福太郎校長の弾劾演説をやった。その時、田中校長はニコニコと笑って居られたのを覚えている。……前沢君は、その時、何の注意も処罰も受けなかった」（前島忠夫「中学時代の想い出」）。

校長の人格にも依るであろうが、古き良き時代の一齣と言えよう。

受講生の要望に応え新企画の講義に果敢に挑戦した

【第6期第2回】１９２８年12月1日（４日間）高倉輝「日本民族史」（聴講者数不明）米川公会堂

伊那自由大学の聴講生の中で最も受講率の高かった楯操（１９０５年生まれ）は、当時を回想して次のように記している。

「昼間労働して、夕方早目に作業をおわり、腰に提灯を燈し轍（わだち）の坂道（当時荷物の輸送は馬車で、道路は今日のように舗装されず冬間は大きな轍になる）を通った学問に対する情熱を偲ぶもいとほしい。父は聴講については同意を惜しまなかったが、その費用は自ら工面しなければならず、今日の経済情勢と異り苦労したが、この中で学問的意欲はいやがうえに高（ま）ってゆく。……新明（正道）先生の社会学では社会の見方を通して学問の面白さを教えられ、（高倉輝の）日本民族史の中でニッポン語についての説明は民族を考える上で、その役割の大きさを知ることができ言語に対する興味をもたされる」「〈回想〉伊那自由大学のこと」『自由大学研究』第５号、１９７８年、67～68頁）。

楯の回想にある「ニッポン語についての説明」の具体的内容は必ずしも明らかではないが、高倉には、戦後に出版された『ニッポン語』（世界画報社、１９４７年）という著作がある。

米山光儀によれば、高倉が、ロシア文学の講義を求める伊那の青年たちの希望を敢えて無視してまで、日本民族史研究とその続講を選んだのは、彼が「自

『新ニッポン語』（理論社、1952年。『ニッポン語』の改訂新版）

由大学の講義を真剣に取り組んでいたことのひとつのあらわれ」であった。農村青年の意向を踏まえて、高倉が時間をかけて「十分に準備をし」、「自らが納得できるものだけを」彼らに提供しようとしたのは、その点を紛れもなく雄弁に物語っている――それが米山の判断であった。日本民族史は、高倉によれば、「普通教育に於（い）ても、大学に於（い）ても」「等閑に附されている」。「日本の学者が」「西洋の受売（り）をしている」のがその理由である、というのである。

ところで、講師の高倉は、この講義の四年半程前に、当時の日本の大学の現状を批判して、自由大学が求める大学像を以下のように提示している。いま読んでも古さを感じさせない高倉の〈「真の意味の」大学像〉を、ここで紹介しておきたい。

「日本の謂わゆる大学は必ずしも真理を攻究する所ではない、学問の府ではない、寧ろ職業を授ける所である、生活に必要なる才能と常識とを与える所である。だからして、西洋のUniversityなどには決して無い「工科」だの医科の「外科」だの、法科の「民事訴訟法」だのと言うものが幅を利かして居るのである。これ等はいずれも謂わゆる世渡りに必要な知識ではあるが、真理の攻究には縁が遠い。……

しかしながら、我々はいつまでも斯くの如き変体なる大学を以て満足することは出来ない。人類には永久に真の意味の大学が必要である。真理に飢えたる魂に対して健全なる糧を齎らす可き機関が必要である。何となれば、この飢えたる魂こそは人類の在らゆる価値ある運動の源泉に他ならないからである。

……

大学に於て筆記（ノオト）を取らせる為には必ずしも飢えたる魂を必要としない、しかし諸君がその毎日の正業に疲れ切ったる体を以て、尚お且（ママ）つこの自由大学の為に時間を割こうとする為には、この飢えたる魂以外に何物が有るか。

斯くの如き飢えたる魂こそはこの我々の自由大学をして永久に存続せしめる唯一の力である」（「自由大学に就て」前掲『伊那自由大学とは何か』信濃時事印刷部、１９２４年、11～13頁）。

研究に対する真摯な取り組みによる研究そのものの深化と、深化した研究を裏付けとした教育実践、その両者を固く結び併せた講師の一人が高倉輝であった。

従来は等閑に附されていた領域に新たな視点から分け入り、その研究成果を教育に取り込む高倉の実践は、自由大学運動の歴史的意義を考えるうえで、看過し得ない論点を提供していると言える。

１９２８年12月23日　竜峡支部発会式開催（於、竜江村定継寺）。事務所を竜江村吉沢清之宅に置く。

１９２９年１月16日　伊那自由大学竜峡支部年始総会開催（於、竜江村長石寺）。

三木清の講義から受けた様々な印象が書き残されている

【第6期第3回】　１９２９年２月15日（３日間）

三木清「経済学の哲学的基礎」（千代村支部・竜峡支部合同主催）（聴講者数不明）龍（ママ）江村大願寺

これまで数々の貴重な授業評価を紹介してきたが、中でも千代村出身の楯操の記憶復元力は、質量ともに充実しており、それは伊那谷で一度だけ登壇した三木清の回想についても例外ではない。楯は、三木のこの講座を次のように振り返っている。

「講義は大学で一年かかるものを一週間で話すほどのもので内容的に集約され高度のもので科目によってそれをうけ止めるところで戸まどい、概観もできず、整理できない講義もあったが、今の読書に役立ってくれるものが多い。三木清先生〝経済学の哲学的基礎〟は寺院〔龍（ママ）江村大願寺〕を講堂にしたが、奥できいていた僧侶が社会進化の所で大声をあげて中止を申出たが平静の中に続行したエピソードもある。その時文学論〔文学の哲学的基礎ヵ〕について講座をもつことを約束されたが、農村経済を支えていた養蚕業の不振は再びその声咳〔謦咳（けいがい）〕にふれることを奪ってしまった」（楯操「〈回想〉伊那自由大学のこと」『自由大学研究』第5号、67〜68頁）。

竜丘村の北沢小太郎は、三木の講座受講の後に「歴史の観方、ものの考え方の基礎的なものを与えられた気がした」と回想している（「〈証言〉大正デモクラシーと下伊那の青年たち」『信州民権運動史』銀河書房、１９８１年、２６８頁）。また、三木のこの講座を「自由大学の想い出の中で一番印象に残っている講座」としたうえで、かなり長文の回想を左記のように寄せている。なお、北沢によれば、大願寺を会場に

三木清

開講されたこの講義の受講料は〔1日〕1円。岩波文庫の星一つが10銭、繭一貫（3・75kg）が2円40銭、仔豚一頭が50銭の当時としては〔三日で三円は〕相当な会費であった。

「基礎的な勉強も学歴もない私は、同じような悩みをもつ仲間の青年とともに、観念論と唯物論の異（ママ）〔違〕い、唯物史観、唯物弁証法とものの観方の根本にふれる哲学の歴史や、それの勉強が経済、社会に（ママ）理解する上に大事な事なぞ（ママ）を、わかり易く講義されて、それから勉強する窓を開いてくれた気がしました。……講座の会場迄、私の家から約九キロ余り、自転車に乗れず、バスもない処へ足の障害者である私にとっては必死の思いの出席でした」（『自由大学研究』別冊2、21頁）。

「自由大学講座は網羅組織の青年会の一般教養講座に物足らなさを持っている青年にとって非常に期待されていて、どこそこに講座があると聞くと遠くても足を伸ばして出かけ、僅かでも自己満足感を持ったものでした。

私の処（竜丘）では、有志と共に毎週一夜宛読書会（学習）を開くようになったのは、そんな雰囲気の中で自由大学の予備勉強会みたいな気がして始めたのでありました」。（高橋亀吉『経済学の実際知識』からはじめ、猪俣津南雄『金融資本論』、マルクスの『賃労働と資本』と徐々に難しい著作に挑戦。メンバーは多い時で十二〜十三人。暗い世相の中で社会、政治、経済の動きを正しく把握したいという心積もりで）。……「奨励されたり指導されたからやったのではなく、自分たちのエネルギーを勉強にぶっつける場所がそうしたグループの集りであった気がします」（同右、22頁）。

「青年期のそのような勉強の仕方は、あとの人生観、社会観に大きなものを感じます。

啄木の短歌の中にある〝友がみな吾より偉く見える日よ　花を買い来て妻としたしむ〟の短歌を〝本を買い来て友と語らむ〟と、読みかえて笑った夜がありました」（同右、23頁）。

青年期に繰り返された定期的な読書会の中で、友人の考え方を参考にしながら、自分に独自の個性的な軸（芯棒・心棒）を確かなものにする経験は、自己教育の核心と言えよう。

一方、千代村出身で銀行員の林源は、伊那自由大学における三木清の講師として果たした役割について、次のように証言している。

「三木さんは、私の印象では、伊那自由大学を支えていた講師側でいえば、前半三分の二までは高倉輝先生ですが、後半三分の一は三木先生と言っていいかと思うほど……非常な力を入れて下さいました」（前掲『自由大学研究』別冊1、33頁）。

また、村の教員住宅について、林は次のように述べている。

「私達が青年の時には千代村などは部落にまで教員住宅があるのです。そこへ来る小学校の先生のところへ青年達がいくわけです。つまり知的飢餓心があったわけですね、その飢餓心があるから、その飢餓心を満足させるために先生のところへ行って、先生といろんな話をして、先生はいろんな自分の知識があるから。そこで青年達の知的欲求がだんだんと高まったと思うのです。下伊那の青年達には小学校の先生の影響が非常に大きいと思いますね。そして先生によって育てられたものが自分達の自主的なものに発展していったと考えられますね」（『自由大学研究』別冊1、39頁）

ところで、『回想の三木清』（三一書房編集部編、1948年）所収の「知識の良心」の中で、高倉輝は、1944（昭和19）年11月に大磯の自宅で検挙され、警視庁に送られて翌45（昭和20）年3月6日に警視庁から逃亡した、と記している。この回想は、三木の一人娘、当時16歳の洋子（1930年生まれ）に宛てた〈詫び状〉として執筆されたものである。

三木清は、1945年3月28日に、高倉を匿（かく）まった容疑で「検挙」され、敗戦後の9月26日に「豊多摩拘置所にて獄死」している。

ところで、高倉が敢て「命がけ」の逃亡を実行した理由とは何か。——回想「知識の良心」での説明は以下の通りである。

目前に「敗戦」が迫っている。しかし「国民」のそれに対する準備は「何にもできていない」。

目次

『回想の三木清』目次

そういう状況の中で、「留置場でぼんやり日をすごしてはいられない」。「一刻も早く自由の身となって」戦後の準備に取り掛かる必要がある。したがって、逃亡「以外に道がなかった」、というのである。

戦後に向けた準備とは何か。高倉によれば、それは「農民運動のまったく新しい形」である「農民委員会」による農民の「解放」、ということのようである。しかし、高倉は同時に「農民委員会運動」が「まだよくその本質が理解されていない点が」あったことも認めている。

高倉は、三木洋子に「あなたのお父さんをうばって、あなたをみなし子にする原因を作りだしたことを、どうかお許しください」と請うている。ただし、その「原因」の具体的な内容については、説明をしていない。高倉は警視庁から逃亡した事実を三木に「話して」、「助けを求め」「相談にのって」もらい、一泊して「翌朝はやく」別れたと洋子に記し、「この一晩のできごとが、半月のうちに、三木くんの検挙となり、ついに三木くんを殺すに至った」と書き残している。なぜ二週間ほどのうちに三木が「検挙」され、獄死したのか。「検挙」を避けるには、どうすればよかったのか。その点には触れずに、「原因」を作ったことの「許し」を乞うているのである。

高倉の記すように、本人の「自責の苦しみ」は消えることはなかったであろう。また、娘の洋子は、高倉が許しを請うている事実は認識したであろう。だが、これだけの情報から何故に父が「半月のうちに」「検挙」され、やがて死を迎えねばならなかったのか、それを理解できたのであろうか。三木（永積）洋子は、高倉のこの〈詫び状〉を読んで、その当時、納得し了解したのであろうか。御本人にしか答えられないことではあるが……。

洋子は「疎開していた頃」（『回想の三木清』に所収）に、父と二人で埼玉の農家に疎開していた頃のことを次のように記している。

「高倉さんが尋ねていらしたのは三月十二日のまだ寒い夕方であった。ちょうどその日、父は岩波（茂雄）さんの選挙のことで朝から東京へ出掛けていた。……父が帰ったのは、十時過ぎの終電車だった。父は高倉さんの顔を見るなり「やあ」といって、驚いたような、しかしどことなく嬉しそうな顔をした。

三木洋子

その晩高倉さんは泊り、翌日私が学校へ行った留守にいなくなっていた。後で下の人に聞くと、父の外套にきかえて、トランクを持ち、二階で防空頭巾をすっぽりかぶって父に途中まで送られて行ったそうである。……三月二十七日――岩波さんの貴族院議員選挙の日――上京したきり、父はもう帰って来なかった」（157～158頁）。

この三木洋子の回想をどう考えるか。そのことを折々思い起こしながら、娘の洋子宛てに三木清が書き残した遺稿を紹介した30年前の拙文がある。再録しておきたい。（なお、この遺稿は、1945（昭和20）年9月26日に「豊多摩拘置所で当局の苛酷な取り扱いのために獄死」した翌年4月に『婦人公論』に発表され、のちに『三木清全集』第19巻（岩波書店、1968年、109～129頁）に収録された。

「山なみを見上げながらの暮らしも、早いもので十カ月が過ぎた。上田で初めて迎えた新年には、永年住み慣れた大都市での新春とはおのずから異なる感慨を覚えた。首都圏とは比較にならない星の輝きが、それを倍加してくれる。引っ越し以来、寒さに耐えられるかどうかと不安がつきまとっていたが、引き換えに見事な星空を手に入れたと思えば、寒さもまた一興である。メダルには表と裏があるように、どこで暮らしてもよいこと尽くめとはいかないからである。

話はかわるが、誰にも、折にふれてひそかに書棚から取り出しては読みたくなるような名エッセイや愛読書というものが一つや二つあるのではなかろうか。グルメを自称する人が、お気に入りの店を他人に教えたくもあり教えたくもない気持ちをもっているように、既に活字になって流布している文章でも、同じような気持ちで秘蔵している人がいるはずだ。

ご多分に漏れず、私にもそういう文章がいくつかある。その一つをここに紹介しよう。

哲学者の三木清が娘にあてて書いた文章に「幼き者の為に」と題された遺稿がある。岩波版全集の第19巻に収められているこの短文は、7歳で母と死別しなければならなかった薄幸の娘に、母の面影を淡々とした筆づかいで伝えたレクイエムである。

文体に格調を備えたこの哲学者の遺稿は、娘に母の実像を語りながら、おのずから自身の真摯な生きざまがあぶり出されてもいる点に魅力がある。細部を紹介する余裕はないが、治安維持法が施行されていた陰鬱な時代に、この日本を代表する哲学者とその妻が、いかなる身の振り方をしていたのか、その一端だけは記しておきたい。

幼い娘に向かって、この哲学者は、「世間のいわゆる幸福というものを余り信じていない」と断言している。また、娘の母親は、「何事につけても地味なことが好きであった」し、「沈黙の生活が最も充実した生活であるということを真に理解していた」とも娘に語っている。

「暗い谷間」と形容されることの多い戦前の日本にも、確かに「世間のいわゆる幸福」なるものが、それなりにあるにはあったのであろう。しかし、歴史の教えるところによれば、再度の治安維持法違反で検挙され、敗戦直後に獄死することになったこの哲学者が、「世間でいう幸福というものを最初から諦めてかかって」いたことは、想像にかたくない。

その哲学者が、やがて妻になる女性に、「特殊な運命が私を待っているように思うが、それを承知の上でよろしければ」とのプロポーズをしている。掛け値なしのこのプロポーズに、動ずることなく同意した女性であってみれば、世間体を気にかけたり派手な暮らしを望んだりするはずはない。「世間でいう幸福」からは疎遠なところで、しかし充実した生を充足したであろうことは、容易に理解できる。

三木清家族

世間体に背を向けるには覚悟がいる。時代に流される方が気楽だし、孤立無援には勇気もいる。かく言う私も、首都圏の喧騒に身をさらしていた十カ月前までは、なかなかこの哲学者夫妻のように達観はできなかったし、だからこそ機会あるごとにこの文章に拠り所を求めたのだ。

しかし、この原稿を書く前に改めて読み返してみて、山なみや星空を見上げながらの地方都市暮らしなら、それも不可能ではないかも知れないな、と思っている。世間を首都圏と読みかえてみることもできるように思えるからである。

それにしても、短すぎる妻との暮らしに区切りをつけざるをえなかったこの哲学者は、「世間でいう幸福」は信用していなかったが、七年間つれそった妻の幸福だけは確信していたようだ。「死んでいく時には彼女は殆ど人間的完成に達していた」とまで言いきっているからである。人の幸福は、世間並みかどうかではなく、人生が完結しているか否かによる、というこの哲学者の見識は、新春の早朝のようにすがすがしい（連載「千曲河畔にて」第10回、1991（平成3）年1月8日付『信濃毎日新聞』夕刊文化欄）。

1929年2月26日　伊那自由大学下条支部結成準備会開催。創立準備事務所を下条村原岩穂宅に置く。

1929年3月5日　伊那自由大学機関誌『伊那自由大学』第一号刊行。

所収の論稿と詩は、高倉輝「耕す者は永遠である」、桑田治郎「窓邊〔辺〕の漫語」、吉澤清之「自由大学運動の精神を語る」、楯章「自由大学とは何か」、長尾宗次「一九二九年の下伊那郡民諸君にささぐる詩」の5編である。このうち楯章は、以下のように述べている。

「実社会」に「直面した時」に感じるのは「自我教育の不足」であり「学問的欠乏」である。したがって「自己を根底より改革すべき」「科学的覚醒」が必要である。「自由大学は現在の学校教育制度とは余程教育的に懸隔を持つ」教育制度である。

現状の「高等程度の教育は有産階級に独占」されている。それに対して「自由大学は普遍的にして局部の人間に限界されて居ない」教育機関であり、「自我教育たる故に一生涯自分を教育す可き機関」である。「高き教養が一部分の人間に専有されず、工業労働者農民も余暇に自己の教養を成し得る」状態を創るべきである。

「社会の現象を解剖批判する知識を得」て「その批判した結果を……より良き理想郷の建設へ」と進めるべきである。そのために「社会問題を理解する」「研究会」を開催すべきである。「自己の改造より出発して社会改造へ」「より良き理想郷の建設」「理想社会の建設へ」と進めなければならぬ。その限りで「自由大学は我等のユートピアである」（前掲『伊那自由大学』20～22頁）。

1929年3月6日　伊那自由大学下条支部発会式開催（於、陽皇公会堂）

1929年3月　後援会解散（支部活動により受講者数増加・経営が安定したためか）。『飢餓』、『伊那自由大学』発刊。

講義内容や授業評価も入手できずコメントを為す術なし

【第7期第1回】 1929年12月12日（3日間）

藤田喜作「農村社会について」（聴講者数等不明）

藤田喜作（1887～1973）は新潟県に生まれ、東京帝大文学部社会科および法学部経済科卒。ベルリン大学などに文部省給費生として留学後に、東京帝大、明治大、法政大、帝国女子大で教鞭をとる。社会主義思想の洗礼を受け、当時の学会のアカデミズムに馴染まず、また迫りくる軍靴の足音にも半身（はんみ）に構える反骨思想を堅持したと言われる。手塚岸衛が創設した自由ヶ丘学園を1935年に引き継ぎ、中学・高校の初代理事長になるが、その理念や経営方針を新たにして再出発させた。同学園について「この学校は不自由学園だ。何をしてもよいというのは本当の自由ではない」と校長挨拶ではしばしば語っていたという。

千葉師範の「自由教育」で知られた手塚岸衛は、やがて千葉を追われ東急東横線の「自由が丘駅」にその名をとどめる私立「自由ヶ丘学園」を創設した。当初は児童数も増え、中学部を増設し、順風満帆にみえた。しかし、やがて学校経営の困難に陥る。手塚は心身の疲労から糖尿病を患い、36年に56歳の若さで悲運の死を遂げる（中野光『教育改革者の群像』国土社、1991年、162～190頁）。その直前に藤田が学園を引き継いだ、ということになる。

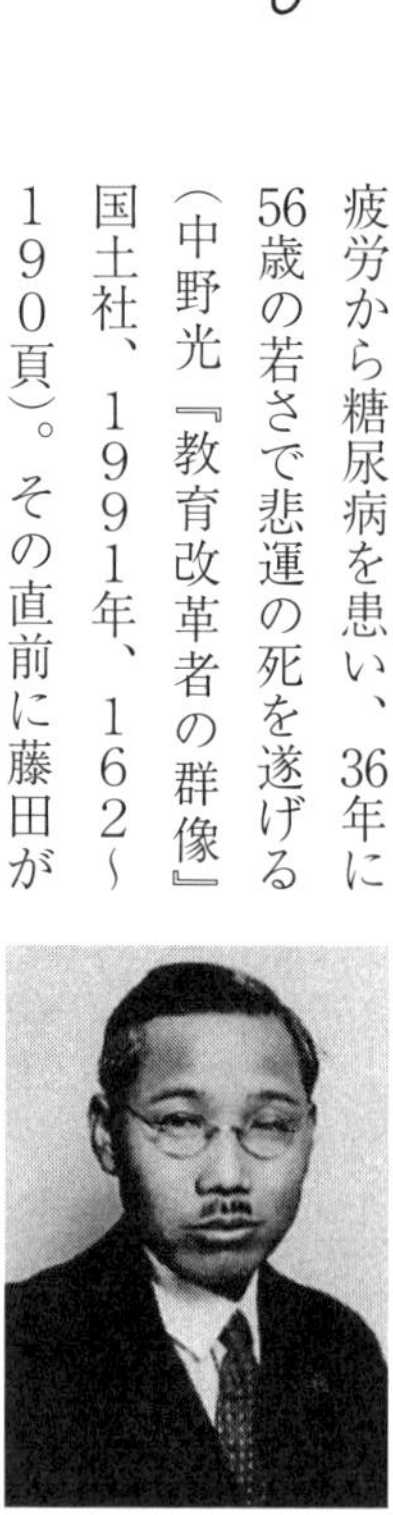

藤田喜作

藤田の「農村社会」に関する講義内容は入手できていない。また、受講生の授業評価や回想なども同様である。なお、藤田が伊那自由大学の講師に招かれた際に、宿泊した天竜峡の仙峡閣に残した色紙が、今村良夫・真直編『天龍峡　歴史と叙情』（1979年）、『自由大学研究通信』第2号（1979年）、山野晴雄「自由大学運動年譜」（『自由大学研究』別冊2、1981年）、『下伊那の百年』（信毎書籍出版センター、1982年）に紹介されている。ここでは、山野の「年譜」から引用しておく。

「自由大学に招かれて初めて信州に来る。天竜の景奇勝なりと雖も自然の生は更一驚にして足る。予の更に驚嘆せんと欲するは現代文明の生める青年信州の根強くして尖鋭なる思想的傾向にありとす。予の来れるは、説かんが為に非ずして、彼等に聴かんが爲なり」（前掲「年譜」138頁）。

なお山越脩蔵は、戦後48（昭和23）年に、群馬県北軽井沢にある藤田の別荘で会っている。もっとも両人は、当日、上田と飯田の自由大学にそれぞれ関わったことを確認する機会はなかったと考えられる。なぜなら、山越は神川村の農地委員会会長として、副会長の高遠守太と連れ立って、戦後開拓の候補地探しのため、高遠が旧知の藤田から入植可能な開拓地の情報を入手するために別荘を訪れたに過ぎず、しかも有力な情報を得られずに引き上げているからである（山越「神川村分村計劃、中原開拓團成立の経過」中村芳人編『神川村分村・開拓團の歴史』私家版、平成6（1994）年、12〜13頁）。なお高遠は、「社会民衆党」上田支部の青年行動隊「東信青年同盟」の中核を担った人物である。

実践的性格の内容を巡って研究者の評価は分かれた

【第7期第2回】　1929年12月20日（3日間）

高倉輝「日本民族史研究」（聴講者数、会場不明）

今回か【第6期第2回】かハッキリしないが、千代村の小沢一が楯操に誘われて高倉の講座に参加している。小沢は1933（昭和8）年の「二・四事件」で3月に逮捕され、二ヶ月留め置かれている。33年の弾圧が境で、その後運動は退潮に向う。小沢は44（昭和19）年に千代青年会委員長に就き、戦後の48（昭和23）年には、清水米男、藤本信一と共に日本共産党に入党している。「証言 小沢一氏に聞く」（『自由大学研究』第7号、53〜61頁）、『千代青年会々史』152〜194頁を参照。

小林千枝子は、林源、中塚稲美、楯操、島岡己勝、楯章など、「社会的実践」にストレートには結びつかない、「純学問的であること」を自由大学に求めていた〈農村青年〉たちの存在に注目する。なぜそこに注目するのか。その理由は、「実践的であったかどうか」が「政治運動との提携いかんで論じられ、……『教養主義的』という評価も同様の視点から」、むしろ否定的に評価されてきたことに対する、つまり従来の研究動向に対する違和感・疑念があったからである（「伊那自由大学について」『自由大学研究』第5号、1978年5月、29

左から松沢兼人、高倉輝、深町弘子（於60周年記念集会）

頁)。

右の問題意識を踏まえて、小林は「米の値段を調査したり生活の実態をつかむ」学習活動を展開したことは、「実践的」な教育運動であったと評価している(前掲論文、47頁)。

これに対して山野晴雄は、高倉輝の講義「日本民族史研究」の受講者ノートの中に、左記の指摘がある点に注目する。「『従来の歴史は真の歴史ではなかった。一部の階級の歴史であった。即ち政権を握った人々の歴史であった。(中略) 吾々は自らの真の歴史をさがさねばならない』という言葉で始まり、現代史の部分では農村不況下の地域の現実的な調査資料にもとづいて認識させ、最後に被支配階級の『人間的解放の道』は『農民同盟以外に他なし』という言葉でおわる、きわめて実践的な内容の講義が行なわれたのである」(楯操氏ノート「高倉輝　日本民族史研究続講」)。

この山野の「実践的な内容」の含意は、小林の「教育」運動の側面からの評価とは異なっており、「政治」的な実践運動の側面に偏した評価になっている点は、否定できない。

山野のこの評価に対して、評価軸の異なる考えを提示して、新たな視点から議論を組み替えているのが、米山光儀「伊那自由大学とタカクラ・テル」『慶応義塾大学教職課程センター年報』(第1号、1986年)である。米山はまず、高倉が、須山賢逸の別所来訪後に横田に次のように伝えている点を重視する。「(須山が)古典文学をやめてロシア文学でもやって貰いたい、委員の希望だからとの事でしたが……来年12月から準備が出来たら講義をさして頂く事にしたいと思います」。

しかし、米山によれば、高倉が「ロシア文学研究を講義すること」は「十分に」可能だった。それを断った理由は「十分に準備をし、自らが納得できるものだけを自由大学の講義とした」からである。そこで、ダンテ研究続講の後は「ロシア文学研究」になるのが自然だった。しかし、そうはならずに「日本民族史」(28年)、「日本民族史研究続講」(29年)の講義が組まれた。これらは、受講者の「熱烈な要求」に応えたものであった。その内容は、「農村の窮乏化の真只中にあった農民たちに自らの生活を科学的に認識」し「それを打開する方策を提示」したものであった、というのが米山の判断である。

この高倉による、研究を裏付けとした「教育的営為」こそ、伊那自由大学の「実践的性格」をあらわしている、と米山は主張する。「教育においては被教育者が教育者の信奉する思想に導かれた社会的実践をすることをもって、短絡的に成果があったと考えてはならない」。それは、高倉と楯操の場合〔や、杏村と渋谷定輔の場合――引用者〕に見られるように、「人生の重要な分岐点で出会ったひとりの大切な師」と考える対象が存在する場合に、実践的性格をもつ、と米山は考える（前掲論文、54頁）。なお、杏村と渋谷の場合については、安田常雄『出会いの思想史＝渋谷定輔論』勁草書房、1981年）の第一章を参照されたい。

他方で、山口和宏は「自由大学運動における『教養主義』再考」（『日本社会教育学会紀要』30号、1994年6月）において、次の4点を指摘している。1．自由大学が「教養主義」であったことに積極的意義を見出し、教養による人間形成が「直接に」ではなく「結果的に」「村の文化的生活」の形成につながった、と受講者の一人が考えている点は評価しうる。2．〈趣旨書〉にある「自我教育の時間」をもつ必要の確認と、「学問の面白さ」を実感し「精神的な飢餓心」を充たす学習を求める受講生の存在。3．学問を通じて視野が広がる「感動と喜び」、と学問を語る教師。4．学問を主体的に学ぶことを通して飾りではない「教養」を我がものとする運動。「実利」を求めるのではなく、生きることの意味を手に入れる教育運動。それが自由大学運動だった、と山口は考える。

小林、米山、山口の所説は、必ずしも一致しているわけではない。むしろ力点は微妙に異なっている。にもかかわらず、山野の「教育」運動を超えた「社会的実践」運動を評価する視点に対しては、三者とも否定的評価を下している点において、共通点がある。私も、これまで指摘してきたように、自由大学運動は教育運動であって、その一線を守り抜いた点に高い評価を与えているので、山野の所説には与し得ない。

（補論4）佐々木忠綱の思想と行動

佐々木忠綱（1898～1989年）　下伊那郡大下条村の養蚕農家の長男。高等小学卒業後に親に内緒で上伊那農業学校（現上伊那農業高校）を受験し合格するが、父親は進学を許さなかった。それでも諦めず、その後二度同校を受験し、その都度合格するも父親はそれを認めず、断念させられている。20歳の頃、一年間を条件に上田東高校の前身小県蚕糸学校の別科

安田『出会いの思想史』

を受験し、在籍している。

１９２４年1月に信南（伊那）自由大学が開講されると、友人の松下重光と共に、午前9時の開講に間に合うように真夜中の午前2時に家を出て、提灯の灯りを頼りに徒歩で参加。後年（１９８１年）、上田自由大学開設60周年記念集会に参加した折に、「講師の宿舎の吉野館などでの座談会、茶話会などに参加した」思い出を語っている。

村政に関係するのは１９３３年からで、助役、村会議員を経て、37年5月～40年7月、43年1～12月の二期にわたって村長に在職。38年5月に郡下の村長や県会議員など40人と共に満洲農業移民視察団の一員として現地視察した。のちに満州での見聞を回顧している。

また、戦中・戦後を通じて、中等学校、国民健康保険組合、阿南病院など地域の教育・医療などの問題に取り組み、地域文化の創造に寄与・貢献する活動を重ねている。さらに、戦前日本の国策の柱の一つであった満州開拓に対して、分村移民を断固として跳ね除けた識見は、敗戦直後に耳にした西富士開拓の情報を見逃すことなく、逸早くそれに取り組むという行動に結実させている。開拓を巡る二つの問題に対して、その中身を吟味して是非を判断する能力は、若き日に培った伊那自由大学での学びが、その後も途切れることなく継続された結果と見ることができる。

〔自由大学から学び得た精神＝「自由大学の感化」〕

証言①「その当時〔村長時代に〕役場吏員が出征をする時に私が役場の中で歓送の宴をはりまして、そのときに『おまえ絶対に死ぬなよ、どんなにしても生きて帰ってこいよ』と私が言いましたら、一人の書記が、『村長、ちょっと失言ではないか、そういうことを言うべきではないんじゃないか』と叱られたことがありましたが、みなこれ自由大学のお陰であったと思います。私はその後ずっと人生を今日までまいりましたが、その根本になる精神は……自由大学の感化であります。……本の選択というような力を、ぜんぶ自由大学の時に得たのではないかと思う次第であります。（『自由大学運動と現代』信州白樺、１９８３年、28頁）。

証言②「自由大学では、……いくらかなり本を読むということ（の大切さ）を教えていただいたことが、下伊那の自由大学というものは、期

佐々木忠綱（中央）、左は出征する役場吏員

間は短かったのですが、後々に影響するところが非常にあったのではないかと私は思います」（『自由大学研究』別冊1、24頁）。

〔満洲の視察から考えた分村移民の拒否〕

証言③「長野県は満州開拓を非常に強力に進めましたが、私は絶対にいかんと、県で進めるのはいいけれど、満州開拓を村で進めるのはいかんと。ある時は壮年団が全部寄ってきて、『村長なんだ、分村すべきじゃないか、各村が全て分村しているのに、なぜ分村せんのか』と詰め寄られたことがありましたが、他の村長と満州を視察して、どうしても満州移民を出すべきではないと考えまして、分村を拒否しました。いま考えて、もしあの時に分村しておったならば、大勢の犠牲者を出し、自分も生きておれなかったのではないかと思うぐらいですが、とにかく自由大学の当時の感激というのが本日まで、間断することなく続いて生きているわけです」（『自由大学運動と現代』28頁）。

同調圧力に屈することなく、最終的に「分村を拒否」。それが可能だったのは妻の発言（証言⑤参照）が佐々木の背中を押してくれたため。

証言④「私はその後村長になった時、……満洲の視察に参ったのでありますが、……一夕話をした時羽生（三七）先生の言うに『農民移民と言うけれども、日本は今後、農業国も相当なものになるし、その農業移民と言うには相当疑問符があるぞ』とお話になって、私も満州を視察してきて日本人が非常に威張っているということと、……自由農業移民とかの農民になると満人（満洲人）の土地を略奪してどんどんやっていくというようなやり方をしているのを見たり、日本人が侮辱しているところを見たり、いろいろなところを見て、これははたしてよいものかどうか私も非常に疑問をもちまして、……（泰阜（村）や川路（村）は分村移民をやったが）私は絶対に分村をしないということで、これを押さえましたために、壮年団の役員が非常に怒ってきましたが分村はやりませんでした」前掲『自由大学研究』別冊1、23～34頁。前掲『自由大学運動と現代』、183頁）。

ただし、羽生の農業移民に対する「疑問」に、一貫性があったかについて、これを「疑問」視する論考もある。橋部進「それからの羽生三七――敗戦までの思想的変遷」『飯田市歴史研究所年報』第5号、2007年8月。『飯田市地域史研究集会　第3回』2005年8月。改めて慎重に検討すべき論点が含まれている。

〔視察後に「分村せず」の判断の妥当性を妻に打診、妻の発言に背中を押され決断〕

証言⑤（村職員の熊谷龍男が佐々木の妻てるから聞いた話）「主人から『分村移民はやめようと思うけど、どうか』と相談された。『あなたがそう考えるなら、それがいいでしょう』と答えました」。

（佐々木の孫の隆一郎が佐々木本人から聞いた話）「『どうしたらいいだろう』とばあさんに話したら、『身内を行かせたくないような所に、人を送れないのではありませんか』……」という回答が返ってきた（田中洋一、連載「土の戦士」第5回、『朝日新聞』中南信版、2009年5月8日付）。

〔地域における教育・医療の重要性認識から生まれた阿南高校・阿南病院〕

証言⑥「私が村長をしている時に、……何とか中等学校を村に作りたいと思いまして、当時運動を少ししたり近村の村長連、村の学務員などと一緒に、県内の視察をしたりしましたが、その時は結局成立しませんでしたが、幾分我々の考えが反映して終戦後阿南高校ができましたが、とにかくこれらも自由大学のおかげだと思っています」（『自由大学研究』24頁、『自由大学運動と現代』183頁）。

証言⑦「昭和十八（1943）年に大下條（ママ）村が中心になって、阿南地方各村が組合立中等学校設立の運動を展開して、県および文部省へ陳情したことが」ある。「（その）運動に時の収入役として参画して」いたのは「久保田文晴」であった。当時（昭和十八年初め）、「（北佐久郡）望月町で組合立の望月中学校が設立され、1年前の昭和十七年四月から開校している」という「報道を見て実に驚」いた。「正規の旧制中学校は県立以外には一校も無く、当然県立以外には中学校はできないものと思っていただけに、大変驚き、また希望と光を見つけた思い」であった。

「早速……望月へ行き、校長大井章先生をたずね、

県立阿南高校

その成立の話を聞き……中学校の授業も参観」した。校長の話から「その地方が熱心に運動努力すれば、本校（組合立望月中学）同様設立は可能」との感触を得た。そこで「大下条と平岡の二ヵ所で会合を開き、……二班に分れて、北信・中信・南信の組合立の学校を視察……文部省にも陳情をしたが……戦争が終わるまで待つようにとのことで、中等学校設立の夢は不成功に」終った。

戦後、昭和二十四（1949）年に、「通学の不便な地方への県立高等学校の設置を計画」した際に、「下伊那では、第一候補に挙がったのが阿南地方を目途として、大下条だった。……（当時の）勝又（元一）村長は、農地改革その他戦後処理のため多忙を極めて」おり、替わって「助役の久保田文晴」が「内外の意見と賛否両論を充分見極め、設立受諾を決断した」。久保田は佐々木の二期目の村長の時に収入役として参画していたこともあり、「その賢明な勇気ある決定」を躊躇なく下すことができた。その後、久保田は「阿南高等学校の事務長として、高校創設に専心努力」するところとなった（佐々木忠綱『私の回想と生きてきた道』平成二（1990）年、16～19頁）。

証言⑧「戦争末期に千葉大学が大下條（ママ）村へ疎開した。……関東の大空襲で千葉医科大学も急遽疎開することに」なった。「役場では（佐々木の友人で役場職員の）松下重光君（本書252頁参照）が一番熱心な受入れ論者」だった。四十五年七月に疎開が始まり、八月から「公会堂を教室として授業を」開始。十五日に敗け戦が終了すると、千葉大の「河合直次教授（から）……疎開で大変お世話様になりましたから、農村医療の現状にかんがみ、御礼にこの地に総合病院を設立させるべく尽力する……医師は千葉医大から派遣する」とのありがたい「提案」があった。

「席上、（金田理玖）村長（から）は（後に事務長として活躍する）松沢始郎氏にこの事を依頼したい」との発言があった。松沢や佐々木らが、「日本医療営団本部へ、河合先生の紹介で病院設立の陳情に上京する」一方、松沢は「土地交渉や病院の建築に奔走……城田

河合直次（左）、立阿南病院（右）

久茂氏が松沢氏の片腕となって、建築に専念」した。「その後、日本医療営団は廃止となり、阿南病院は県へ移管となって、ここに県立阿南病院として今日に」至っている。（前掲『私の回想と生きてきた道』11〜14頁）。

なお、証言⑥〜⑧に関しては、米山光儀「「自由大学の影響に関する一考察――長野県下伊那郡大下条村の場合」（『慶応大学教職課程センター年報』第2号、1987年）を参照されたい。

〔戦後の西富士開拓の決断〕

証言⑨「敗戦後、外地から引揚者が帰郷」してきた四十五年九月に、「ラジオの放送で西富士等軍用地の払い下げが行なわれることを聞き、（佐々木は村会議員として）すぐに村議会を開いて研究をし、直ちに現地西富士の視察、農林省・開拓営団本部などへ迅速に運動を進め」た。四十六年一月に「外地から帰還された若い方々を中心とした多数の人々の西富士入植」が始まった。

西富士開拓団に関して「金田村長は一切を村会議員の小林善一氏に」託したため、「氏が中心となり、私（佐々木）も役場の熊谷（龍男）君、村松君などと共に、何度も東京の農林省、現地の西富士へと往復し」た。その結果、「戦後、迅速に計画し、実行した西富士開拓は成功」を収めることができたので「当時を思い出し、感慨深いものが」ある（前掲『私の回想と生きてきた道』31〜32頁）。

証言⑩「長野西富士開拓団の母村大下条村を訪れるたびに、当時これらの運動に参加した長老を捜し歩いた。たまたま今年（1976年）の四月、いまでは数少なくなった当時の関係者に会うことができた。一人は……佐々木忠綱、一人は……松下重光である。……

植民地への分村入植を拒否した見識は、戦後西富士開拓問題に凝縮していった。小林善一が、開拓をたんに飢餓からの脱出と考えず、新しい共同体としてとらえたように、佐々木も松下も、そして当時の

開拓之碑（左）、開拓地の航空写真（右、手前中央）

大下條村（ママ）の指導者はそうした認識の一致で西富士開拓を進めたのだった。……

昭和二〇年八月の末、ラジオから流れたニュースの挿句を、佐々木忠綱はとらえた。そのとき彼は村会議員であった。一年前の村長が、次の年に村会議員であることを奇異としない時代であった。「軍用地の開放、払い下げ」というたったそれだけのニュースは、電光のごとく彼を撃った。「あれを聞いたのは私ひとりではないでしょう。村の人もみんな聞いたはずです。たまたま私は村会議員だったので、すぐ議会に提案し村の問題とした。小林善一君が受けて立ってくれましたな」というのである。

九月になると村会は、準分村的集団開拓地を村外に求めることを議決し、村会議員数名からなる開拓委員会を設けた。……西富士四三〇〇haの草原は陸軍少年戦車兵学校の演習地であった。彼らがそこを有力な候補地ときめたのは十二月もおしせまってからである。

翌昭和二一年一月六日、帰農希望者全村大会が開かれ、その場で二八五名が応募した。三〇〇戸入植にめどがついた。村では翌日西富士視察団一〇名を出し、一〇日には上京し開拓営団、開拓局との交渉に入った」（甲田寿彦「西富士開拓に生きた人たち」『月刊エコノミスト』第七巻第九号、昭和五十一年九月。引用は『私の回想と生きてきた道』33-37頁）。

なお、佐々木忠綱については、大日方悦夫『満洲分村移民を拒否した村長』（信濃毎日新聞社、２０１８年）がある。また、上田自由大学受講者の山越脩蔵と北川太郎吉は、戦後二十人の村民と群馬県嬬恋村の中原地区へ開拓団を組織し入植している。満州開拓とは

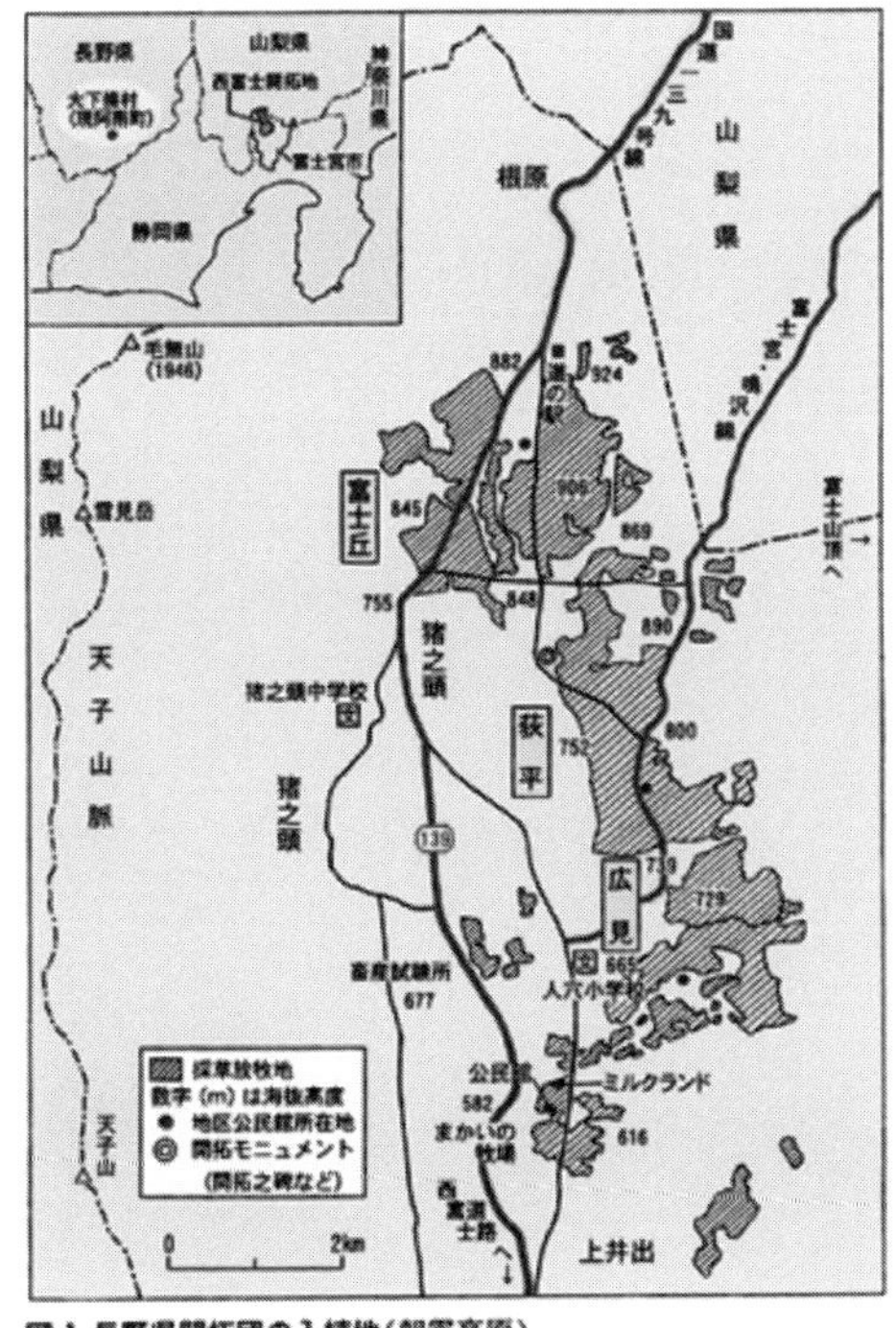

図1 長野県開拓団の入植地（朝霧高原）
西冨士開拓（三地区：冨士丘、荻平、広見）

異なる分村移民の意義については、山越脩蔵「神川村分村計画・中原開拓團成立の経過」〔70頁〕、北川太郎吉「神川村分村（私記）～耕す人は永遠なり」〔68頁〕（中村芳人編『神川村分村・開拓團の歴史』私家版、平成六〔１９９４〕年）を参照されたい。

4章　各地の自由大学

——福島・上伊那・松本・群馬・（越後）川口

長野県と新潟県の四地域（上田、魚沼、八海、伊那）の自由大学は、それぞれ長期間にわたってある程度規則的に講座の運営が行なわれてきた。これに対して、一回限りのあるいは短期間で終焉を迎えざるをえなかった自由大学が存在する。福島県、長野県、群馬県、新潟県で開講されたそれらの自由大学を、現在わかる限りで記録に留めておきたい。

なお、福島と川口（新潟県）の自由大学には、高倉輝が孤軍奮闘しているし、群馬でも講師を務めている点には注目しておくべきであろう。杏村が始めた自由大学運動は、途中から高倉との二人三脚で各地からの講師依頼に対応してきたが、杏村がめざした自由大学の拡充に対して、杏村の意を汲んで精力的に係わったのは高倉だった点を、換言すれば文字どおりの二人三脚（コラボレーション）であった点を、改めて確認しておきたい。

1　福島自由大学

【第1回】１９２３年1月（日付、日数不明）

高倉輝「文学論」（受講者数約60人）（会場不明）

「講義はとに角60余の聴衆が最後まで残ったから成功だ。だが教師ばかり多くて何だか教育会の講習のような気持がしたが（聴衆の方にも其の気で来たものも多かった）、併し（しか）だんだん老先生が中心から駆逐せられて若い連中が中心になる傾向だけは強めて来た。主催者田口（富五郎）は実に快男子だ。どうか旨く成功さし度い」（土田杏村宛高倉輝書簡、１９２３年1月22日）。

この書簡も現物を確認できなかったため、前掲の山野「自由大学運動年譜」１１３頁から孫引きさせていただいた。

もう一通は、「東北文化学院　福島県原町相馬　農蚕学校内事務所」と記された山越脩蔵宛の田口富五郎の書簡である。なお、田口は１９００（明治33）年生まれ、上田蚕糸専門学校（現在の信州大学繊維学部）を卒業後、相馬農蚕学校教諭を務めた（『自由大学研究通信』第2号、4頁）。

「拝啓前略　高倉氏の来原を願って漸く文学論を終わりましたことは既報の如くで御座いました。並ならぬ御力添によってどうやら形だけは出来上りました。

二月の講座のことなのですが過日猪坂兄から御手

紙を煩した訳でしたが……出隆先生は二月自由大学でおやりになって或はカチ合ふかもしれないと云ふ御手紙を大兄から戴きましたので二月は堀経夫氏を御願ひ申したいと存じて其の計画にかかりました。土田先生と恒藤先生へ御願ひして置きましたが何の御返事も御座いませんので不安と感じて来ました。当方も一度大兄からお願い申して下さいませんか。当方では非常に期待しています。

是非どうぞ大兄の御口添を願ひます。それから過日中仕上げて自然科学（数学、物理学、生理学、化学）を講座へ加へる件はどうでせうか、是非やって見たいと存じます。しかし実行は土田先生の御教示を待ってからのことですが大兄の御指導も願ひます。二月からは私は自炊生活を初（始）めますので遠方からの会員へ家を開放します。

では堀先生の方は何卒御手数を煩し度く存じます。〔大正12年1月〕29日」（『山越脩蔵選集』前野書店、2002年、132～133頁）。

福島自由大学は、1923年1月の記録しか残されていない。したがって経済学説史の研究者、東北帝大の堀経夫への打診が行なわれたかどうかも明らかではない。堀経夫については、本書235頁を参照。

2　上伊那自由大学（長野県）

【第1回】1924年9月2日（日数不明）（聴講者数不明）

田中龍夫「（講演）物質観の革命」

伊那町小学校

1923年5月に、講演と同タイトルの著書『物質観の革命』が警醒社書店より刊行されている。同書の各章のタイトルは以下のとおり。第1章 緒論、第2章 近代科学と唯物思想、第3章 唯物思想の台頭、第4章 物質観の革命、第5章 物質勢力一元説、第6章 電気物質観、第7章 物質の構成、第8章 元素の進化、第9章 宇宙の進化、第10章 天文学及生物学、第11章 電子的宇宙観。巻末に「天地創造の歌」が付されている。

他に詩集『天地生き活く』1924年。『物質主義之没落』使徒行社、1926年。『神の発見』警醒社書店、1927年。『科学より神への道』東京修養社、1933年。伊藤堅太郎他編『永懐録（田中龍夫追悼録）』1937年、などが検索で出て

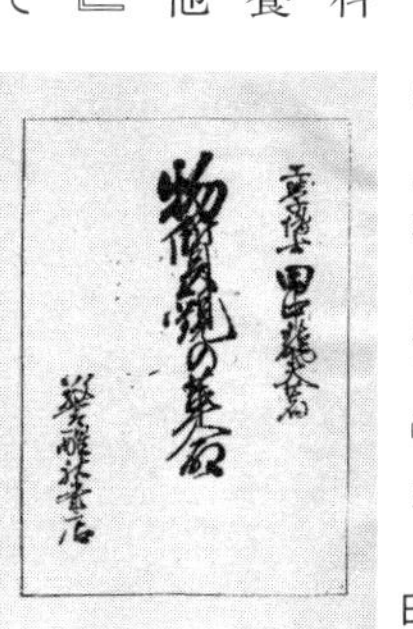

田中龍夫著『物質観の革命』（中扉）

きたが、同姓同名の人物が含まれているかも知れない。

また、特殊鋼研究者（工学博士）で、芝浦製作所の基礎をつくった人として、同姓同名の人物が存在するが、本人か否か確認できない。ただし、『物質観の革命』の巻末に、『ダイナモ／モートル 愛護の栞』、『英文 電機設計の基礎』、『電機設計と応用』（近刊）の三著が丸善から工学博士の肩書で発行・予告されているので、その可能性はあると思われる。

3　松本自由大学（長野県）

ここで回り道をすることをお許し願いたい。他の自由大学に先駆けて、最初の連続講座が行われた信濃自由大学は、1921年11月1日に開講されたが、会場の確保には四苦八苦したようである。事務局長の猪坂直一は、その経過を以下のように述べている。

「私は上田中学か蚕業学校の一室を借りようとその校長に頼んだがことわられ、市役所の片隅でもと思って細川市長に会って見たが駄目。けっきょく黎明会が役員会や懇談会にしばしば借りている市内伊勢宮の境内にある神職合議所を借りることとした」。

比較的スムースに会場が決まり、それほど苦労したようには見えないが、話はこれで終わりではない。

岡田忠彦

「（神職会議所を借りる前）、長野県知事の岡田忠彦氏が上田へ来たのを幸いに、私は金井（正）君と共に知事を旅館観水亭に訪ね、県立の学校か蚕業取締所の一隅を貸してほしいと陳情した。ところが知事はにべもなく拒否したばかりか〝自由大学なんて妙な教育をやるのは人を謬（誤）（ママ）まり社会を毒するものだ〟と放言した。私は癪にさわったので、教育の官僚化こそ国家社会を謬まるものだと逆襲し、かなり激しく議論して帰ったが、当時自由教育問題が県教育界でやかましかったので知事は自由大学と聞いてすぐ自由教育の一つと考えたらしい」。

しかし会場の神職合議所は、一年足らずしか借りることができなかった。それでも、幸いにして、

「学校（上田蚕糸専門学校、現信州大繊維学部）の先輩唐沢正平君が……蚕業取締所長となったので、

所長の権限で教室を提供してくれたのだ（1922（大正11）年11月～24年3月）。これが後に岡田知事の知るところとなって彼は知事と喧嘩したというが、その為か翌年松本へ転任させられた。……彼は知事が他県へ去ると松本自由大学を設立して取締所の教室を開放した」（猪坂直一『回想・枯れた二枝』上田市民文化懇話会、1967年、44～45頁）。

なお、猪坂の前掲「回顧（二）」および堀込藤一『清冽なる流れ「神川」と生きて』（私家版、2011年、56～63頁）も参照されたい。こうして、松本自由大学は、県の蚕業取締所を会場として、漸く開講の運びとなったわけである。

唐沢正平には、『実用蚕児雌雄鑑別法』（蚕糸雑誌社、1924年）、共著に唐沢正平・原田忠次『インド蚕糸業への協力』（アジア協会、1959年）、論文に「アジアの蚕糸業開発と今後の日本蚕糸業」（『信州大学繊維学部研究報告』第10号、1960年）の著作がある。なお、論文執筆時の肩書は、「社団法人アジア協会蚕糸業委員会幹事長」となっている。

1924年11月18日　松本自由大学発起人会開催。（同日付の『長野新聞』にその記事が掲載されている）。そして松本自由大学は、1925年1月から4月の間に、以下の5講座を開講している。

1924年12月16日　松本自由大学発会式開催。（於：松本公会堂）講演：高倉輝「自由大学に就て」、猪坂直一「自由大学の過去及現在」

【第1回】1925年1月11日（5日間）
谷川徹三「哲学史」（受講者数91人）松本商業会議所

1月15日　松本自由大学会総会開催。専務理事に唐沢正平、理事に二木猪一、宮嶋博敦、中原元司、多田助一郎、岡村美夫、青山善吉、名誉理事に土田杏村を選出。

【第2回】1925年2月10日（5日間）
児玉達童「哲学概論」（88人）松本商業会議所　児玉達童（1893～1962）

【第3回】1925年3月26日（5日間）
金子大榮「仏教概論」（66人）

中島重（左）、児玉達童著『宗教哲学』（右）

松本商業会議所

【第4回】 1925年4月6日（5日間）

中島重（しげる）「国家論」（66人） 松本商業会議所

中島重（1888～1946）。松田義男編「中島重著作目録」（改訂2020年6月10日、15頁）が公開されている。（http://ymatsuda.kill.jp/Nakazima-mokuroku.pdf）

【第5回】 1925年4月12日（5日間）

山口正太郎「経済学」（44人）（会場不明）

中島重と山口正太郎は同志社大学に籍を置いていたが、世に同志社騒動と呼ばれる学園騒動は、松本自由大学が終焉した後の1929年に起きたものである。しかし、自由大学の関係者と無関係なものではなかった。詳しくは、上木敏郎の論文「土田杏村と恒藤恭」（『信州白樺』第45号、1981年10月、62～101頁）を参照されたい。

山口正太郎の「経済学」は4月16日まで開講されたが、その終了後に、松本自由大学を企画・運営する松本蚕業取締所長の唐沢正平に対して、突如群馬県への転任の内示が伝えられた。4月18日付『信濃日報』は、この間の経過を以下のように報じた。

「南信地方の蚕業関係者は（唐沢氏の）留任運動を開始し……今回の転任理由は同氏が官界に身を置きながら自由大学講座の創設に努め（たヽヽ点）を睨まれたものに依るらしく氏は昨17日午前10時松本駅発の列車にて出庁し此れが善後策につき協議した」。

唐沢は、自由大学運動にとっては好ましい人物だが、長野県の上層部が好ましくない人物と判断する以上、「善後策」つまり「後始末をつけるために適切な手立てを講ずる」必要があった。そのため、唐沢をまず「始末（＝転勤）」した「後」に、上層部に従順な（＝最「善」ないし次「善」の）職員を配置するという「善後策」をとった。こうして唐沢は群馬県に異動させられた。

4　群馬自由大学

群馬県前橋市に、1926年1月10日、群馬蚕業取締所長の唐沢正平や蚕種業の桑島辰平らが中心となって群馬自由大学が設立された（『上毛新聞』26年1月11日付）。現在のところ、以下の7講座が開講されたことが判明している。なお、唐沢については前掲堀込藤一著（2011年、62頁）も参照されたい。

1925年12月1日　群馬自由大学創立準備委員会開催（於、群馬県蚕業取締所）。事務所を古屋覚二宅に置くことを決定。

1926年1月10日　群馬自由大学創立総会兼発会式開催（於、前橋臨江閣）出席者約150人。専任理事に桑原辰平、会計に藍原佐吉を選出。（講演）高倉輝「文学の成立について」、猪坂直一「自由大学に就いて」

【第1回】1926年2月6日（日数不明）今成（名前不明）「哲学概論」（受講者数不明）県立前橋男子師範学校。

【第2回】1926年2月23日（4日間）高倉輝「文学論」（受講者数不明）県立前橋男子師範学校。

高倉『生命律とは何ぞや』（1926年11月）の「はしがき」参照。

【第3回】1926年3月18日（5日間）西村真次「日本人類学」（受講者数不明）県立前橋男子師範学校。

「日本人類学（日本民権（ママ）〔民族ヵ〕の発生及展開）」（山野「年譜」133頁）。

【第4回】1926年10月19日（5日間）今中次麿「政治学」（約120人）県立前橋男子師範学校。

【第5回】1926年12月6日（5日間）松沢兼人「経済学（ママ）〔原ヵ〕論」（受講者数、会場不明）

【第6回】1927年1月23日（1日間）関口泰「（特別講座）普選について」（受講者数、会場不明）関口泰（1889〜1956）

【第7回】1927年3月10日（2日間）岩沢正作「石器時代の上毛に就て」（29人）前橋図書館。岩沢正作（1876〜1944）

5　川口自由大学（群馬県）

【第1回】1926年10月24日（1日間）高倉輝「文学論」（受講者数不明）西川口小学校

魚沼や八海のように〔越後〕川口でも自由大学を開講したい

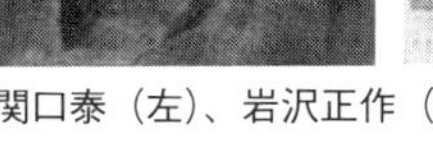

関口泰（左）、岩沢正作（右）

という話は、西川口小学校長山田勝治（1893年生まれ）から高倉輝へ、1923（大正12）年12月の「八海自由大学発会式の前後には」打診があったようだ。山田は川口村の「旧家出身」であるが、「先代以来斜陽をかこち」1909（明治42）年に「代用教員」を経験したことにより「教育界入りを決意」した。その時6年生に在籍していたのが岡村健次（1897年生まれ）である。

山田勝治は「高田師範」を受験し、「教科書（購入）にも苦労してやっとの卒業」を果たし、母校西川口小の「訓導兼校長」になるのが1920（大正9）年。岡村は山田より「5歳年少で、高田師範卒業と同時に母校の訓導におさまった。山田が校長として着任するのは、その一年後」である。岡村は「山田の学習熱心と、革新的思想に驚嘆」する。

川口村村長の古田島和太郎は、村最大の地主だった。魚沼夏季大学の招待者に名を連ねている。岡村晋は医師で西川口一の地主である。文学は山田を師として入門。村会議員にして、文教関係のオピニオンリーダーで、高倉輝が来村の折には必ず立ち寄る間柄だった。

高倉輝を川口に招くことになった経緯には、既にふれた書店の番頭、中条登志雄が介在していたと推測できる。彼は山田とも懇意で、月に一、二度納本のため西川口小へ来ていた。渡辺泰亮の出県でピンチにあった自由大学の主軸への期待は、高倉を介してごく自然に山田勝治に向けられたと考えられる。

山田勝治

ところがその目論見は音を立てて崩れる。1927（昭和2）年に、山田は教育に絶望して、長谷川巳之吉の「第一書房の誘い」を受け、「文筆の世界を次の人生に選んだ」からである。裏付けを取りながら、この間の経緯を辿った地元の研究者佐藤泰治自身が、「まことに多くの曖昧さを残した記述だが」と悔しさを滲ませているとおり、読み手にとっても視界不良の感は否めないが、ここまで辿れたことにむしろ拍手を送るべきであろう（佐藤「新潟県における自由大学運動の研究」、前掲『小出町歴史資料集』、30～33頁）。

なお、林広策によれば、山田勝治という「なかなか真面目な」「評判のいい」西川口の校長と早稲田大学出の西方稲吉という北越新報の記者が、川口でも自由大学を開講しようと計画したと述べている（前掲「林広策氏に聞く」47～48頁）。また、「後援した『北越新報』の中林一郎は川口出身で、山田とは懇意にしていたから協力を申し出て」、実現したようだ、という別の推測もある（前掲、安達朋子（上）40頁）。

【第2回】1927年10月9日（1日間）

高倉輝「文学論」（約70人）西川口小学校

「川口自由大学の総元締」と見なされていた西川口小校長の山田勝治は、渡辺泰亮より2歳年少で1898（明治31）年の衆議院議員選挙人名簿にも山田家は登載されない程に零落していたようである。山田は、授業料が無料のうえ、全寮制で食費も不要であった高田師範を卒業した。その後、既に述べたように、母校西川口小の「訓導兼校長」になる。以来、昭和2（1927）年3月に依願退職するまでの7年間、自由画や農民美術などの自由教育思想を取り入れた教育実践を行っている。しかしながら同僚の教員にそれを強要しない資質の持ち主でもあった。

山田をよく知る岡村によれば、山田は杏村の個人雑誌『文化』をはじめ、夥しい数の雑誌を定期購読し、医師の岡村晋からドイツ語の手解きを受けながら原書で『資本論』に挑戦する地道で学究肌の校長であった。

なお、岡村健次は、1898（明治31）年生まれ。魚沼自由大学で登壇した山宣の講義の様子を写真に撮っている（本書139頁参照）。写真には前の席に座る絣（かすり）の着物姿の若い女性と、その後に座るワイシャツ姿の男性とが収められている。講義の始まる前に、「女性は前に、男性はその後に」との注意があったためで、際どい話が予想される山宣の講義の途中で、女性が赤面している姿を男性に見られないようにするための配慮であった、と岡村はインタビューに応えている。

また、本書181頁で触れた中山晋平の「音楽指導」は教員たちに好評だったと言われているが、岡村もその後唱歌の授業に童謡などを採り入れ、「生徒たちもその時は生き生きとして楽しそうだった」と語っている（安達前掲論文、24〜25頁）。

林達夫ほか編、『第一書房長谷川巳之吉』（事業と回想）（左）、西方稲吉―北原白秋の素描（色紙）（中）、長谷川郁夫『美酒と革嚢』（長谷川巳之吉評伝）（右）

論考を閉じるに当たって(「あとがき」に替えて)

本書を出版するきっかけを与えてくれた二人の先生に触れて、本書を結ぶことにしたい。

一人は松本衛士先生である。松本先生との出会いから別れまでの期間は、一年足らずしかなかった。まずは先生の「追悼集」に寄せた拙文(「風来りて去る」)を左記に掲げる。

「親しく言葉を交わしたのは、菅平からの帰路だった。先生が長野大学に赴任されてまもなく、恒例の新入生歓迎オリエンテーション合宿が菅平で開催された。新任の先生はクラス担任、私は補佐で先生のクラスのお手伝いをした。一泊した帰りのバスで隣り合わせに座り、挨拶を越えて話し合ったのは、その時が初めてだった。

これまでの激務に比べると、大学での研究生活は時間もたっぷりあり、まとまった仕事ができそうだ、と先生は楽しそうだった。水を差すのもためらわれたが、いずれ雑務も増えて、研究時間が侵食されますよ、と笑いながら応えたのを覚えている。当時、学内に生涯学習センター設立の機運があり、実現すればその中心を担うのは先生をおいて他にない、というのが私の判断だった。

話は行きつ戻りつしたが、やがて話題は互いの家族のことに移った。後で悔やまれたが、その時初めて高校生のご子息を事故で亡くされて日が浅いことを知った。当時、一歳半の息子をもつ私には、先生の悲しみが痛いほどわかった。後日、教員控室の私のボックスに、先生が聴き取り調査の過程で手に入れた「音羽ゆりかご会」の二枚組童謡CDが入っており、息子さんにあげてくださいと添え書きが認められていた。ありがたく頂戴したが、複雑な気持だった。お陰で、小学校に通う息子は、唇に歌を！といった風に育っている。

その後、ゼミ生の一人が、信州白樺派の教育論をテーマに卒論を書きたいと言ってきた。即座に、指導は先生にお願いしようと決めた。快く引き受けてくださった。それがきっかけで、卒論指導の途中経過ばかりでなく、『週刊上田』に連載中の上田自由大学論にまつわる苦労話や、山本宣治論を纏めつつあることなどを伺うことができた。時間をかけ、足を使った資料収集力と、それらを駆使して纏めあげる構想力や分析力――門外漢の私も聞き及んでいたが、その一端を垣間見たような、いつも楽しい談論風発だった。

上小近現代史研究会の設立総会の会場に足を運んだ一人として、先生の記念講演を聴くことができなかったことは、返す返すも残念でならない。その時分に恐らく先生は、病魔と闘っていたのであろう。大学では、その後、生涯学習センターも設立され早五年が過ぎようとしている。私が漠然と考えていた夢はうつつにはならなかったが、せめて先生から学んだ地域資料（史料）収集の大切さだけは胆に銘じて、地域に開かれた大学の内実を整えたいと想っている。史料をもって語らせる先生の学風は、いうまでもなく、当の史料収集によって、でき得れば開かれた公的な機関による資料収集によって、より一層活かされると信ずるからである。

一年たらずのおつきあいは、〔拙文の〕タイトル以外の言葉では表現できそうもない」（『そこの史料をとって……　松本衛士追悼集』私家版、１９９８年、２９７～２９９頁）。

じつは、先生から自由大学運動60周年集会報告集『自由大学運動と現代』（信州白樺、1983年）を頂戴することになり、この報告集が本書出版の切っ掛けになった。とはいえ、その報告集は長い間書棚に置かれたまま、時折拾い読みする程度の付き合いしかできなかった。当時はまだイギリス近代社会史への関心が継続していたからである。

研究領域に変化が生まれたのは、２００４（平成16年）年度の後学期に、半年間の国内研究の機会が与えられてからである。五ヶ月間で「19世紀後半イギリス社会における階級構成と社会生活」（『私学研修』第１６５・１６６号、所収）を書き上げ、残りの１ヶ月間で翌年度後学期に開催予定の「総合科目」の企画案（「上田自由大学とその周辺」の担当講師と講義内容）を教務委員長の小高康正教授に提出し、その役を果すことができた。

企画案を作成するために、松本先生から戴いた『自由大学運動と現代』をはじめ、それまでに収集しておいた研究論文を一通り集中して読んでみた。丸一か月を掛けた集中的な読書の末に、自由大学研究を片手間で研究して済ますのは申し訳ないし勿体ないと感じた。

そこで、せっかく与えられた「総合科目」のコーディネーター役をフル活用することを考えた。講義の前に各担当講師との打合せを綿密に行い、受講後には私の感想や質問をする時間を取って頂くお願いを叶えることができた。その結果、各講師の関心の在り処を確認し、今後の研究に役立てようと、週ごとに替わる講師との対話を楽しみながら充実した期間を過ごすことになった。

いま改めて振り返ってみれば、この後学期は私の研究の重心がイギリス社会史研究から自由大学の社会史研究へと、徐々に、しかし確実に移行していく転換期に当っていたことになる。

本書出版の契機を与えてくれた、もう一人の先達は野原光先生である。右記の「総合科目」終了の翌年度（２００６年４月）に、先生は広島大学から長野大学に移って来られた。以前からお名前は存じ上げていたが、赴任直後の歓迎会の席で、暫しの間、立ち話をする機会が与えられた。学内の研究会が以前は活発に行われていたが、最近は停滞気味のため、その活性化にご尽力して戴けないかと申し出た。前年度の「総合科目」の論集が近いうちに出版されるので、研究会の手始めに、私の論稿を巡る研究会でコメンテーターを併せてお願いしたところ、幸いにも快く引き受けて下さった。

それが契機になり、その後に『長野大学紀要』に掲載した論文を巡る学内研究会や、本学で開催された自由大学90周年記念集会で報告し、後に報告集に掲載した論文など、10年を超えて執筆してきた殆どすべての論稿について、折に触れて文字どおり、歯に衣着せぬ貴重なコメントを頂戴することができた。

先生の的を射た厳しいコメントがなければ、そしてまた「価値ある鉱脈を探り当てたのだから、脇目を振らずに深く掘れ」という巧みな励ましがなければ、本書を出版する活力を維持し続けることはできなかった、と改めて今振り返っている。その学恩に対する心底からの謝意をここに記しておきたい。

教育の充実は「国家百年の計」と言われるが、現在のわが国で顕在化している政治家や国家官僚の目を覆うばかりの劣化は、教育の在り方に軌道修正を迫るものであろう。１００年前に、自由大学の民間教育運動が始まって以来、明治以来の「百年の計」の再検討が提起されたにも拘わらず、その提案は有耶無耶にされてきた。その結果が現在の体たらくである。山越脩蔵のリーダーシップのもと、土田杏村との間で取り交わされた手紙と葉書を契機に構想された「百年の計」は、１００年後の現在も完全には実現されてはいない。

節目の今年に、自己教育の意味と意義とを再確認しておくことは、重要なことであると考える。各自が読書を含む相互学習の場（対話や討論）を築きながら、自己教育を休むことなく継続すること。自己教育の支援方法は、言うまでもなく多種多様であること。教育の現場ばかりでなく、家庭や地域社会で意識的にそれを積み重ねること。それが、回り道に見えながら実は近道であることを了解し合うこと。これらのことを改めて確認して、本書を閉じることにしたい。

（付記）数年前に、信濃（上田）自由大学開設に中心的な役割を果たされた山越脩蔵氏のご遺族から、貴重な史資料を長野大学附属図書館に寄贈していただくことができた。自由大学研究の活性化のために、個人所蔵の貴重な史資料を公的機関に移設していただけたことに、改めて衷心より感謝申し上げたい。

本書が成るにあたっては、様々な方々と各地の公立図書館および大学図書館の職員、司書、学芸員の方々のご協力をいただくことができた。とりわけ、新穂歴史民俗資料館、魚沼市立小出郷図書館、長野県立図書館、上田市立上田図書館、飯田市立中央図書館、飯田市歴史研究所、長野大学附属図書館、東京造形大学附属図書館上木文庫、Editor's Museum（小宮山量平の編集室）、軽井沢ルヴァン美術館の関係者の皆様には、この場を借りて厚く御礼申し上げます。アクセス可能な公的施設のプロフェッションの協力――それなしには本書の出版は儘ならなかった、との思いを改めて巡らせている所である。

先の見通せない長いコロナ禍の渦中にあって、文献収集には様々な困難を経験せざるを得なかったが、幸いにそれ以前にかなりの史資料を入手していたので、思った程の苦労を感じずに過ごすことができた。それでも、状況が異なっていれば入手できたはずの文献を見ぬままに出版に至ったものも少なくない。

最後になったが、梨の木舎の二人の編集者からは編集上ひとかたならぬご尽力を賜わった。独りよがりの表現や冗漫な言い回しは、編集者の厳しいチェックと対話・討論とによって改善された点も複数ある。お二人のご厚意に感謝申し上げる。

２０２２年2月

長島伸一

【な　行】

【た　行】

【さ　行】

■ 文献索引

【あ　行】

【か　行】

【ら　行】

【わ　行】

【や　行】

【ま　行】

【は　行】

【な 行】

【さ　行】

【か 行】

■ 人名・事項索引

【あ　行】

著者プロフィール
長島 伸一（ながしましんいち）
1947年横浜市生まれ。1970年上智大学文学部新聞学科、1972年法政大学経済学部卒。法政大学大学院社会科学研究科修士・博士課程を経て、1990年長野大学産業社会学部助教授、1995年同教授。産業社会学部長、副学長を経て、2016年退職。長野大学名誉教授。
主著
『世紀末までの大英帝国』（法政大学出版局、サントリー学芸賞）
『大英帝国—最盛期イギリスの社会史』（講談社現代新書）
『ナイチンゲール』（岩波ジュニア新書）
共編著：『講座・英国文化の世紀』全5巻（研究社出版）、『自由大学運動の遺産と継承— 90周年記念集会の報告』（前野書店）
共著：『経済学の現在』（昭和堂）、『クラブとサロン』（NTT出版）、『上田自由大学とその周辺』（郷土出版社）ほか

民衆の自己教育としての「自由大学」
——上田・魚沼・八海・伊那・福島・上伊那・松本・群馬・（越後）川口

2022年3月10日　初版発行

著　者：長島伸一
装　丁：宮部浩司
発行者：羽田ゆみ子
発行所：梨の木舎
〒101-0061 東京都千代田区神田三崎町2-2-12 エコービル1階
TEL. 03(6256)9517　FAX. 03(6256)9518
Eメール　info@nashinoki-sha.com
http://nashinoki-sha.com
D T P：具羅夢
印　刷：株式会社 厚徳社

30.	改訂版 ヨーロッパがみた日本・アジア・アフリカ―フランス植民地主義というプリズムをとおして	海原峻著	3200 円	
31.	戦争児童文学は真実をつたえてきたか	長谷川潮著	2200 円	
32.	オビンの伝言 ―タイヤルの森をゆるがせた台湾・霧社事件	中村ふじゑ著	2200 円	
33.	ヨーロッパ浸透の波紋	海原峻著	2500 円	
34.	いちじくの木がたおれぼくの村が消えた―クルドの少年の物語	ジャミル・シェイクリー著	1340 円	
35.	日本近代史の地下水脈をさぐる ―信州・上田自由大学への系譜	小林利通著	3000 円	
36.	日本と韓国の歴史教科書を読む視点	日本歴史教育研究会編	2700 円	品切
37.	ぼくたちは 10 歳から大人だった ―オランダ人少年抑留と日本文化	ハンス・ラウレンツ・ズヴィッツァー著	5000 円	
38.	女と男　のびやかに歩きだすために	彦坂諦著	2500 円	
39.	世界の動きの中でよむ　日本の歴史教科書問題	三宅明正著	1700 円	
40.	アメリカの教科書に書かれた日本の戦争	越田稜著	3500 円	
41.	無能だって？それがどうした ?! ―能力の名による差別の社会を生きるあなたに	彦坂諦著	1500 円	
42.	中国撫順戦犯管理所職員の証言―写真家新井利男の遺した仕事	新井利男資料保存会編	3500 円	
43.	バターン　遠い道のりのさきに	レスター・I.テニー著	2700 円	
44.	日本と韓国の歴史共通教材をつくる視点	歴史教育研究会編	3000 円	品切
45.	憲法９条と専守防衛	箕輪登・内田雅敏著	1400 円	
47.	アメリカの化学戦争犯罪	北村元著	3500 円	
48.	靖国へは行かない。戦争にも行かない	内田雅敏著	1700 円	
49.	わたしは誰の子	葉子・ハュス - 綿貫著	1800 円	
50.	朝鮮近代史を駆けぬけた女性たち３２人	呉香淑著	2300 円	
51.	有事法制下の靖国神社	西川重則著	2000 円	
52.	わたしは、とても美しい場所に住んでいます	基地にNO！アジア・女たちの会編	1000 円	
53.	歴史教育と歴史学の協働をめざして ―ゆれる境界・国家・地域にどう向きあうか	坂井俊樹・浪川健治編著	3500 円	
54.	アボジが帰るその日まで	李熙子・竹見智恵子著	1500 円	
55.	それでもぼくは生きぬいた ―日本軍の捕虜になったイギリス兵の物語	シャーウィン裕子著	1600 円	
56.	次世代に語りつぐ生体解剖の記憶 ― 元軍医湯浅さんの戦後	小林節子著	1700 円	
57.	クワイ河に虹をかけた男―元陸軍通訳永瀬隆の戦後	満田康弘著	1700 円	
58.	ここがロードス島だ、ここで跳べ、	内田雅敏著	2200 円	
59.	少女たちへのプロパガンダ ―「少女倶楽部」とアジア太平洋戦	長谷川潮著	1500 円	
60.	花に水をやってくれないかい？ ― 日本軍「慰安婦」にされたファン・クムジュの物語	イ・ギュヒ著/ 保田千世訳	1500 円	
61.	犠牲の死を問う―日本・韓国・インドネシア	高橋哲哉・李泳采・村井吉敬 / コーディネーター内海愛子	1600 円	

梨の木舎の本

●シリーズ・教科書に書かれなかった戦争――既刊本の紹介● 20.46.欠番 価格は本体表記(税抜)

No.	書名	著者	価格	備考
1.	教科書に書かれなかった戦争	アジアの女たちの会編	1650円	
2.	増補版 アジアからみた「大東亜共栄圏」	内海愛子・田辺寿夫編著	2400円	
3.	ぼくらはアジアで戦争をした	内海愛子編	1650円	
4.	生きて再び逢ふ日のありや―私の「昭和百人一首」	高崎隆治撰	1500円	在庫僅少
5.	増補版 天皇の神社「靖国」	西川重則著	2000円	在庫僅少
6.	先生、忘れないで！	陳野守正著	2000円	
7.	改訂版 アジアの教科書に書かれた日本の戦争―東アジア編	越田稜編著	2200円	
8.	増補版 アジアの教科書に書かれた日本の戦争―東南アジア編	越田稜編著	2500円	
9.	語られなかったアジアの戦後―日本の敗戦・アジアの独立・賠償	内海愛子・田辺寿夫編著	3107円	品切
10.	増補版 アジアの新聞が報じた自衛隊の『海外派兵』と永野発言・桜井発言	中村ふじゑ他翻訳・解説	2700円	
11.	川柳にみる戦時下の世相	高崎隆治選著	1825円	
12.	満州に送られた女たち大陸の花嫁	陳野守正著	2000円	品切
13.	増補版 朝鮮・韓国は日本の教科書にどう書かれているか	君島和彦・坂井俊樹編著	2700円	在庫僅少
14.	「陣中日誌」に書かれた慰安所と毒ガス	高崎隆治著	2000円	
15.	ヨーロッパの教科書に書かれた日本の戦争	越田稜編著	3000円	
16.	大学生が戦争を追った―山田耕筰さん, あなたたちに戦争責任はないのですか	森脇佐喜子著・解説高崎隆治・推薦内海愛子	1650円	
17.	１００冊が語る「慰安所」・男のホンネ	高崎隆治編著		品切
18.	子どもの本から「戦争とアジア」がみえる―みんなに読んでほしい300冊	長谷川潮・きどのりこ編著	2500円	
19.	日本と中国－若者たちの歴史認識	日高六郎編	2400円	品切
21.	中国人に助けられたおばあちゃんの手からうけつぐもの	北崎可代著	1700円	
22.	新装増補版・文玉珠－ビルマ戦線楯師団の「慰安婦」だつた私	語り・文玉珠／構成と解説森川万智子	2000円	
23.	ジャワで抑留されたオランダ人女性の記録	ネル・ファン・デ・グラーフ著	2000円	
24.	ジャワ・オランダ人少年抑留所	内海愛子他著	2000円	
25.	忘れられた人びと―日本軍に抑留された女たち・子どもたち	S・F・ヒューイ著・内海愛子解説	3000円	
26.	日本は植民地支配をどう考えてきたか	和田春樹・石坂浩一編	2200円	
27.	「日本軍慰安婦」をどう教えるか	石出法太・金富子・林博史編	1500円	
28.	世界の子どもの本から「核と戦争」がみえる	長谷川潮・きどのりこ編著	2800円	
29.	歴史からかくされた朝鮮人満州開拓団と義勇軍	陳野守正著	2000円	

●シリーズ・教科書に書かれなかった戦争——既刊本の紹介● 20.46.欠番 価格は本体表記(税抜)

62. ビデオ・メッセージでむすぶアジアと日本 ——わたしがやってきた戦争のつたえ方	神直子著	1700円
63. 朝鮮東学農民戦争を知っていますか? ——立ちあがった人びとの物語	宋基淑著/中村修訳	2800円
64. 韓国人元BC級戦犯の訴え——何のために、誰のために	李鶴来著 解説 内海愛子	1700円
65. 2015年安保、総がかり行動 一大勢の市民、学生もママたちも学者も街に出た	高田健著	1800円
66. 歴史を学び、今を考える ——戦争そして戦後	内海愛子・加藤陽子 著	1500円
67. ラケットはつくれない、もうつくれない ——戦時下、下町職人の記憶	青海美砂 著 五十嵐志朗 画	2000円
68. 過去から学び、現在に橋をかける ——日朝をつなぐ35人、歴史家・作家・アーティスト	朴日粉 著	1800円
69. 画家たちの戦争責任 ——藤田嗣治の「アッツ島玉砕」をとおして考える	北村小夜 著	1700円
70. 新装増補版 慈愛による差別 ——象徴天皇制・教育勅語・パラリンピック	北村小夜 著	2200円
71. 対決!安倍改憲 ——東北アジアの平和・共生と新型コロナ緊急事態宣言	高田健 著	1600円
72. 村井宇野子の朝鮮・清国紀行 ——日露戦争後の東アジアを行く	内海愛子 編・解説	1800円

奪われたクリムト
——マリアが黄金のアデーレを取り戻すまで

エリザベート・ザントマン 著/永井潤子・浜田和子 訳
A5変型/172頁/定価2200円+税 カラー口絵・本文2色刷り
◉ 20世紀最大の美術品スキャンダルを追う。
著者から日本の読者へ——「マリア・アルトマンが、自分が相続した「黄金のアデーレ」を取り戻そうとしたとき、小さなニットウェアの店を営んでいて、80歳でした。奪われた絵を取り戻す計画が長期の、神経をすり減らすたたかいになることがわかったのちでも、決して怯みませんでした」

978-4-8166-1902-1

三鷹事件 無実の死刑囚 竹内景助の詩と無念

石川逸子 著 四六判/200頁/定価1200円+税
無実の者を死刑にするという間違いがどうして起きたのか?
詩人石川逸子は、遺された詩を紹介しながら、冤罪事件に迫る。
◉目次 序文 竹内景助さんについての石川さんの新しい発見 三鷹事件再審請求弁護団団長・高見澤昭治/1 はじめに/2 三鷹事件のあらまし/3 非党員の竹内さんの逮捕/4 虚偽の自白へ/5 第一審判決/6 無期懲役から死刑へ/7 最高裁へ向けての闘い/8 一票差の死刑確定/9 再審への闘い/10 無実の証拠の数々/11 遠い思い出/12 無念の獄死から/13 遺族の想い

978-4-8166-2202-1